THE BLUE SWEATER

BRIDGING THE GAP BETWEEN RICH AND POOR IN AN INTERCONNECTED WORLD

JACQUELINE NOVOGRATZ

ジャクリーン・ノヴォグラッツ　北村陽子［訳］
（アキュメン・ファンドCEO）

ブルー・セーター

引き裂かれた世界をつなぐ起業家たちの物語

英治出版

THE BLUE SWEATER

Bridging the Gap between Rich and Poor
in an Interconnected World

by

Jacqueline Novogratz

Japanese translation published by arrangement with
Jacqueline Novogratz c/o Marly Rusoff & Associates
through The English Agency (Japan) Ltd.

家族は、私がいまの自分になる手助けをしてくれた。
私は本書を、さらに大きな家族に捧げたい。
お金も安全も欠きながら、尊厳と不屈の精神を持つ、
世界中の数え切れない人々に。
彼らの時代が来つつある。これは彼らの物語だ。

ブルー・セーター◈目次

ブルー・セーター

プロローグ

千里の旅も一歩から始まる。私も一歩を踏み出し、そしてみごとにつまずいた。

若いころ、世界を変えるようなことがしたいと夢見ていた。しかし二〇代で〝アフリカを救いに〟出かけた私が思い知ったのは、アフリカ人は救いなど求めていないし、必要としてもいないということだった。慈善事業や先進国からの援助がもたらした、ひどい結果をいくつも目にした。援助プログラムが失敗すれば、状況は変わらないどころか悪化さえした。そのうえ、親しくなった人たちのあいだでルワンダ大虐殺が起こった。衝撃が夢をしぼませた。もうたくさんだと私は思った。ほんの少しでもだれかの役に立てたなら、それで十分ではないか。

だが、そうではなかった。貧富の格差は世界中で広がりつつある。いまの世界の状況は、経済的にだけでなく社会的にも、持続可能ではないのだ。それに〝貧困〟は、人々が怠けているから生じているのではない。むしろ私はアフリカで、人々のとてつもない粘り強さを学んだ。貧困という現実があるのは、ただ障害が多すぎるからだ。一人でも重病の子がいたり、夫が死んだりすれば、一家の貯金は吹き飛び、借金地獄に陥り、永久に貧困から抜け出せなくなる。

このままでいいはずがない。二〇代のころの理想主義が、四〇代になってもどってきた。ただの願望ではない。地に足をつけ、実際主義《プラグマティズム》をもって前を見るのだ。

新しい発想で貧困問題に取り組むため、私は二〇〇一年に非営利団体〈アキュメン・ファンド〉を設立した。

アキュメン・ファンドは、集めた寄付金を無償援助に使うのではなく、世界で最もむずかしい課題に取り組もうとしている起業家に、慎重に投資する。これまで政府や慈善事業が失敗してきた地域で、手のとどく費用で受けられる医療、安全な水、住まい、エネルギーといった不可欠のサービスを提供する起業家たちだ。私たちは投資の成果を経済的観点だけでなく社会的観点からも測り、学んだことを広く世界各地の人々と共有する。

低所得者層が〝犠牲者〟としてではなく〝顧客〟とみなされるとき、また市場が低所得者層のニーズを起業家に伝える装置となるとき、何が起こるかを私たちは見てきた。起業家が立ち上げた事業はやがて、自律的に機能し広がっていく、ひとつの経済システムを生み出すのだ。

私たちの投資は、非常に大きな成果をあげることができる。アキュメン・ファンドが支援した起業家の一人は、インドの農村地域に住む二五万人以上の貧困層に安全な水を提供する会社を興した。低所得層は金など払わないだろうという社会通念は打破された。また、私たちが支援した農業用品デザイナーが販売するドリップ灌漑《かんがい》設備は、世界の二七万五〇〇〇人以上の小農の収穫と収入を倍増させている。アフリカでは抗マラリア蚊帳《かや》の製造企業に投資した。その企業は現在、特別なスキルを持たない女性を中心に七〇〇〇人以上を雇用し、耐用年数が長く救命効果の高い蚊帳を年間一六〇〇万枚生産している。

今日、私は若いころにもまして、貧困に終止符を打つことは可能だと信じている。人間がいま持っているようなスキル、資源、技術、そして想像力を持ったことは、歴史上かつてないからだ。また、根本的な変化がたった一世代で起こりうることを見てきたからでもある。

私の祖母ステラは一九〇六年に生まれた。祖母の両親は、ハンガリーと国境を接するオーストリアのワイン生産地帯、ブルゲンラントで農場暮らしをしていた。そして多くのオーストリア人、チェコ人、ハンガリー人と同じように、新天地を求めてアメリカに渡り、ペンシルベニア州のノーサンプトンという小さな町にやってきた。両親には子供を養う余裕がなく、祖母はまだ三歳のとき、妹のエマとともにオーストリアに送り返された。両親は、できるだけ早く新しい国に娘たちを迎えると約束した。

少女たちは一〇年以上もあちこちの家庭を転々とした。下働きをし、ときには虐待され、一足しかない靴は日曜日しかはくのを許されなかった。教育といえるようなものは受けたことがない。ただ一生懸命働き、神を信じ、前を見つづけた。

祖母の世代の女性が求められたのは、結婚するとすぐに子供を産み、家計を助けるために外で単純労働をし、家事いっさいを引き受けることだった。祖母は繊維工場で劣悪な条件の重労働をして、男たちが食べ終わってからやっと食卓につき、ただの一度も愚痴を言わなかった。九人の子供のうち三人を五歳になる前に亡くし、毎日教会に通い、いつも伏し目がちに、内気に、美しくほほえんだ。その同じほほえみを私は、アフリカの多くの女性に見ることになった。

祖父母はアメリカで六人の子を育て、二五人の孫が世に生を受けた。私たち孫世代があるのは、祖父母のような人たちのおかげだ。決して施しを求めず、互いに支え合い、苦しみを分かち合い、一生懸命働くことと強い意志を持つことによって、子供たちによりよい未来を手渡した。この国は祖父母のような人々に、ほかのことはともかく、希望と機会だけは与えてくれたのだ。

今日、世界中の貧困層は、人間としての尊厳を手にするための機会と選択肢を求めている。少しは支援が必要だとしても、自分の手で尊厳を得たいと思っている。そして今日では、世界中の人たちに真の機会を提供するツールも、技術もある。

人の命の価値はみな等しい。私たちがほんとうに大切にしているこの基本原則を、地球上のすべての人に実現するときがきたのだ。私たちの共通の未来は、世界を、異なる文明や階級に分断されたものとしてではなく、みなが結びついた一つのものとして見る世界観にかかっている。この人間同士の絆を持つことこそ、私たちの時代における、最も重要で複雑な課題だろう。

この視点で見れば、市場経済には役割があり、政策にも役割がある。フィランソロピー（慈善活動）にもある。求められる変化を起こすには、すべてに役割がある。

だが、どこから手をつけたらいいのだろうか。

スキルを持ついまの若者の多くと同じように、四半世紀前の私も、世界を変えることに貢献したいと願いながらも、適切なゲームプランを欠いていた。どうすればいいのか、見当もつかなかった。私は中流家庭に育ち、大学の学費も自分で出した。非営利事業をおこなうのは、最初はとてつもない挑戦のように思えたし、当時は、自分がしたいと思っていたような仕事をした人を、まったく知らなかった。私のロールモデルは大半が、本の登場人物か、すでに世を去った人だった。

それで私は、自分がいま、若者たちにすすめていることをした。

できることから、自分に機会が与えられたところから、始めたのだ。

本書は、私の旅についての物語だ。充実した旅路ではあったが、いつも賢明な道を歩んできたとは言いがたい。若いころを振り返ると、世界中はつながり合っているという世界観に沿った人生を追求しようと銀行業界を飛び出した、向こう見ずな人間だった。根性や教育やスキルはあっても、それだけでは成功はできないのだという教訓を、繰り返し学んでいかなくてはならない人間でもあった。

本書は、一つの思考様式《イデオロギー》でものごとを決めつけたり、手軽な解決策を求めたりしない人たちのための本である。人がどのくらいお金を稼ぐかよりも、人々がその不可欠の権利である自由と尊厳のある生活、そして基本的なサービスを得られるかどうかに関心を持つ人たちのための本である。今日の課題は複雑で、しばしば解決策も複雑だと知ったうえで、シンプルな真実を求める読者のための本でもある。

私がたどってきた道は、自分のあらゆる思い込みを覆し、最も基本的な考え方さえ揺るがせるようなものだった。初めてのアフリカ行きでは呪術や毒薬などに脅かされたし、外部の人間が経済開発に果たす役割について疑問を持つようになった。何年も一緒に仕事をしてきた女性たちのなかに、ルワンダ大虐殺の犠牲者になった人と虐殺者の側に立った人がいたのを知って、人間の本質を問いなおした。〝資本主義の勝利〟への幅広い信仰につながったベルリンの壁の崩壊を目にする一方で、野放しの資本主義経済が極貧層にもたらした残酷な結果も目にして、すべての人がグローバル経済の生み出す機会を得られるような、別のあり方を求めるようになった。世界の最富裕層に属する人たちに会って仕事をしたことで、貧困問題への取り組みにおけるフィランソロピーと民間部門の役割について考えるようになった。

私の物語は、実は、ほかの人の物語だ。世界のさまざまなところで出会い、私の人生を形作ってきてくれた、すばらしい人たち。カンボジア人の僧侶。年配のアメリカ人政治家。アフリカで土の家で一生を送った男性。ロックフェラー財団総裁。小屋のなかで踊るケニアの女性たち。パキスタンで家を失った幼い少女。たった四リットルのミルクを手に生活を取りもどそうと闘った、ルワンダ大虐殺の生存者。その一人ひとりが、すばらしいことを教えてくれた。とてつもない障害を乗り越えていける人間の力について。私たちみなが基本的な点においてどれほど似ているかについて。そして、最も大切なことは私たち一人ひとりの尊厳とその分かち合いだということについて。この忘れられない人たちは、多くは想像を絶するような苦しみに耐えながら、生の感覚もユーモアも、決して失わなかった。

私を支えてくれる自信、自分に何かができるという手ごたえを与えてくれたのは彼らだ。地球上のだれもが、自分自身の人生を形作るのに必要な資源を手に入れられる世界。それを創り出すことができるいま、創り出さなければならない。彼らはそう信じさせてくれた。貧しい人々にとってだけでなく、私たちみなにとって、尊厳はそこから始まるからだ。

第1章　何も知らずに海外へ

自分が生きられる人生を生き切らずに小さく収まってなどいられない。
――ネルソン・マンデラ

すべては、叔父がくれた青いセーターから始まった。〝エドおじさん〟は私のサンタクロースだった。たとえそれが七月半ばでも。

柔らかなウールの青いセーター。袖には縞、前にはアフリカの景色の絵があった。雪をいただく山と、二頭のシマウマ。幼い私は、はるか遠くの場所に思いをはせた。キリマンジャロ山のことを聞いたこともなく、アフリカがやがて自分にとって大きな存在になるとは思いもよらなかったが、私はこのセーターが気に入った。いつも、どこへでも着て行った。ラベルに名前まで書いた。

一九七〇年代のバージニアで私たちの住んでいたあたりでは、新しい服を買ってもらうのは年に一、二度、新学期に備えた九月かクリスマスくらいだった。私は七人兄弟のいちばん上で、お下がりを着ることも少なかった。その大好きな青いセーターを、中学時代も、高校生になってからも着ていた。思春期の体にもう合わなくなりはじめていても。

ところが、高校の不良少年（卒業前には校長室に火炎瓶を投げ込んだほどの人物だ）が台無しにした。

私たちの高校では、格好いい先輩やスポーツ選手たちが、よく体育館の外のホールにたむろしていた。フットボールシーズンには、チアリーダーが紙テープでホールを飾り、緑と金色のユニフォームを着た選手たちが、クジャクのように肩で風を切って歩く。一年生の私は、そんな光景を目にするだけで息をのんでいた。ある金曜日の午後、そのホールの真ん中で、私はフットボールチームのキャプテンにデートを申し込まれた。一瞬、空気がはじけたかと思った。

ちょうどそのとき、私のすぐ横に不良少年がいて、こちらを見ながら仲間とスキー旅行の話をしていた。彼がセーターをじろじろ見たので、私は精いっぱい冷たい視線を投げた。

「おれたち、出かける必要ねえよ」彼は私の胸を指さして大声で言った。「ノヴォグラッツ山でスキーできるぜ」

少年たちはどっと笑った。私は消えてなくなりたい気がした。

急ぎ足で家に帰って、こんなセーターはもういらないと母に宣言した。なんでこんな死ぬほどみっともない格好で出かけさせたのよ！

私の大騒ぎにはおかまいなしに、母は私を車に乗せて、グッドウィル（全米に多くの店舗を持つリサイクルショップ。古着・古本はじめさまざまな日用品を扱う）に連れて行ってくれた。私はセーターに別れを告げた。これで二度と見ないですむ――早く忘れようと思った。

一九八七年、二五歳になった私は、ルワンダの首都キガリで、起伏のはげしい道をジョギングしていた。ウォークマンからはジョー・コッカーの歌う「友達が助けてくれたなら《With a Little Help from My Friends》」が流れ、ミュージックビデオのなかにいるような気分だった。頭にバナナの房を乗せた女性たちが道を行き交い、その腰が歌のリズムに合わせて揺れている。道路わきに立ち並ぶ、背の高い糸杉までが踊っているようだ。

　すると向こうから一人の少年が歩いてきた。彼が着ていたのは、私のセーター、大好きだったのに処分した、あの青いセーターだった。

　一〇歳くらいのやせた少年で、坊主頭に大きな目をして、身長は一三〇センチもなかった。セーターは長く延びて半ズボンを覆い、棒のような足と骨ばった膝がのぞいていた。だぶだぶの袖から指先だけが出ていた。それでも疑いようがない。それは私のセーターだった。

　私は興奮して少年に駆け寄った。少年はおびえて私を見上げた。私はキニヤルワンダ語を一言も話せなかったし、少年も、私がルワンダで使っていたフランス語を話せなかった。少年は立ちすくんだ。私は少年の肩をつかみ、セーターの襟をめくった。ラベルには私の名前があった。私のセーターは一〇年のあいだに何千キロも旅をしたのだ。

　青いセーターは、バージニア州アレキサンドリアからルワンダの首都キガリまで、複雑な旅路をたどっていた。おそらく最初はアメリカでもう一人の少女の手元に届き、もう一度グッドウィルにもどってから海を渡り、アフリカ有数のにぎわいを見せるケニア湾岸のモンバサに向かったのだろう。消毒され、ほかの中古衣服とともに五〇キロのコンテナに詰められて届いたにちがいない。流通業者が選別し、売れそうだと思うものだけ買う。そしてこうした業者の多くは、やがて中流層になっていく。

青いセーターの話は、私たちみながつながっていることを、いつも思い出させてくれる。私たちがどんな行動をするか、あるいはしないかによって、決して知ることも会うこともない世界中の人々が、日々影響を受ける。

青いセーターの話はまた、私の個人的な物語でもある。少年が自分のセーターを着ているのを見て、私はアフリカに行くときに抱いた目的意識を新たにした。あのころ私の世界観は変わりつつあった。国際銀行の銀行員として仕事を始め、資本や市場、そして政治の力に気づきはじめていた。同時に、あまりにも多くの場合、貧困層がこの三つのどれからも排除されていることにも気づいた。貧困と富のあいだに立ちふさがるものは何なのかを理解したいと思うようになった。

そもそもルワンダに行くまでが、長く曲がりくねった道だった。ときには目的意識を持って、ときには理性を持って、そしてときにはただ行く人が少ないというだけの理由で道を選んだ結果、思いがけずそうなったのだ。

私が五歳のころ、私たち家族はデトロイトに住んでいた。六〇年代半ば、人種暴動とベトナム反戦運動が街に広がっていた。颯爽《さっそう》とした父は陸軍中尉で、死亡した兵士を葬る母親の支援という、だれもうらやまない仕事をしていた。経済的に恵まれない若い兵士が大勢いると母に話す父の疲れた声を聞いたことを憶えている。若々しく美しい母は、なぜみんなが同じ扱いを受けないのかと何度も質問する私を、しっかりと抱きしめてくれた。

翌年、父はベトナムと韓国に赴任し、家族はニューヨークのウェストポイント陸軍士官学校の外にある町に移った。私は朝早くから学校へ向かい、一年生の担任のシスター・メアリー・テオフェインが聖具室をきれいにするのを手伝った。シスター・テオフェインはりんごのような頬に合う丸い金縁眼鏡をかけた明るい女性で、大好きだった。私は遅刻しないように前の晩から出しておいた深緑のプリーツスカートとアイロンのきいた白い綿ブラウスを着て、家族経営の小商店が並ぶ静かな通りを走った。聖心学院は教会のすぐ隣りにある古い学校で、生徒用の小さな木机が並び、コンクリートの校庭があった。

シスター・テオフェインは、勉強の内容——それと字——には厳しかったが、いちばんやさしい修道女の一人だった。テストで満点をとると、聖人の一生が描かれたカードがもらえる。私は一枚でも多く集めようとせっせと勉強した。煮えたぎる油の大樽で一生を終えた聖人もいたが、私は聖人たちの生涯から感化を受けていた。

両手で托鉢《たくはつ》のお椀を持った少年僧のポスターが、教室の壁にかかっていた。私は遠い場所に思いをめぐらせ、中国の子供たちの生活を想像し、自分の眼で見たいと思った。修道女になりたいと話すと、先生は厚い黒衣で私を包み、まだ小さいから——でもすてきな考えよと言った。

「何になったとしても」先生は言った。「多くを与えられている人は多くを期待されているというのを忘れないでね。神様はあなたにたくさんの贈り物をくださった。だから、ほかの人たちのために精いっぱいそれを生かすのよ」

一〇歳ごろまで私たち家族はあちこち引越し、高校に入るころにバージニア郊外の四部屋の家に移った。聖心学院時代の夢ははるか昔のことになり、私の頭は男の子やパーティーのことでいっぱいになったが、あのとき抱いた、世界を変えたいという願いは持ちつづけた。

毎年夏になると、私にあのセーターをくれたエド叔父は、親戚中が集まる大パーティーを開いた。

祖母と五人の姉妹、その子供と孫たちが集まる。親しい友人たちも加わった。オーストリアのよき農民の家系である祖母とその姉妹は、一生懸命働く一方で、楽しみ方も知っていた。ビールを満たしたコップを頭に乗せてバランスを取りながら踊り、お互いに話をささやき合っては笑う。そのあいだ孫たちは明け方までゲームで競い合い、飲み、踊る。

家訓のようなものがあったとすれば、一生懸命働き、教会に通い、家族にやさしくし、にぎやかに暮らすこと。私たちは人生の先輩から、たくましくあること、愚痴を言わず、いつもいつも顔を見せ合うことを学んだ。当時は理解していなかったが、仲間と共同体について、このアメリカの家族から学んだことはとても多い。

家の経済状態が厳しかったので、兄弟も私も競争をいとわない、自立心のある子に育つほかなかった。私は一〇歳でベビーシッターをし、家々を訪ねてクリスマスの飾りを売った。一二歳で冬は雪かき、夏は芝刈り。一四歳の夏にはハワードジョンソンホテルのアイスクリーム売り場で真夜中のシフトに入った――熱湯の入ったバケツをひっくり返して火傷で病院に担ぎ込まれるまでは。その後まもなく、私はバーテンダーになり、実入りのいい夜にはチップを三〇〇ドル稼いだ。

こうした仕事――と奨学金――のおかげで、バージニア大学の学費が出せた。卒業を控えたとき、人生で何が起ころうと一生自分を養っていける力が身についたと考え、深い誇りを感じたのを憶えている。とはいえ、私はしばらく休みがほしかった。スキーとバーテンダーをしながら、どうやって世界を変えるかを考える時間を取ろうと思った。両親も賛成してくれた。ただし〝いい経験〟になるから面接を受けておくことが条件だった。

大学の就職センターで、私は〈国際関係〉か〈経済〉のラベルのついた応募箱には全部、律儀に履歴書を入れた。やがてセンターから、チェースマンハッタン銀行の面接を受けるよう電話があったので驚いた。

私は冴えないグレーの男っぽいウールスーツを着て、詐欺師のような気分で初めての面接に臨んだ。そこにいたのは、薄茶の金髪と鋭い青い眼をした、私と大して年の変わらないように見える若い男性だった。

「銀行で働きたいと思う理由をお聞かせください」

私は何と言うべきかわからず、しばらく彼を見てから、ほんとうのことを言った。

「銀行で働きたいわけではないんです」と私は言った。「世界を変えたいんです。来年は休みを取ろうと思っていますが、両親が面接を受けておくように言ったものですから。申し訳ありません」

「そうですか」彼は頭を振りながらにこやかに言った。「それは残念ですね。もしこの仕事をされれば、いまから三年で四〇カ国を訪ねて、銀行業務だけでなく、世界全体について多くを学べるでしょうから」

私は息をのんだ。「ほんとうですか」真っ赤になりながら私は訊いた。「実は私の夢は、旅行して世界のことを学ぶことでもあるんです」

「ほんとうですよ」ため息とともに彼は言った。

「では、この面接を最初からやり直してもかまわないでしょうか」

「どうぞ」彼は肩をすくめ、眉をあげてほほえんだ。

私は部屋を出てドアを閉め、十数えてからもどり、堅く握手をして、自己紹介した。

「では、ノヴォグラッツさん」彼はほほえんだ。「銀行で働きたいと思う理由をお聞かせください」

「あの、それは六歳のときから私の夢でした。……」
そして、そこから始まった。

奇跡的にも私はチェースマンハッタンに就職でき、生涯で最良の三年間が幕を開けた。ニューヨークに行って貸付研修プログラムを修了したあと、貸付監査と呼ばれるチームに加わった。その部署には、大半が大学を出たての若い銀行員が六〇人いた。飛行機で世界を飛びまわり、特に経済に問題を抱えた国で、貸付の質を審査する。生まれて初めてアメリカを出て、シンガポールに行った。つづいてアルゼンチン。夢のような人生になった。

チリでは、一日かけて銅山と工業事業に対する貸付の審査をした。ペルーでは、すでに不安定な経済にとって資本流出がどのような危険となるかを理解した。香港では、ジャーディン・マセソンといった大貿易会社を調査し、アジアがどれほど急速に変わりつつあるかをじかに目にした。驚くほど恵まれた勉強の機会だった。

だが、ブラジルほど私の人生を変えた場所はない。

リオデジャネイロに着いた瞬間、私は魔法の場所にやって来たのを感じた。飛行機を降りると、私たちのすぐ後ろは明るい青空で雲一つない。銀行での仕事は回収の見込みのない数百万ドルの不良債権を損金処理することだったが、ブラジル人たちは親切で温かく、自分たちのことも私たちのことも、深刻に考えすぎることはまったくなかった。

「アメリカ人は働くために生きる。こっちは生きるために働くのさ」

そんなブラジル人同僚たちの顰蹙《ひんしゅく》を買いながら、平日は遅くまで働き、週末を探検にあてた。

イパネマビーチを友達と歩いたことを思い出す。二人とも黒い水着にカラフルな布を腰に巻いていた。私たちが見かけた女性は全身真っ白に装い、頭にターバンを巻いて水際に立ち、卵を砂の上で割って、それから花を波間に投げこみ、花がもどってくるか、それとも沖へ流されていくかを見ていた。豊穣を願う儀式の一部だ。こうした儀式が、ものすごい成長と変化の潜在能力を秘めた経済と共存しているところが大好きだった。

ある週末、私はリオデジャネイロの丘をぶらつき、ファベラ、つまりスラムで、だれかれとなく話しかけた。じろじろ見られたし、なかには怒りのこもった目もあったが、私は富裕地区だけでなく、この国のことを知りたかった。貧困層と富裕層の格差には驚くばかりだった。あれほどの貧困があれほどの豊かさと隣り合っているのは、それまで一度も経験したことがなかった。充実感を覚える一方で、何かを変えたいとこれほど強く感じたことはなかった。

数週間後、エドゥアルドという六歳のストリートチルドレンに出会った。ホテルの部屋に連れてきて風呂に入れ、プールサイドの気取ったカフェでハンバーガーを食べさせていると、ホテルの支配人が近づいてきて、子供を連れ出すようにと強く言った。

「二度とこういうことは困ります」

ストリートチルドレンは街の最大の問題の一つだ、と支配人は見下すように言った。

「気をつけていただかないと、こうした連中はホテルから何を盗むか、わかったものではありません。お客様にもご迷惑をおかけするでしょう」

私は自分が全面的に責任をとると言い、エドゥアルドが食べ終わるのを待った。少年がいるのを見るだけで支配人は落ち着かない様子だった。

ストリートチルドレンは、貧困層が“のけ者《アウトサイダー》”であることの完璧な表れだ。世界から目をそむけられ、のけ者にされた人々。これを変えるために何かできないかと考えた。

銀行のドアは、貧困層と労働者層には閉ざされている。社会の最富裕層の不良債権を何百万ドルも損金処理している商業銀行は、最貧層に貸付をしてみる気にはならないのだ。私は上司に、ブラジルの労働者層への貸付を、小規模でも実験的におこなってみたらどうか、もしかすると富裕層への貸付よりもいい結果がでるのではないかと言ってみた。上司は私の頭を軽くたたいて、貧困層には担保がないし、小型ローンを組むのは取引コストがかさむと指摘した。

「それに貧困層の文化を考えてみろ。だれひとり返済しないに決まっている」

彼はそう言って、私の考えがナイーブで見当外れだとほのめかした。

だが、それでは終わらなかった。私は貧困層の文化について異を唱え、実験的な貸付という考えを繰り返した。上司は大いに疑問だと言い、それから、私がチェースマンハッタンで長期的にどんなキャリアを望んでいるのか、よく考えたほうがいいと言った。若手行員のなかでは優秀なほうだがね、と言ったあとで、こう付け加えた。

「大声で笑いすぎるし、格好はまるでリンダ・ロンシュタットだ。だれとでも親しくするし。役員がきみのことを秘書とまちがうんじゃないかと思ってね」

このやり取りのおかげで、別の道を追求する決心が固まった。この上司のような男が持っている機会を一度も得ることのない人たちを手助けするために、自分が身につけたばかりのスキルを生かせる道。三五歳で老けこむのはごめんだ。情熱を持って日々新しい人生を生きるには、冒険をして、人のために働かなくては。

「まあ無理に変わらなくても」上司は付け加えた。「きみもそのうち銀行文化になじむだろう。そうカリカリせずに、その倫理観をもっとプロらしいやり方と組み合わせたらどうだ」

決して流されたりするものか、と私は思った。出世するために笑い声を抑えるなんて想像もつかない。しかし問題は、銀行員という仕事が大好きだったことだ。私はただ、もっと多くの人が顧客になれるチャンスが広がるよう、銀行を動かす方法を見つけたかった。

すぐにはそうなりそうもなかったので、私は、銀行業界にいながら貧困層のための国際的な仕事をする可能性を探しはじめた。友達がバングラデシュのグラミン銀行のことを教えてくれた。経済学者のムハマド・ユヌスが一九七六年に設立したこの銀行は、貧しい女性に少額――ときにはわずか一ドル――の貸付をおこなって、その事業を支援する。

貧しい女性には担保がないので、五人一組になって互いの支払いを保証する。一人が支払いをしなければ、五人とも貸付を受ける権利を失う。取引コストの高さという問題に対処するため、利子を高く設定する。こうして、グラミン銀行は一〇〇%近い返済率を誇っている。担保のあるわが銀行の富裕層への貸付よりはるかに高率!

私がマイクロファイナンスのことを初めて聞いてから二〇年後、貧困層に数十億ドルを貸し付けて成功を収め、世界中に社会運動を起こしたユヌスとグラミン銀行は、ノーベル平和賞を受賞した。現在では多くの商業銀行が、ポートフォリオの一部をマイクロファイナンスにあてて利益を上げ、成功を収めているが、二〇年前にはそんなことができるとは思われていなかった。

マイクロファイナンスにかかわる機関を探しているうちに、ニューヨーク市に本拠をおく、女性のための非営利マイクロファイナンス団体にめぐり会った。

女性投資銀行家と専門職の女性たちからなるグローバルで強力な理事会が運営するこの団体は、願ってもないと思えたが、一つだけ問題があった。それまで自分が〝女性問題〟に取り組むと考えたことがなかったのだ。背丈を追い越されるまで四人の兄弟と取っ組み合いをして育ち、カンザスに住んでいた九歳のころは、父にフットボールチームの選手と競争させられたこともあった。そんな私の世界観には、女性の地位のことで不平を言う余地はほとんどなかった。少年たちに負けずに、あるいは彼らの上を行くように闘うことを期待されていた。

給料のいいウォール街での仕事を辞めて非営利女性団体で働こうと思う、と自分が叔父たちに話すところを想像してみた。どうかしたのかと思われるだろう。なぜ、みすみすチャンスを逃すのか。〝国際銀行員《インターナショナル・バンカー》〟という肩書きは、たしかにすてきだ。けれども私が世界を変えたいと思っているのもまた事実だった。キャリアを危うくすること、肩書きを手放すことへの恐れはあったが、世界をもっとよくしたいという願いは、それまでずっと私を駆り立ててきた原動力だった。そして、夢を実現しはじめるのは、いまをおいてほかにない。

非営利マイクロファイナンス団体を設立した女性は、以前ウォール街で働いていたことがあり、厳しいという評判だった。私は彼女に手紙を書いて、貧困問題を解決する一つの重要な方法は、草の根団体を主流企業の資源やスキルに結びつけることだと思うと訴えた。その架け橋になりたい、と私は勢いこんで説明した。

いま思うと、私の大げさな書きぶりは彼女の笑いを誘ったにちがいないが、彼女は会おうと言ってくれた。オフィスに出向き、世界中からきた質感の豊かなタペストリーに覆われた壁に囲まれたとき、私は成長したいと強く思った。茶色のポリエステルのスーツを着た私の上司のようにではなく、彼女のようになりたいとはっきり自覚した。彼女は仕事に打ちこみ、情熱的で、洞察力があり、強かった。その世界は魅力的だった。

「なんとかご一緒に仕事をさせていただけたら」私は、低所得層の女性への貸付制度の設立を支援するためにブラジルに行かせてもらえるなら、ほとんど何でもすると言った。

彼女は注意深く耳を傾け、考えておくと言い、団体は拡張期にあるとはいえ、まだいろいろ学んでいるところだと言った。私は仕事はもらわなかったものの、リオデジャネイロ行きを夢見ながら帰った。

数日後、彼女から昼食の誘いの電話があった。ミッドタウンのレストランで、彼女は、いい話と悪い話があると言った。いい話とは、私を雇いたいということだった。私は椅子から跳びあがって、彼女に飛びつかんばかりだった。悪い話は、と彼女は言った。ブラジルには仕事がない。その代わり、私が必要とされているのはアフリカだという。

アフリカ? アフリカのことは何も知らない。大学で勉強しさえしなかった。私の持っていたアフリカ大陸のイメージといえば、映画『野生のエルザ』と『アフリカの女王』だけだ。美しい動物たちと雄大な景色、蒸し暑いジャングルで働く宣教師たち。アフリカ? 考えていなかった。

とても重要で権威ある仕事ですよ、と彼女はすぐに付け加えた。アフリカ女性のための〝大使〟として、アフリカ開発銀行《AfDB》にオフィスを持つ。仕事は西アフリカ一帯で行政機関の設立を支援すること。国境を越えて各地をまわり、活動を立ち上げ、人々とともに働く。悪くない話に聞こえた。

それでも、どうしても不安があった。「そうさせていただきたいと思いますが、何日か考えさせていただければ」私は複雑な気持ちを隠せずに言った。

「向こうに行けば、きっと気に入りますよ」彼女は言った。

さらにややこしいことに、チェースマンハッタンの上司の上司が〝一生に一度のチャンス〟をくれた。彼の近くで働く、やりがいのある華やかな地位。彼は私がブルーのスーツとボウタイの代わりに綿のプリーツスカートをはいていることなど気にしていなかった。私のなかの反抗的なところや、話好きのバーテンダーのような一面を、気に入ってくれたようだった。

このチャンスは私の自尊心をくすぐったが、もしこの仕事を受ければ、世界を変えるという夢が何年も遅れる気がした。一〇代のころ、私と弟は、世界をほんとうに変えるにはどうするのがいちばんいいか、よく話していた。まずお金をたくさん稼いで、権力と影響力のある地位から動かせばいいというのが弟の考えだった。私はもっと早く始めなくちゃと言った。変化がどうやって起こるかを早く理解し、時間をかけて関係と信頼を築くのだ。

私はチェースマンハッタンに辞表を出し、アフリカでの仕事を引き受けた。〝大使〟という意味はよくわからなかったし、貧しい女性の小事業に貸付をしているということ以外、その団体のはっきりした全体像もつかんでいなかった。向こうに行けばわかるだろう。わからなければ、帰ってくればいい。

ほんとうを言えば、何かをなしとげるまでニューヨークにもどって来られないのはわかっていた。私はチェースマンハッタンの有力幹部の一人を袖にしたのだ。それ以上に、私が失望させたくなかったのは両親だった。両親が友人に誇りを持って話すことができた仕事を捨て、自分でもろくに説明できない何かのためにアフリカに行く。そんな娘を理解できなくても、それでも私の選択を認めてくれた両親を私は愛していた。

アフリカについて手当たり次第に読み、そのマイクロファイナンス団体がおこなっている業務を調べた。実際には現場でほとんど何もなされていないことがわかり、それなら自分に何ができるだろうかと考えてわくわくした。出発に備え、持っているものをほとんど全部手放した。ギターと箱いっぱいの詩集はとっておいた。どちらも世界を救うには不可欠だと思っていたからだ。

私はコートジボワールへ行くはずだったが、新しい上司は、まずナイロビに飛んで女性会議に出席してもらうと言った。団体とかかわりのあるアフリカ女性に大勢会えるし、団体の仕事のこともう少しわかるようになるだろう。それにケニアは、映画『愛と哀しみの果て』が封切られたばかりで、コートジボワールよりずっと想像がつきやすかった（当時はケニア人がこの映画にどれほど関心がないか知る由もなかった）。ケニアからなら、アフリカに軟着陸できるかもしれない。

紫色のジャカランダの花がやさしく降り注ぐように舞うのに驚きながら、首都ナイロビの通りを初めて歩いた。会議が開かれていたインターコンチネンタルホテルに向かってウフル公園を通り抜けたときだ。高層ビルが並び、幅の広い道路が走るナイロビは、思っていたよりずっと近代的だった。いちばん驚いたのは、まわりの空気だ。歩くとやさしく渦巻き、ひざにキスしてくるように思えた。数時間でこの場所に魅せられた。

ホテルに集まっていたのは、アフリカで最も有力な女性たちで、話し、踊っていた。

ケニア初の女性銀行頭取であるメアリーは、身長一八〇センチ以上、堂々としていながらやさしさをにじませた女性だった。私を迎え入れてくれ、できるだけ多くの女性と会うように言い、女性たちに受け入れてもらうことが重要だと強調した。隣りでは、明るい色のターバンをした小さな顔のガーナ人女性が踊っていた。マーマレード一〇瓶からビジネスを始めた、いまやアフリカ有数の富裕な実業家だという。きわめつけは、淡いピンクの絹に身を包み、大きな指輪をして全身から自信に満ちたオーラを放つ巨大なセネガル人女性。ほとんど全員が男性のウォール街とはあまりにも違う世界！

色、音楽、そしてアフリカ女性の自信の渦巻きに、私は鼓舞され、圧倒され、わくわくし、同時に、不安にもなった。柄にもなくおどおどしたのには、部屋を満たす、まるで蝶々の会合にでも来てしまったかと思うほどあかぬけた女性たちのゴージャスな服とくらべて、私のウォール街風の紺のジャケットとスカートのどうしようもない野暮ったさもあった。

私は高校のダンスパーティーの内気な少女のように壁に寄りかかって立っていた。隣りに立っていた、ちょっと個性的な感じの長身のアフリカ人女性に、ようやく自己紹介の第一歩の質問をした。

「どちらからいらしたんですか」

彼女は私を見ただけだった。私はもう一度、こんどはフランス語で訊いてみた。

「ルワンダです」と彼女は答えた。

「ウガンダですか」私は言った。「まあすてき。とてもすばらしい国ですね」私は、イディ・アミンと革命家ヨウェリ・ムセベニのことを詳しく読んでいた。ちょうど国を掌握したばかりのころで、平和と繁栄を約束した人物だ。ウガンダの詩と報道の自由の評判についても読んでいた。

「いえ、そうではなくて」と彼女は強いアフリカ訛りで繰り返した。「ルワンダです」

「ああ、ルアンダですか」私は言った。「アンゴラの首都の」

「いいえ」彼女は辛抱強く言った。「アンゴラではなく、ルワンダです」

私は窮地に陥った。〝アフリカ〟のことを勉強して数カ月になるが、この大陸の五四のさまざまな国の大半について、ほとんど何も知らなかった。

「ああ、ルワンダ。そうですか」私はつぶやき、頭のなかのごちゃごちゃの人名地名のどこかにルワンダを見つけようとした。やっと思い出したことは、〈ルワンダ。アフリカの地図の中心に位置する小さな国。世界最貧国の一つ。美しい地理とマウンテンゴリラで知られる。多数派フツ族と少数派ツチ族の部族間で緊張がしばしば高まっている〉。

　私は典型的なアメリカ人だった。どこかの国についていくつか事実をあげてもらえば、落ち着きはらってその国についてコメントする。私はルワンダがブルンジのすぐ隣りにあり、ブルンジでは一九七二年に支配者側のツチ族が教育のあるフツ族を集団殺戮したということを思い出した。これは会話のきっかけとしてふさわしいとは思われなかったので触れないことにし、ただ女性の名を、こんどは最初からフランス語でたずねた。

「ベロニク」ゆっくりと一つひとつの音をはっきり発音しながら彼女は答えた。おそらく、私が耳が遠いか、いささか頭が悪いと思ったらしい。三四、五歳、私より一〇歳ほど年上のように見えるベロニクは、趣味のいい靴をはき、茶色と緑の袖のふくらんだドレスを着ていた。角ばった顔に、大きすぎる角縁の眼鏡。髪は突っ立ち、話のリズムに合わせて揺れていた。

　ベロニクは祖国のよさを熱っぽく語った。

「〝千の丘の国《ランド・オブ・サウザンド・ヒルズ》〟と呼ばれているんですけど、ほんとうにそうなんです」彼女は言葉を切ってほほえんだ。「丘の向こうにまた丘が広がって、とても緑が濃いの。いらっしゃったら、きっと気に入ります」

ベロニクはルワンダの家族社会問題省の中堅公務員だった。家族社会問題省は政府の弱小省で、女性の地位、家族計画などの〝ソフトな問題〟を扱う。アフリカのどこでも、女性がいる官庁といえばそういう所だった。彼女は、ほかの国が女性を主流経済に組み入れるために何をしているか調べに来ていた。

当時アフリカ諸国の多くがそうだったように、ルワンダの法律は、夫が文書で許可しないかぎり、女性の銀行口座開設を認めていない、とベロニクは説明した。ルワンダは依然としてナポレオン法典によって統治されていたのだ。一八〇四年に書かれた、この植民地時代の遺物は、女性を未成年者、精神障害者として扱っていた。女性が自分の思うままに金を借りるなどというのは論外だった。ベロニクたちは少し前から、この問題をめぐって運動を始めていた。

「私たちはいま、法律を変えているところです」と彼女は言った。「だから法改正に備えておかなければ」

自分が歴史を作っていることを知る人間の持つ自信を、ベロニクは持っていた。

彼女の希望と夢について二人で話しこんだ。彼女は見るからに活動家だった。

「アフリカ女性がどれほど強いか、いつかわかるわ。アフリカ女性はこんなにたくさんの仕事をし、子供の世話をしているのに、少ししか権利がないせいで、貶められつづけている。女性がお金を借りられるようにする方法を見つけなくては。娘を学校に行かせて、自分に何ができるか考えさせてあげられるように。ルワンダが発展するとしたら、ルワンダ女性はもっと強く、もっと賢くならなくてはね。そうでしょ？」

私は笑って言った。「そう！　問題は、女性がその貢献度にふさわしい見方を男性からも女性からもされるように、どうやって環境を変えるかということ」

「そう」彼女は言った。「手伝ってくれるわね」

「喜んで」と私は答えたが、この偶然の出会いがのちに大きな意味を持つとは思わなかった。

この出会い以外、会議は悪夢だった。私が西アフリカで〝大使〟として望まれてもいないし必要とされてもいないということを、アフリカ女性たちはあからさまに示した。

地域オフィス設立のためにコートジボワール入りしたら手助けしてくれる人だと紹介された女性は、私と話をする気などないという態度をあらわにした。彼女はぴしゃりと言った。

「オフィスのスタッフになるべき女性たち、西アフリカ地域を築くのを手伝ってくれる女性たちはもういます。どうして、アフリカ人でもない若い女の子が必要だなんて思う人がいるのか理解できないわ」

公の場でのこの会話は屈辱的だった。私の役割はアフリカとアメリカをつなぐ架け橋になることだったが、オフィスにはアフリカ人がいるべきだという女性たちの言い分に一理あるのはわかっていた。一方で、何年も試みても、西アフリカオフィスが一つも設置されていないことも知っていた。私は現場の仕事に活を入れ、オフィスが実際に開かれるようにするために雇われていた。必死で働くし、一緒に働きたいと思ってくれる人ならだれでも受け入れるつもりだった。しかし私は、アフリカ女性たちの警戒心に正面から立ち向かう仕方がわからず、その代わり、人当たりよくしよう、賢く思われるようにしようとした。西アフリカ女性が私を好きになってくれることを願いながら。

そうはならなかった。

会議が終わった翌日、予定が変更され、ナイロビに数週間滞在することになったと言われた。

最終的な予定は変わらない。私は依然としてコートジボワールのアフリカ開発銀行に行くことになっていたが、オフィスの準備が整っていなかったのだ――あるいは少なくとも、女性たちが私の到着を迎える準備ができていなかった。

女性たちが心のなかで何を考えていたのか知っていたら、アフリカへの進出をそのときその場で終わりにしていたかもしれない。実際には、知るまでにはしばらく時間がかかった。

ナイロビに住むところがなく、これからするはずの仕事の概要もわからなかったので、私は週末、ラムへ行くことにした。地球上で最も美しい場所の一つだと聞いていた。

ケニアの海岸からすぐの小島ラムは、数世紀にわたってアラブの貿易商人の短期滞在地だった。明るい青空の下、私は島の狭い通りをあちこち歩き、海を眺め、アラブ貿易商の小さな店で雑貨やスパイス、木工品などを見た。アラブ人の妻たちは、全身を黒で包んで影のように優雅に動いていた。一人の女性の黒のチャドルの隙間から、下の鮮やかな赤の絹のシース〔体にぴったりしたドレス〕が垣間見えた。鮮やかな赤の絹でも自分の美しさにはかなわないと言わんばかりに、頭上をオウムが飛んでいった。

夜には、新鮮なカマスと米の食事をライムジュースと一緒にとった。全部合わせても二ドルにもならなかった。ホテル・サラマの一泊一ドルの部屋が狭苦しかったので、階段を上がって屋根に出ると、明るい色のブーゲンビリアのあいだに小さなベッドがあった。満月の光のなかで横になり、いくつか向こうの屋根の若者の一団がギターをつま弾きながらキャット・スティーブンスの歌を歌うのを聞いているうちに、眠りに落ちた。状況を切り開くために何ができるかを考えながら。

夜明けより早く、祈りの呼びかけで起こされ、朝の冷気のなかで悟った。自分がやり方を知っていることは一つだけ、それをするしかない——仕事をする。それからまた仕事をする。そして、どんなことでも、仕事が教えてくれることに注意を払う。

コートジボワール行きを待つあいだに経験した二つのことが、私の世界観を変えた。最初の経験は、マルチェリーナ——愛称マズ——という名のすばらしい若い女性と友達になったことだ。私の職場の、人のいい若手だった。短い髪を編み、ブルーのスカートと白いブラウスの制服に、紺のVネックのセーターを着ていた。

私たちに共通点はほとんどなかったけれど、仕事の合間を縫って言葉を交わした。マズは私にスワヒリ語を伝授するのが好きだった。オフィスにあるものを指さして、それを表わす言葉を私に答えさせる。いつも、まるで仕事のように辛抱強く。

女性の経済的な機会の拡大をめざす私たちの仕事について、また女性が自分自身の銀行口座を持つことの重要性について、私はよく彼女に話した。

「銀行に入ったことは一度もないの」マルチェリーナははにかんで言った。「あそこは私みたいな人間は気に入らないし、どっちみち口座を開けるほどお金を持ってもいないし」

私は、もし彼女が定期的に貯金するなら、口座開設の最低額五〇ドルを出そうと約束した。

翌朝、私たちはケニア有数の金融機関の入り口をくぐった。格子のはまった窓口の向こうに窓口係がいる、古風な銀行だ。ケニア人の支店長が笑みを浮かべて近づいてきた。私は支店長にマズ——彼の視界には入っていなかったようだ——と話させようとしたが、完全に失敗した。支店長はマズには話しかけようとせず、私のほうだけを向いて話した。

ようやく口座を開くと、マズは言った。

「インド洋をいっぱいにするほど涙が出そう」

銀行口座は、中産階級には当たり前のものとみなされている、シンプルな基本的サービスだ。それを体制側にないがしろにされている人たちに広げていくことがどれほど大きな意味を持つか、私にもわかってきた。

私の世界観に影響を与えたもう一つの経験は、ウガンダ訪問だった。ウガンダ女性初の銀行家の一人である、シシーというすばらしい女性に会いに行った。一九八六年一月の激しいゲリラ戦争を経て、ムセベニが大統領に就任したが、国はまだ荒廃していた。私は不安を押し殺し、代わりに芸術家の共同体、東アフリカでは有名な詩人や知識人たちのことを考えながら向かった。

飛行機がエンテベ空港に入っていくとき、私は窓の外に生い茂る緑を見て、この国を〝アフリカの真珠〟と呼んだチャーチルの言葉を考えた。

しかし、着陸後の数分間に目にしたものは、銃を手にした少年たち、爆破されたビル、そして陥没し、割れたガラスが散乱する通りだけだった。どうすれば一つの国が、発展の見本から絶望のるつぼへとこれほどの早さで転落できるのかと考えた。作業服を着て機関銃を持った少年たちが二度、シシーと私を〝通常検査〟のために呼びとめ、バッグを検査し、シシーの車をのぞきこんだ。

国の荒廃にもかかわらず、ウガンダの人々はほんとうにすばらしかった。シシーは優雅で、目的をしっかり持ち、女性が自ら貧困を脱出するのを支援する団体を設立する決意を固めていた。自宅まで車を走らせていく一時間、ほぼしゃべり通しで、私がウガンダについての国際報道機関の警告を意に介さず彼女の国を訪ねたことに、何度も礼を言ってくれた。

シシーと夫は幼い二人の娘とともに、三部屋のつつましい家に住んでいた。私たちが着くと、娘たちは小さな花嫁衣装のように見える、フリルのついた白いドレスを着ていた。

「どうしてそんなにおめかししているの？」私は二人に訊いた。

八歳の姉のほうが、戦争で兵隊たちがドレスをみんな持って行ってしまったと言った。だから、いつなくしてしまうかわからないから、いちばんいいドレスを普段から着ているの。

娘たちはキッチン・テーブルで宿題をした。居間にある数少ない家具の一つだ。ほんとうはキッチン・テーブルというよりトランプ用テーブルだったが、シシーが言うように、なんとかなる。寝室の壊れたドアには弾痕が残り、窓は一つ残らずたたき壊されていた。水道は機能していなかったが、外に井戸があり、そこで水を汲んで冷水浴をした。

どんな説明をするときも、シシーはほほえみ、間に合わせだという感じを微塵《みじん》も見せなかった。これがただ彼女の毎日の現実の一部だった。

シシーはケニアのガソリンスタンドで買った寄せ集めの皿とコップで食事の用意をした。

「ずっと使うつもりで物を買う気には、まだなれないの」と彼女は言い、少し間をおいて付け加えた。「でも、ずっとつづくものなんて何もない。そうでしょ？」

夕食は簡単だったがふんだんにあった。主食は青いバナナをゆでたマトケ、粟、魚が少し、ニガナス、果物。

「差し上げられるのは、食べ物と歓迎の気持ちだけよ」とシシーは言い、「でも、どのみちほかに価値のあるものなんてないものね」と笑った。「特にここでは。特にいまは」

彼女の声には絶望のかけらもなかった。

家族はみな何皿も食べた。シシーは私にもっと食べろとすすめてくれた。次はいつ食べられるかわからないのだから、と。

その夜、私はパスポートを枕の下に置いて、夜中に銃声を聞き、不安を感じながら寝た。朝になるとバケツで水を浴びた。キコイと呼ばれる鮮やかな色合いの綿布で体を包んで腰を下ろし、背中を流れる冷たい水に歓声をあげた。熱した石炭を入れた昔のアイロンで、重さのあまり手を震わせながら、青い絹のドレスにアイロンをかけた。一日の準備をするのにこれほど充実していると感じたことは、ブラジルでの数週間を除いてほとんどない。最良のものと最悪のものが並んで存在しているように思えるこの場所が、私は大好きになった。ここには、どんな感情もすぐに表に出せる、生の美しさがあった。

手早く朝食をすませ、私たちは、将来に希望を持った、活気あふれる女性たちに会った。天然資源も人の心もこれほど豊かなこの国で、平和に貢献し、個人と地域の繁栄を築こうと心を決めている女性たち。彼女たちは私の訪問を喜んでくれ、夢見ていることを話してくれて、私はほとんど聞き役に徹した。女性のうちの何人かが新たに始めたプロジェクトも訪ねた。家禽飼育、雑貨を売る新しい売店、仕立業。ウガンダの人々は、生活を一つひとつ取りもどしつつあった。その努力を支援することが有意義なのは確かだった。

ウガンダへの旅で私は、急がなくてはならない、と改めて強く思った。自分が役に立っていると感じたかった。会った人たちみなの粘り強さに打たれ、苦しみに耐えつつ喜びを忘れない姿にすっかり魅せられて、ナイロビにもどってきた。その晩、私はぐっすり眠った。安全に眠れる特権を感じながら。基本的安全が贅沢とみなされずにすむ世界に住みたいと思いながら。そして、自分がなぜ開発途上国で働くことが好きなのかを思い出した。

これ以上、することを探しながらケニアにとどまることはできなかった。そろそろコートジボワールに行ってもいいのではないか、と私はもう一度訊いてみた。何が待っているか不安だったが、行くべきときが来たのがわかった。

行くからには情熱を持って。地域責任者の了解を得て、私は荷造りを始めた。女性たちの自助努力を支援するために自分に何ができるかを思い描いた。まもなく私の夢に冷水——シシーの家のバケツの水と同じくらい冷たい——を浴びせかけることになるすべてのことについては、少しも考えていなかった。

第2章　外見は鳥のように、内面は虎のように

きちんと立ち止まって、正面から恐れと向き合えば、どんな経験からも強さと勇気と自信を得られるものです。できないと思うことをしなければなりません。
――エレノア・ルーズベルト

アビジャン空港に着いたのは、暑く、空気がまとわりつくような午後で、どんよりした空気は汗の甘酸っぱい匂いに満ちていた。私はみぞおちのあたりがどきどきしていたが、一方で、私の真剣さと懸命な仕事ぶりをここの女性たちに見てもらえれば、受け入れてもらえるだろうという気持ちもあった。ところが税関も通らないうちからいろいろなことが起き、すっかり気が動転した。

入国者はみな、白い木の机のところで、パスポートをガラス張りの箱に入れるよう指示された。集まったパスポートを制服を着た男がどこか見えないところに持ち出し、私たちはそのまま待たされた。まわりのだれも、何が起きているかわかっていないようだった。制服の男は数分でふたたび姿を現し、普通の手続きであるかのようにパスポートを返しはじめた。まわりでは人々が大声を上げて走っていたが、どこに行こうとしているのかよくわからなかった。

茶色の制服を着た四人の男が、荷物カウンターの近くにいた私に近づき、私の荷物とスーツケースをつかんだ。引っ張り合いになり、私はしまいに「やめてください」と叫んだ。男の一人が大声で笑い、ほかの三人も笑いに加わり、私は必死で涙をこらえた。

税関では二人の男が私の荷物をナイフで切り開き、中身を全部ひっかきまわした。私は汗びっしょりになっていたが、ナイロビの会議で私を拒絶した女性がドアの向こうで待っていることを知っていたので、気持ちを落ち着かせようとした。

ずたずたにされた荷物を積んだカートを押してターミナルを出ると、三人の女性が肩を並べて、アフリカ風のプリント柄の丈の長いドレスに身を包み、頭にはターバンを巻き、首と腕に重たそうな宝石をつけて、スーパーモデルのように立っているのが目に入った。無秩序のただなかにある、美と落ち着きの一幅の絵。

私はナイロビで会った女性を見つけた。アイシャと呼んでおくことにする。ナイロビで、私がアフリカ開発銀行《AfDB》の重要な職務にかかわることになると知るやいなや、私のためにほとんど時間を取ってくれなかった女性。――いま振り返ってみると、私が特権的な仕事を通して彼女の国を〝支援する〟という興奮に武者震いしながら彼女に近づいたとき、彼女の頭を何がよぎっていたのかは想像するほかない。そのときの私は、手放しのナイーブな熱狂を丸出しにしていたことだろう。

当時私は、アフリカ開発銀行のその地位がそれほど重要なことだとは考えていなかった。チェースマンハッタンで袖にしたチャンスのほうがずっと大きいと思っていた。西アフリカ女性にとってその地位がどれほど重要かということを、私は理解していなかった。アフリカで女性の問題に本腰をいれようとしていたことを思うと、特に女性たち自身の視点から見れば、職務を率いる地位にはアフリカ人が就くのが筋だったのはまちがいない。それに、その職務を委託されていたような国際NGOは、すぐに結果を出すことで内外に何かを証明したがるものだ。私が送り込まれた理由はどうあれ、アフリカ女性たちには不満がたまっていた。

「コートジボワールへようこそ」

口数の少ないアイシャがフランス語で言い、それから同僚に私を紹介してくれた。金縁眼鏡をかけた背の高いマリ人の女性と、背の低いほうは、美しく編まれた髪にゴージャスな宝石をつけた、エキゾチックな外見のセネガル人女性。

「旅行はどうでしたか」と彼女は訊いた。

「よかったです、おかげさまで」

私の口から出てきたのはそれだけだった。コートジボワールにいることにわくわくしていたが、心の奥には複雑な気持ちもあった。私は気に入られたいと思い、自分がどれほど貢献できるか、彼女たちに示したいと思った。しかし私の懸念や願いを分かち合おうにも言葉がままならず、彼女たちが必要とし、求めていること、自分がしようと思っていることについて、どうやって会話のきっかけをつかんだらいいか見当もつかなかった。それに会議での経験があったため、フランス語を話すことや直接話しかけることに、自信が揺らいでいた。

私は、なぜここに来たのかについて前と同じ質問をいくつか受けたが、前よりましな答えもできなかった。話すときは、たいがい口ごもった。

駐車場まで歩くと、空港ミニバスが待っていた。私は彼女たちに、迎えに来てくれたことに礼を言った。ミニバスに乗り込むとき、彼女たちは上品なしぐさで頭を振った。

バスはヒルトンホテルへ向かった。車に乗るやいなや、女性たちは私に直接話しかけるのをやめ、速射砲のような勢いで、互いにフランス語で話しはじめた。私は彼女たちの言葉について行けず、断片しか聞きとれなかったが、自分がよそ者だという感じはますます強まった。

「若いわよねえ、若すぎる」

「独身ですって?」

「アフリカのことなんか知らないのよ」

「彼女のフランス語、どう?」

「ここ西アフリカで仕事しようっていうなら、もうちょっとましなフランス語でないとね」

「もう一度訊きたいのは、どうしてアフリカ開発銀行の仕事をするのがこの人なのかってことね。重要な、華やかな地位なのよ。ほんとうに、しっかりした人間が必要なの。アメリカ人じゃなくてね……」

「小娘じゃない……」

女性たちの声が私の気持ちをちくちくとつついた。簡単にはいかなさそうだ。

ヒルトンホテルに着いて、外のプールサイドでコーヒーを飲んだあと、女性たちは帰って行った。私は部屋にもどった。家が見つかるまでそこに滞在するつもりだったが、二カ月もたたないうちに出ることになるとは思いもよらなかった。第一日目の晩は涙にくれてベッドにもぐりこんだ。

翌朝、私は、高いヤシの木が並ぶ広い通りを走り、いろいろな土地を訪れるたびに感じる驚きに満たされた。威圧的なサン・ポール大聖堂前の通りの脇には、フランスパンやアフリカ風煮込み料理を売る女性たち。大聖堂は街を見下ろすようにそそり立ち、その白い近代的な巨大建築が天を突く。私は立ち止まり、驚きとともに見上げたが、神がいましたもうと感じたのは、そのコンクリートの建物よりも、外の通りにすわった女性たちの瞳のなかだった。

のちに私はウーフェ＝ボワニ大統領の故郷ヤムスクロを訪ねた。大通りの広さはシャンゼリゼ通りにも引けを取らない。壮麗な大統領宮殿のまわりには堀がめぐらされ、そこで飼われているワニは毎日午後四時、生きた鶏を餌にする。宮殿のぜいたくさと、そのまわりでほとんど電気の来ていない土の小屋に住む、あまりにも多くの人たちの絶望的な状況とが、はっきりしたコントラストを示していた。コートジボワールは、通りを歩くだけで、公正と思いやり、権力、金をめぐる疑問で満たされる場所になっている。私たちがどこで生まれるかは偶然の産物なのに、それが将来を大きく左右してしまうのだ。

最初の数週間、私は毎日夜明けから夜中まで働いて、五二の参加国を数え、四つの言語が使われる女性会議を組織した。アフリカ開発銀行での私のパートナー、小心者のA氏は、官能的なアイシャに熱を上げていて、何かうまくいかないことがあると、決まって私のせいにした。ザイールの閣僚が一晩四〇〇ドルもする大統領用スイートルームに泊まったときも電話をかけてきて、どうにかしろと怒鳴った。ホテルに行って閣僚の部屋のドアをノックすると、彼女は身の安全を理由に開けようとせず、大臣である自分にはふさわしい部屋が必要だと言った。何の実権もなかった私は引き下がり、正しいことが何もできない無力を身にしみて感じながら、エレベーターまでホールをとぼとぼ歩いた。

そのうちにアイシャは私に、自分の承認がないかぎり、いっさい手紙を出さないようにと言った。

「アフリカのことをご存じないから」と事あるごとに言う。

たしかにそのとおりだった。アフリカがどのように動いているのか見当もつかなかったし、コートジボワールがどれほどケニアと違うか、身にしみてわかっていた。しかし私は恐れをなして何もせず、ただ頭を垂れて、アイシャがいつか私の仕事を評価してくれる日が来ることを願っていた。

まもなく、アイシャ自身がこちらの部署に異動してきた。突然、私と彼女は一つの部屋を共有することになったのだ。アイシャはだれにも私を紹介せず、たいてい私を人から遠ざけようとした。アフリカ開発銀行のほかの役員が来ているときに限って、私に研究報告書のコピーをさせた。私が彼女の秘書の役割を演じているあいだ、だれがほんとうのボスなのか示してみせることができるように。

アイシャほど自分に自信がある人には会ったことがなかった。彼女のすることは、足の組み方や手の置き方、歩くときの体の揺すり方まで、何にでも思惑があるように見えた。まるで、みなが彼女を見ていることを知っているかのように。私も彼女のように、どうにかしてもっと十分に自分を出したいと思った。

ある日アイシャから、夕食を食べに家に来ないかと突然招待された。私は、話をするきっかけや仕事に取りかかる道が見つけられることを期待して、すぐ承知した。もしかしたら友情の糸口もつかめるかもしれない。しばらくは一緒に働くことになるのだから。

現代的なビルが並び、ヤシの木がどこまでもつづく通りを、彼女の白のプジョーに乗って走り抜けた。彼女の家は近代的で洗練されていたが、これみよがしなところはなく、全体が白で、ところどころにちょっとしたアクセントがあり、アフリカ風の木彫りが施されていた。夕食のテーブルにつくと――私には魚、彼女自身はパイナップル――、彼女は言った。

「ダイエット中なのよ。と言ったって自分の外見は嫌いじゃないけど。あなたみたいながりがりのアメリカ娘とはちがってね」

私はただ笑顔でワインをすすった。慰めになるものがあってよかった。

夕食後、彼女は家を見てまわらないかと言った。そのあと映画でも観ましょうと。

「さあ、こっちよ」彼女は言った。

彼女の案内で、キッチンを抜け、デザイナーの手になるバスルームを通って、寝室に入った。そこで彼女は、今日一日猛暑だったから何か軽いものに着替えたいと言い出した。

居間にもどっていようかと私が言うと、彼女は「いいの、いいの、ベッドにでもすわってて。すぐだから」と答えた。

そう言って、もったいぶった足取りでウォークインクローゼットに入っていった。さっきそこで、大きく引き伸ばした彼女の写真を見せてもらったばかりだ。写真のまわりの壁に、色とりどりのきれいなビーズのネックレスがかけてあった。

私は、白いサテンのカバーがかかった大きなベッドの端にすわって、膝の上で手を握りしめ、金縁眼鏡にアイロンのきいた麻のスーツになで上げた髪という、どこから見ても司書のような自分の格好をいやというほど意識した。

何分かして現れたアイシャは、ブラとパンティーしかつけていなかった。猫のようにあくびをしながら腕を伸ばし、ほんとうは暑すぎて何もつけたくないくらいと言った。

彼女がテレビをつけると、古いフランス映画は映りが悪く、音だけががーがー鳴った。アイシャはベッドに寝そべり、その豊かな胸をそっと愛撫しながら、質問を始めた。

「お訊きしたいんだけど、そもそもどうしてコートジボワールにいらしたの？　ほんとうのところはどう思っていらしたのかしら？」

私は口ごもりながら、世界に何か貢献がしたかった、役に立ちたかったのだと言った。ほんとうは逃げ出したかったが、礼儀からか身動きできなかったからか、必死で質問に答えていた。それから、どれだけ多くの仕事を抱えているかを付け足した。

映画を見たいのはやまやまなのですが、と私は言った。ほんとうにホテルにもどらなくては。

「あーあ」彼女は言った。「まったく退屈な人ね。おうちに帰る時間ですって。まだ働くの？」

憐れむように笑いながら立ちあがり、短いサテンの部屋着をはおって、ドアまで送った。

私は礼を言って車に乗り、ホテルに向かった。街が通り過ぎていくのを眺めながら、頭のなかでは、いま経験したばかりの短い夜に聞いた言葉と見たものが、ぐるぐると渦を巻いていた。アイシャは私を誘惑したのか、試したのか、それともただ自分が私をどこまで追いつめられるか見たかったのか。たぶんどれも少しずつあったのだろう。

私はクローゼットで見たポスターサイズの写真のことを考え、まるで陸に上がった魚のように、こんなつもりはまったくなかったのに、と思った。私が思い描いていたのは、アフリカで、農村で女性たちと一緒に地面にすわって、彼女たちの願いや夢について話すことであって、ベッドの端でサテンのシーツの上にすわり、ほとんど何も着ていない女性に向かって、そもそもなぜアフリカに来たのか弁解することではなかった。

翌朝、銀行に出勤すると、アイシャがオフィスの鍵を変えていた。私の鍵は役に立たず、顔見知りの守衛の一人に入れてもらった。アイシャを問いただしたが、だれかが私たちのものをいじったかもしれないと思ったから、と冷たい答えが返ってきた。新しい鍵はとうとう受け取らなかった。

その同じ日、アフリカ開発銀行で働くミセス・オコロというナイジェリア人女性とホールで知り合った。ナイロビの会議で私を見かけていたという彼女は、私がここで何をしているのだろうと思っていたという。昼食に誘ってもらった私は、会ったばかりの彼女に、うまくいかない悩みをぶちまけた。さすがに前の晩のことには触れなかったけれど。

ミセス・オコロは訳知り顔でほほえみ、そういうふるまいは大いにありうると言った。

「その人たちは、アフリカで権力がお金と同じくらい、もしかしたらお金以上に大切だということを知っている。権力がほしくてその仕事がほしかった。あなたは邪魔者なのよ」

それから、その女性たちの前で飲んだり食べたりしないようにと私に注意した。

「つまりね、あの人たちは、あなたに毒を盛る話をしているわけ。殺すためじゃなく、怖がらせるために。言っておくけれど、あの人たちは真剣よ」

ナイロビの友達が以前、家族や親戚、親友の家でしか食べ物を口にしないと話していたことがあった。「成功していると、だれからもよく思われるわけじゃないの」と彼女は説明した。当時はこの話はあまりに突飛で、ほとんど信じられなかった。しかしいま、あまり知らない別の女性から、特に私に好意を持っていない人間の前では食べるものに気をつけるように言われている。

「もしその人たちが自分の食べていないものをくれそうになったら、食べ物は分け合うのが自分の家族の習慣なんだと言えばいいわ」

さらにミセス・オコロは、西アフリカでは呪術をばかばかしいものと片付けないほうがいい、呪術の警告に注意を払うほうがいい、と忠告してくれた。

私が笑うと、彼女は私の手をつかんで、有無を言わさぬように私をじっと見つめた。

「信じてほしいの」彼女は言った。「ここコートジボワールで呪われたくないでしょう」

「だれからだって呪われたくなんかないです」と私は答えた。

「よく聞いて」ミセス・オコロは私の目をまっすぐ見て、さらに真剣に言った。「もし夜中に目が覚めて、悪霊の冷たい手があなたの首を絞めつけているのを感じたら、イエス・キリストに祈ると約束してちょうだい」

彼女は言葉を切って、私を見、それから訊いた。

「キリストを信じてる？」

私は、自分が耳にしていることが信じられずにただ彼女を見ていた。

「ホテルの部屋に十字架はある？」彼女は答えを待たずに、急いでつづけた。私は首を横に振った。

「聖書とコーランなら引き出しにありますけど」

「それなら一生懸命に祈らなくちゃ。キリストに祈るのよ。キリストは呪術よりも強いから悪霊と戦ってくれるわ」

私は彼女の忠告に礼を言ったが、笑うべきか逃げ出すべきかわからなかった。

これほど孤独を感じたことはなかった。まだ二五歳で、家族から何千キロも離れた、親しい友達もいない場所にいる。私はいつもどおり強いのだと自分に言い聞かせたが、夜、物音がすると、冷や汗をかいてベッドから跳び起きた。アフリカの女性銀行家のあいだで毒や呪術に出くわすとは思っていなかった。頼りにできるスキルもなく、私はただすべてが普段どおりだというふりをして、自分のまわりで影が踊っているかもしれないなどとは考えないようにした。

ミセス・オコロの警告から二週間ほどたって、女性たち全員と一緒にレセプションに出席したあと、一時間ほどして気分が悪くなりはじめた。胃が鋭く痛み、よろよろとホテルにもどったときには吐き気と高熱と下痢に襲われた。三日間、バスルームの床に横になって震え、もどし、涙を流した。みじめで自分があわれだった。呪術霊の恐ろしいイメージが頭に浮かんだり、いやいや、魔術や毒などばかな娘を怖がらせるただのうわさと脅しだと払いのけたりした。原因はともかく、吐き気で水一滴もすすることができなかった。

いちばんそばにいてほしい人――母――にだけは電話したくなかった。何もしてもらえないのはわかっていたし、私の声を聞けば心配するだけだ。熱はいっこうに下がらなかった。あまりに恐ろしくて、まわりのだれにも、何が起きているか知られたくなかった。ただ絶望感から、痛む頭のなかを同じ疑問がぐるぐるとめぐりつづけた。

「こんなことのために、将来有望だった銀行のキャリアを手放したの?」

週末には体は回復したが、顔はげっそりして青く、服は体にぶらさがっているだけで、女というより浮浪児に見えた。憔悴して、負け犬のような気がした。

私は自分にもどりたかった。朝、その日一日にわくわくして目を覚まし、体のなかに活力を感じて道を歩きたかった。

翌日最初にしたことは、空港で私を迎えた三人の女性に電話して、オフィスに呼び出すことだった。お昼前に会う約束をすると、私は午前中いっぱい、何を言うかを考え、練習した。

歩いて出勤するとき、毎日通っているポップコーン売りと靴磨きに手を振ると、二人ともにこやかにあいさつしてくれた。初めて着いたころ、こういう人たちと一緒に過ごす時間がもっとあると思っていた。貢献をするには、低所得層のことを知る必要がある。それなのに私は、大組織のなかで、会議で発言したり歓談したりする人たちとばかり一緒にいて、人々の声をほとんどまったく聞いていなかった。こんなことをしている場合ではない。

女性たちは、丈の長い色とりどりのドレスをまとい、頭には高々とターバンを戴き、いつにもましてエレガントな装いでオフィスに入ってきた。壁半分を埋め尽くすように並ぶ彼女たちの前に、がりがりにやせて、いまにも消えてなくなりそうな私が、胸の前で防衛的に腕を組み、一人で立っていた。ブルーの綿のスカートと白い半袖ブラウスを着た私は、銀行員というよりは中高生に見えた。私はか細い声で、途中で口ごもりながら、もう出て行こうと思うと言った。

「みなさんがどうして私にこんなにつらくあたったかがわかりません。私なら犬にだってこんな仕打ちはしないのに」

「あなたが憎くてやったんじゃない」とアイシャが答えた。「あなたはいい人だし、貢献できることもたくさんあって、そういうところは嫌いじゃない。私たちが大嫌いなのは、あなたが後ろに背負っているもの。北が南へおでましになって、白人の若い女の子を送ってくる。私たちが何がほしいか訊きもしないし、必要なスキルを私たちがもう持っているかどうか見もしない。それも、連帯を深めたいと言っている当のNPOがね。こういうことをいままで、いやというほど見てきたの。いつもこの調子では、アフリカは絶対に変わらない」

仕事をはかどらせたいなら、NPOはまずアフリカ女性たちと交渉すべきだった、という言い分には私も賛成だった。それでも、だからといってこんな扱いをする言い訳にはならない、と私は言った。私は善意でここに来て、耳を傾ける用意もあった。一生懸命働く用意もあった。女性たちはだれも、自分たちの考えを説明してくれなかった。世界を北と南に分断された、橋渡しできないものとみなして、お互いに一度も行き詰まりを打開してこなかった。

話しているうちに、自分のなかで何かが変わっていくのを感じた。アフリカ人の友達が以前、アフリカで成功するには、外見は鳥のように、内面は虎のようになることを学ぶべきだと言ったことがあった。ようやく私は、猫が動き出すのを感じた。人に気に入られたがる小娘を卒業し、仕事をはかどらせようと思うなら、自分の足で立ち、自分自身でいなければならないと自覚した。若いとか、白人だとか、アメリカ人だとかいうことで、こづきまわされるのはもうたくさんだ。それはちょうど、この女性たちが、見逃すことなどありえないほど堂々とし、ゴージャスに装いながら、アフリカの黒人だというだけで目に見えない存在扱いされることにうんざりしているのと同じだった。私はここに来て役に立ちたくて銀行のキャリアを捨てたのだ。貢献できないなら、出て行くまでだった。

ようやくわかった。アフリカで貢献するには、自分自身をもっとよく知り、目標をはっきり持つ必要がある。私のやり方ではなくアフリカのやり方で、アフリカと向き合うこと。自分の限界を知り、お情け深い慈善屋ではなく、ここにいることで何かを提供し、何かを得る人間だと示すこと。同情は役に立たない。

このとき初めて、ほんとうの謙遜――お手軽だが見せかけだけの謙虚さではなく――が生まれたと思う。このときまでは、自分が答えを知っていて正しいということを当然視して、そこに安住していた。生まれて初めて、正しいからといって、うまくいくわけでも仕事が進むわけでもないことを知った。私は自分のまわりで何が起きているかに対して、もっと素直になりはじめた。行動せずに話してばかりいることには耐えられなかった。国を離れてここに来ている人間やエリートアフリカ人には、それにふけっている人間があまりにも多いように思えた。私は貧しい女性たち自身と直接一緒に働きたかった。

ニューヨークにもどるつもりはなかった。チェースマンハッタンの上司と顔を合わせ、手ひどい失敗をしたと言うわけにはいかない。それでも、アビジャンでもう一晩過ごすことは耐えられなかった——できればすぐに立ち去りたい。自分がアフリカにもどってくることはわかっていたが、コートジボワールにではない。少なくともすぐにではない。

家族は父の軍の仕事でドイツにいた。家族とボーイフレンドに会いにクリスマスには帰省する予定だったが、早く帰るには余分の旅費が要った。一〇〇〇ドル足らずしかない自分の貯金のなかから、四〇〇ドルを学生運賃のチケット代として払い、パリ行きの夜行便に乗った。持ち物はスーツケースだけで、ほかは全部ヒルトンホテルに置いてきた。

パリに着くと六〇センチの雪だった。航空会社がスト中で、ハイデルベルクの家族のところに行くには列車しかなかった。綿のスカートと半袖ブラウスのまま、薄手のセーター一しか持たずに飛び出してきた私は、新しい土地への十分な備えなしにやってくる多くの移民のことを思った。アビジャンを離れるときは、疲れきって、頭が働かず、飛行機に乗ること以外何も思いつかなかったのだ。

ハイデルベルクで、もともと私のアフリカ行きを心配していた両親に聞かせるときは、なるべく話をぼかした。でも、やせこけた骨にはりついている黄疸《おうだん》のような黄色い皮膚は隠せなかった。母は、何週間かドイツで過ごして、ニューヨークでのキャリアにもどったらどうかと言った――それもかなり強く。私と母は普段めったにしない言い争いを始めた。

両親とも子供が力いっぱい高く飛ぶのを励ましてくれたでしょうと私は言った。それが私のやり方なの。母は私を失うのが心配だと言った。取り越し苦労でないのがよくわかったし、私がアフリカにもどればどれほど連絡がしにくいかも知っていると言った。

「わかってる」私は言った。「でも、アフリカにもどって何かをなしとげないかぎり、自分と向き合えない。それはわかるでしょう？　いままで私は失敗しかしていないんだもの」

「でも、これから何をするの？」母は訊いた。「最初のときは、ずいぶん漠然とした話だった。こんどは何がちがうの？　仕事の内容の契約をもらっているの？」

NPOの東アフリカ支部があるケニアに行ったらはっきりすると私は言った。そこの責任者が好きだったし、ケニアかあるいは隣国で、役に立てそうなことを見つけるほうが簡単だろう。

私はニューヨークにいる国際NPOの代表とナイロビの地域責任者に長い電話をかけ、少なくとも限られた期間だけでも、ケニアで仕事にもどれるかをたずねた。今回は条件を二つ出した。具体的な成果のある明確なプロジェクトで働きたい。それから、支援を求めて私を招いてくれる女性たちのグループとしか仕事をしたくない。――（少なくとも私にとっては）ありがたいことに、この条件にぴったり合うポストが見つかった。

いったん決まれば、両親はどこまでも協力してくれた。

父は空港で、私がしようとしていることを誇りに思うと言ってくれた。母はうなずき、私をぎゅっと抱きしめて、気をつけてと念押しした。

「ほんとうに病気になったり、それから、（そんなことはありませんように）もっと悪いことが起こったりしたら、だれの役にも立てないんだから」

私はいつも、両親に東アフリカに来て仕事を見てもらいたいと願っていた。もし来れば、心配することがどれほど少なく、好きになることがどれほど多いかわかっていたからだ。もっとも、子供がまだ四人も家にいては、アフリカへの長い旅行など両親には夢のまた夢だったけれど。私は、月に一度は電話するし、手紙ももっと書くと約束した。

学生運賃だったので、いったんコートジボワールに飛び、翌日ナイジェリア経由でケニアにもどった。荷物は飛行機への持ち込み料金が払えず、ヒルトンホテルに置いてきた。

無事ナイロビに着陸すると、私はもう一度、よし、やるぞという気持ちになった。

懐かしいオフィスに出勤すると、マルチェリーナが駆け寄って抱きしめてくれた。

「ジャンボ、ジャクリーン」彼女は言った。「マズのところに帰ってきてくれた。楽しい日々の始まりよ」

懐かしい、輝くような顔を一人見るだけで、本拠地に帰ってきたと感じるには十分だった。

NPOの地域責任者は、私が東アフリカの女性グループとコンタクトを取る手助けをしてくれた。

一九八七年の初め、もどって一カ月で、私は初めてほんとうの仕事を頼まれた。

設立されてまもない女性マイクロファイナンス団体が、ビジネスとして発展する岐路に差しかかっていた。ナイロビのスラムと市中心部の両方で女性向けに貸付をおこなっていたその団体の責任者は、貸付ポートフォリオの状態と事業を強化できる方法を知りたがっていた。

ナイロビの何の変哲もないビルの二階のオフィスで事務局長に会うと、彼女は、これまでの実績を誇りに思っているが、業務の仕組みを強化することが必要ではないかと懸念していると言った。私は、団体の現状についての基本的な調査から始めてはどうかと提案した。長所と短所について一種の診断をおこなって、将来的にほんとうに成長していけるチャンスを得られるようにする。私が翌日から貸付ポートフォリオの分析を始めることで私たちは合意した。

私はドアを閉め、オフィスの外の陰気なホールに入りながら小さな歓声をあげた。建設的で必要なことを頼まれた。一歩を踏み出したのだ。

鉛筆と計算機を手に、大きな緑色の台帳を見ながら、その団体がおこなってきたすべての貸付をチェックし、すべての数字を詳細に検討した。夜遅くまで働き、どの借り手が返済し、どの借り手の返済が遅れ気味で、どの貸付を損金処理すべきか、はっきりさせた。このうえなく退屈なプロセスだったが、新しい目的意識があった私は、夢中で仕事をした。

何百時間も働いて、ようやく終わった。深い達成感を感じながら、私は最後の作業をした。手書きで、さまざまな帳簿と収支計算書から断片をつなぎ合わせ、団体の管理部門の持つ情報全体を再構築、再編成してまとめた。私が受け取っていた帳簿は非常にひどい状態で、半分でもまともな会計事務所が監査をしていれば、事業の閉鎖を勧告しただろう。それでも私はこの団体に新しいスタートを切ってほしいと願っていた。

事務局長との面談の予定を取りつけた私は、プロらしさと前向きな姿勢を漂わせながら、彼女のオフィスに乗り込んだ。

明るい話から入った。

「こちらの団体は、ケニアの女性にとって大変に重要で、すでにスラムに住む何百人もの女性に届いていています。ケニア発展にとっても女性にとっても期待のふくらむ時期であり、ご一緒に仕事をさせていただけて光栄です」

彼女はほほえんだ。私は深く息を吸った。

私は、財政上の記録をすべて決算し、すべての貸付の明細勘定報告をおこなったと言った。それから、時とともに経営が強化されるような、秩序立った業務の仕組みを提案した。

彼女はほほえみを絶やさなかった。

「同時に」私はつづけた。「この診断からは、何と申しましょうか、対処すべきいくつかの問題が明らかになっています。ポートフォリオの六〇％以上で返済に深刻な遅れが見られます。問題のある貸付のうち、二〇％は完全に損金処理し、二〇％を監視リストに入れ、いちばん問題の少ない二〇％に力を入れてはいかがでしょうか。それから、こうした貸付では、借り手の大半が理事のみなさんとなんらかの関係をお持ちです。この問題にも対処が必要になるかと思います。と申しましても、こちらの団体はまだ若く、いまなら、問題を取り除くために行動して、事業を転換させ、すばらしい団体になることが可能です」

私は前向きで明るく見えるように、説得力なくほほえんだ。

事務局長のほほえみが消え、口が一文字になった。

私は鼓動が早まって、早口で付け加えた。

「ご心配には及びません。解決策のプランはあります。どんな問題でも解決の第一歩は、問題を見きわめることですから」

彼女は私をじっと見つめた。こんどは彼女が深く息を吸う番だった。

長い、気まずい沈黙のあと、彼女は、ほんとうによく働いてくれて助かったと礼を言った。指摘について熟慮する必要があると彼女は言った。報告書を検討させてもらいたい、と。

「そのうえで、何をすべきか、話し合いましょう」と彼女は付け加えた。「来週にでも、みんなと会う予定にしておきましょうか」

彼女の同僚の一人が部屋に入ってきて、長いことスワヒリ語で話していたが、その表情は用心深く、固かった。私は自分がまた何かまちがったことをしてしまったのを知った。

私はなぜか同じ悪夢に逆もどりし、違う場面で同じ役割を演じていた。

一週間待ったが、何の連絡もなかった。

私は待ち切れずに事務局長に面会し、報告書について考える時間を取ってくれたかと訊いた。

「お話ししようと思っていたのですが」彼女は目を合わさず、つぶやいた。「作ってくださった立派な報告書がなくなってしまったんですよ。どこにも見つからないの。あんなに働いてくださったのに、なんとお詫びしたらいいか」

コンピュータのなかった当時、私は全部手書きしていた。タイプした要約だけはあったが、裏付けのデータがなければ価値がない。すべては台無しだった。

私は気持ちが沈み、なんとか涙をこらえようと必死で、話を聞いているあいだ、両手で椅子を握りしめていた。

「やり直すことはできますけれど」と彼女は言った。「ほかのことをしていただいたほうが助かると思うんですよ。もう一週間待って、見つかるかどうか様子を見て、それから次のプロジェクトについてもう一度お話ししましょうか」

私は一言も言わなかった。言えなかったのだ。少なくとも、どのくらい傷ついたかを表に出さずには。その夜、私はベッドのなかで、なぜ事務局長は、私など必要とされていないと言ってくれなかったのだろうと考えた。骨身にしみてつらかった。

「たぶん、ほんとうは変わりたくなんかないのね」私はつぶやいた。

あるいは、私が単刀直入にすぎ、自分の貢献を前面に押し出しすぎたのかもしれない。たぶん事務局長は、答えを何でも知っていると思いこんでいる、偉ぶった外国人にうんざりしていたのだろう。その団体の事業がどうにもならないほどひどいという事実は残っている。しかし今回も、たとえ問題を解決できる能力が私にあっても、女性たち自身が解決したくないのなら、何の役にも立たないのだった。

翌朝、私はケニアの夜明けの音で目を覚ました。あまりの喧騒に、私は声を出して笑った。ニューヨーク市内の騒音のなかで寝るほうが、この国の生き物たちの目覚めのなかで寝るより簡単なくらいだと思った。鳥がけたたましく鳴きかわし、サルは木から木へ飛び移り、虫は朝露にぬれた草むらで羽音を立て、花々はハチに香りのキスを送る。その不協和音は、誘惑と求愛と滋養の野生のパーティー――感覚の饗宴――を告げていた。ケニアの美しさと官能性が、少なくとも朝のあいだは、この二度目の失敗の傷を癒してくれた。

昼にはまた気持ちが沈んだ。無力感にとらわれ、思うようにいかないのを痛感した。謙虚さを学んだと思い、こんどこそ自分のスキルを人の役に立つように使っていると感じていたのに、団体の事務局長はすべてをはねつけたのだ。私は、批判しようとしているのではなく、壊れた仕組みを立て直す手伝いがしたいだけだという率直な願いを伝えられていなかった。あるいは、ケニア人の事務局長自身、改善の必要性から目をそらしたかったのか。その点では彼女は、私が別のところで出会った、現状に安住する銀行家たちと、たいして変わらなかった。

役に立ちたいという私の願いは、私以外の人間には何の意味もなかった。私はようやく、まず委託があることをはっきりさせ、おざなりの同意ではなく、ほんとうの賛同を得ておくべきだったと悟りはじめた。そして不意打ちをくらわないよう、全プロセスを通して、ふさわしい人々を集めるべきだった。問題はリーダーシップ、つまり、まわりの人に私のところに集まってもらう忍耐力とスキルを持つことだった――まだまだ修行が足りなかった。

私はまた、NPOの説明責任をどのように確立するかについて考えはじめた。寄付金を拠出する人たちは、いい話をいくつか聞いただけで、機能していない団体への寄付を決めてしまいかねない。世界が必要としているのは、もっとましなことだ。

私はそのマイクロファイナンス団体とはもう一緒に働かなかったが、約一年後、風のうわさで、団体が深刻な財政上のトラブルに見舞われたと聞いた。さらにその一年後、理事会のメンバー数人も含めたケニア人女性のグループが救出に乗り出し、いくつかの財団と緊密に連携して理事会を再編し、団体を立て直した。地元オーナーの力を通してだった。

二〇年後、私はその女性グループの一人に会った。いまではケニア全土で一〇万人の女性の役に立ち、ケニア国内で貧困層のための団体として最も高く評価されるようになったと彼女は言った。

一九八七年には、私は打ちのめされるよりほかなかった。いまでは、新種の団体が独り立ちするには何年もかかり、歩み出すにはさらに何年かを要するということがわかる。鍵は、夢を持ち、それを実現しようとする地元のリーダーを見つけることだ。

ケニアのマイクロファイナンス団体のプロジェクトの仕事をしてから一カ月ほどたったころ、女性向け貸付の会議で会ったベロニクが、ナイロビの私のオフィスにやってきた。前もっての連絡もない突然の訪問だ。

「会議でナイロビに来たから、あなたがいるかと思って」彼女は言った。「ルワンダでは、あなたの話をしているの。女性向けの貸付制度を作ることに意味があるか、もし始めることになったらどう進めたらいいか、調べるのを手伝ってもらえたらと思うんだけど」

私はためらわなかった。彼女が何を求めているか正確にはわかっていなかったが、招いてくれているのははっきりしていた。ベロニクと私の関係はそれまでのほかの人との関係とはちがう気がしたし、話も曖昧ではなく具体的だった。感謝の気持ちがわき、自分を認めてもらうチャンスだと思った。今月中に行くと彼女に言った。

ベロニクは、雇用条件を送ると約束してくれた。どのくらい滞在する必要があるかと訊くと、彼女は私を見て、息を継いで言った。

「三週間」

天国からの声のように聞こえた。

翌週、私はほとんど眠れなかったが、なんとかルワンダについて少し読み、小さなバッグに荷物を詰めて空港へ向かった。しばらくナイロビにはもどらないとわかっていたが、アパートはそのままにしておいた。何かを起こすまで私はルワンダにとどまる決心をしていた。

第3章　文脈がものを言う

希望は山道だ。初め、道はない。だがやがて人が通り、そして道ができる。
——魯迅

ナイロビからキガリへの二時間のフライトは、ケニアのサバンナの広々と開けた空間から始まり、ルワンダの山々のあいだで終わった。私は飛行機の窓から外を眺めてアフリカの移り変わる景観にうっとりし、ルワンダの首都の、シンプルで歌うような愛らしい名前を頭のなかで繰り返した。キガリ、キ・ガ・リ。その名前は、首都を囲む丘を転がるように、私の舌の上を転がった。キガリ。女性の名前でもおかしくない。私はその響きが好きだった。

炭色の大河が、草原のジャイアントコブラのように、波打つ丘のあいだをくねくねと縫って流れ、青灰色の空がその上いっぱいに広がる、そのなかを飛んでいく。息をのむ景色だった。地面は一センチも余さず、バナナやモロコシ、トウモロコシ、コーヒー、紅茶を植えた真四角の区画に覆われ、それが赤土の道でつなぎあわされて、まるで緑の陰の下に広がる巨大なキルトのようだった。

キガリの物憂い空港に着陸すると、ターミナルは、薄い黄色の柱がカーブを描いて外に伸びた、四角い王冠のような形で、赤褐色の屋根がのっていた。観覧デッキに多くの人が立ち、降りてくる乗客に熱心に手を振っている。実のところ、乗客はほとんどいなかったので、到着した人より待っていた人のほうが多かったのは確かだと思う。私はだれが立っているのか見ようと目をあげたが、知った顔は一人もいないとわかっていた。

降りて来た客がほとんどいなかったので、五分ほどで荷物受取所に着いた。そこに、国連の青い制服を着た、ボニファスという背の高い運転手が待っていた。ユニセフまで送ってくれるという。肌が黒く、広い鼻とあばたのある明るい顔立ちは少年のようにも男らしくも見えた。彼のフランス語は、重く、弾むような、歌うようなアフリカ訛りで、ほとんど言葉の切れ目ごとに語尾を上げた。

「ルワンダのことを何かご存知ですか」と彼は訊き、私が答える前に、勢いこんで言った。「マウンテンゴリラを見に行かなくちゃだめですよ。国立公園と、きれいな湖水地方も」

「仕事はどうしましょう?」私は笑いがこみあげた。

「ああ、仕事ね。仕事もしたっていいですよ」と彼は言った。私は笑った。

「とってもいい暮らしになりそうですね。平日は働いて、週末は国を探検!」

「もちろんです《メ・ビャンスュール》よ」彼は相好をくずして笑った。「高すぎるからルワンダ人はそういう場所には行かないけど、あなたはお連れしますよ。外国人だから」

おなじみの淡いブルーのユニセフのロゴがサイドについた、国連の白い四輪駆動車で街まで一五分のあいだ、至るところに花が咲いているのが見えた。赤土の道や小道が、街の丘の斜面を走っているのが見えたが、幹線道路は平らできれいだった。お菓子の国のような色——明るいピンクやブルーや黄色——の四角い小さな家が、それぞれ小さな庭つきで道から少し引っ込んだところに建っていた。コンドーム、石鹸、車の修理、顔の脱色クリームなどの広告が道沿いに並び、貧困層向けに、もっと白く西洋人のようになるために金を使えと商品の宣伝をしている。そして、ここはテレビのない国だ。一九八七年には、消費者文化は浸透を始めてさえいなかった。

トラックやセメント工場の建ち並ぶ工業地区に入り、それから街のほうへ丘を登ると、世界は突然、驚くほど緑が濃くなった。明るい緋色のホウオウボク、紫のジャカランダ、黄色のキダチチョウセンアサガオが色とりどりに咲き誇る。インドソケイの甘い香りが空気に漂い、かごとバナナを頭にのせた女性たちの腰が右に左に揺れる。通りは、緑の天蓋をくぐって舞う鳥たちと植物が豊かないい香りを発する。天国だった。

キガリ中心部に入ると、長い丘を登り、威圧的な教会の横を通って、中心の環状交差点に着いた。郵便局とルワンダ資本の銀行が三つ並んでいる。街がどれほどきれいで整然としているかに私はすぐ驚いた。黄色の大病院、議会、中央大通りにずらりと並んだ国際援助機関——米国際開発局《USAID》、国連開発計画《UNDP》、世界銀行——。キガリはその古風な趣で、ほかのアフリカ諸国の首都と一線を画していた。当時人口約二五万人、アビジャンのような壮麗さもこれみよがしのところもなく、ナイロビのような都市らしい集中もなく、爆撃を受けたカンパラ〔ウガンダの首都〕のような荒廃した雰囲気もなかった。

脇道に入ると、レンガの壁と金属の門の後ろに隠れるように、ドイツ、ベルギー、フランス、ロシア、中国、アメリカなど各国の大使館がある。あげられた国々の名前から、植民地ルワンダの歴史がうかがえるだろう。ルワンダには重要な天然資源も港へのアクセスもなかったが、プルトニウムとウランが埋蔵された世界有数の天然資源保有国、コンゴ民主共和国（当時はザイール）からへリコプターで飛べる距離にある。このため冷戦ゲームのなかで、超大国に対して特別な位置を占めていた。そうでなければ超大国は、ルワンダの存在にすら気づかなかったはずだ。

私たちはまっすぐユニセフ事務所へ向かった。長い丘をのぼる赤土の道に面した金属の門の奥に、アーチ型の屋根をした白い二階建ての建物がある。隣りに校庭があり、白い半袖シャツに、女の子は明るいブルーのスカート、男の子はカーキ色の半ズボンの制服を着た小学生のにぎやかな声が空気に満ちている。道路わきでは着古した半ズボンにシャツも着ていない少年が、ロングホーン牛の群れを追っている。私たちの前を白いベンツが走っていた。これからいくらでも見ることになるが、政府の役人や特別な存在である外交官は普通これに乗っている。大方の人にとっては、主な移動手段は徒歩だった。道路わきは、頭に商品を乗せて運んでいる女性や、手をつないだ小学生の女の子、腕を組んで歩く男性でいっぱいだ。着いてすぐ、私はこの場所の物憂い、ゆったりした感じが好きになった。

出勤第一日目の午後、ボニファスが、ユニセフ職員のためのシステムを説明してくれた。

「車のない人間——つまりほとんどのルワンダ人——は午前七時半の始業時間に間に合うように、ユニセフのバンが迎えにまわる。昼休みは二時間、バンの送り迎えで、家で昼食を食べる。それから一日の終わりは、五時半に仕事が終わると、四度目にバンに乗って帰る」

ずいぶん乗るようだが、レストランもファストフード店もほとんどないことに私は気づいていた。公共交通のない地区もあり、よほどのエリートでないかぎり自家用車は持っていない。だから職員の送り迎えは、第一の優先事項だった。

ボニファスに二階に連れて行ってもらい、ユニセフのルワンダ事務所長ビルゲ・オグン・バサニに会った。エレガントな装いの、パワフルなトルコ人女性で、まばゆいばかりの笑顔でしっかりと私の手を握った。それから私の仕事について話した。女性向け貸付制度が実現可能かを判断し、もし可能なら、女性を対象とする金融機関の企画を支援する。ユニセフが費用のほとんどを負担し、私にオフィスと運転手を手配してくれることになった。

草分けであるビルゲは、新しい取り組みがユニセフのような機関の後押しで正当性を得られるのを理解していた。その一方で、私に〝コンサルタント〟の肩書をくれ、起業家として融通をきかせられるようにしてくれた。

「一人ひとりの女性のために何かしたいんです」彼女は言った。「女性はないがしろにされていることが多すぎる。でも、子供たちに手を差し伸べるには、女性を通すのがいちばんいいんです」

また、女性が収入を得れば、もっと多くのことについて、よい判断ができるようになるということも知っていた。私は彼女が好きになった。

ビルゲは、一階の私の新しいオフィスに案内してくれた。私はまた新しい場所に来たのだが、アフリカで初めて、なんとなく――たぶん――ようやく本拠地を見つけた気がした。

オフィスで、色とりどりの服を着た、国際色豊かな、個性的なスタッフに自己紹介したあと、私はルワンダに招いてくれたベロニクに電話した。あいさつもそこそこに、ベロニクは、私が調査のために会うべき人の名を息もつかずに並べはじめた。私のフランス語はいくらかましになってはいたものの、まだ彼女の言っていることの半分くらいしかわからなかった。ただ違っていたのは、委縮する代わりに、もっとうまくなりたいと思い、必要ならさらに説明を頼むのを気にしなかったことだ。滑り出しは上々だった。

新しいことを始めるたびに、高揚感があった。

私の契約の条件は、女性向けのなんらかの金融機関が必要かどうか、実現可能かどうかを判断する、というだけだった。私にとって、これは問うまでもないことだった。ここは、人口の半分を占める女性が、銀行にアクセスを持たない国だ。貧しい女性を対象にする金融機関は必要に決まっている。ほんとうの問題は、そうした機関を実現するために何が必要かということだった。

私の計画では、できるかぎり多くの人と話して、できるかぎり多くのことを知り、それから設立に取りかかる。仕事をしているうちに、何ができて何ができないかわかってくるだろう。もちろん、これが私の最終的な計画だとはだれにも言わなかった。みんなに希望を持たせておいて、行動がともなわなければ、何にもならないからだ。

最初は、数限りない電話と会議だった。ベロニクが、会うべき重要人物を教えてくれた。財界関係者に加えて、この国の三人の女性議員、プルーデンス、コンスタンス、アニエスもいた。名字のほうは私には発音できなかった。

自分の机で電話をかけ、まだ中級程度のフランス語で、キガリ中のアシスタントと話していたある日、ユニセフの外国人職員の一人が、フランス人のカップルの家での夕食に招いてくれた。キガリの狭い外国人社会では、新しく来た人間は、気晴らしとして、いつでも歓迎される。私はまた新しい世界を経験できると考え、ありがたく招待を受けた。

キガリという街のつつましさや家々の質素な外観とくらべて、ディナーパーティーで目にした、贅沢と洗練に私は驚いた。家は申し分なしの装飾が施され、壁や床は、ペルシャじゅうたんやアフリカのタペストリーで覆われていた。だれもが高級レストランでのディナーのようにドレスアップしていた。家の女主人がフランス料理とワインを供し、ほとんどがヨーロッパ人の客たちは、世界政治を論じ、レーガンとアメリカ、そしてルワンダのあらゆることに文句を言った。

イブニングドレスの女性たちに目を惹かれた私は、同僚にあの人たちはだれかと訊いた。

「援助関係者か国連職員と結婚している人が大半よ」と彼女は言った。「働きたくてもビザが下りないことが多いの。ボランティアとして結構仕事をしている人もいるけど、ほかの人は、ここ以外ならどこでもいいから行きたいと思いながらカントリークラブで暇つぶし」

彼女はいたずらっぽく付け加えた。「退屈は情事の糧」

ふさふさした金髪に深い青い目をしたベルギー人男性は、苦労したらしい疲労感を垣間見せる、くたびれた身なりで、わざわざこの国についての入門的知識を聞かせてくれた。

「ルワンダには秩序と規律がある。この国がアフリカの真珠と呼ばれるのは理由のないことじゃない。千の丘の国――美しくて緑が濃い。ここではたくさんのことができますよ。人々は規則に従う。民衆はね、三度、軛《くびき》につながれたことがある。封建領主、植民者、そしてカトリックだ。開発プロジェクトがアフリカのほかのどこよりもうまく行くのがおわかりになるでしょう。うまく行きすぎるくらいだ。でもお気をつけなさい。規律と進歩に、失望もたくさんついてきますからね」

この言葉のことを何十年も考えることになる。

夜がふけ、ワインが進むとともに、ほとんどが自分の家のメイドやコックにまつわる災難の話になっていった。タイヤのリムに塗るはずの水漆喰をベンツに丸ごと塗られたとか、外で見つかった蛇が家のなかのかごに入れられていたとかいった話だ。〝あの連中〟についてのこうした話は、品位のない、うんざりするものだった。物質的に恵まれたこの国に、人種差別、植民地主義、開発、地理的な孤立といったさまざまな力に押しつぶされた人たちがいるという逆説。

この内陸の国は、人を新しい発想から切り離すように思えた。だから会話はつまらないことに終始するようになる。私は国を離れた生活の奇妙さについて考え、私たちは〝専門家《エキスパート》〟と呼ばれる人間なのに、パーティーにいた私たちのだれひとり、ルワンダについてもルワンダ人についてもろくに理解していないことを悟った。一晩の一つの出来事にすぎないが、ディナーに集まった人たちのあまりにも多くが退屈した表情をしていたことで、私は憂鬱になった。

翌朝、早く目が覚め、前の晩でいちばん気になったのは何だろうと考えた。外国人のなかには、収入の低いルワンダ人を自分とはまったく別のカテゴリーに入れている人たちがいた――〈他人〉と書かれた箱があって、何かをやってみる機会に恵まれない人たちを放り込む。だが私たちは、機会を創り出すためにここにいるはずだ。自分がその人のために働いている当の相手を信じなければ、うまくいくはずがない。私は冷笑家と〝キャリア派〟とは付き合わないことにした。

私はまた、女性に貸付の機会を提供するという考えに、自分がなぜこれほど惹きつけられたのかわかってきた。施しをするのではなく、お金を貸す。それは、私たちが女性に高い期待を寄せているということであり、また、必要かどうかもわからないものを〝専門家〟からもらうのではなく、自分で自分の生活のために行動する機会を提供するということだ。

私は変わりつつあった。アフリカに来る機会を最初に与えられたときは、女性に焦点を絞ることに居心地の悪さを感じていたが、女性を支援すれば家族を支援することになるということがわかってきた。また、こと開発については、〝専門家〟という言葉は嫌だというのもわかってきた。いまでも嫌いだ。

答えるべき問いは、ルワンダがマイクロクレジットをおこなう用意ができているかということだった。私はグラミン銀行のモデルがルワンダで機能するかどうかを考えた。バングラデシュにはこの国にないものがあった。貿易の歴史と、特に対パキスタン戦争でナショナリズムが根付いて以来の、人々のあいだの連帯感だ。私が読んだ資料はすべて、いかにルワンダが、主に土地に頼って暮らす農民からなる、前近代的経済として機能しているかを示していた。低所得者のなかには必要な製品やサービスを物々交換しはじめている人たちもいたが、キガリに集中しているムスリム人口を除けば、ルワンダは貿易の国としては知られていなかった。私は人々に尋ねるべき質問の長いリストを作り、調査のパートナーになるベロニクにまず見てもらう準備をした。

ボニファスが迎えに来て、家族社会問題省まで送ってくれた。私は暗い廊下を抜け、オフィスを一つひとつのぞいてベロニクを探した。姿が見える前に、豊かな声が聞こえてきた。ほかのオフィスと同じように、彼女の部屋にも、濃い色の木の机が二つあって、同じ場所に何年もあるらしく黄ばんでいるものもある、山積みの書類や本に覆われていた。

オフィスでベロニクの隣りに立っていたのは、四〇歳近い、内気そうな控えめな女性で、長いスカートと編み上げ靴をはいていた。ソーシャルワーカーだという。一五〇センチそこそこしかなくて、横幅の広い顔とコーヒー豆色の肌をしていた。垂れた大きな茶色の目と目じりのしわからうかがえる温かさは、透いた歯ののぞくほほえみで一段と増した。髪は後ろになでつけて、ゆるく結んでいた。アクセサリーといえば、結婚指輪と首にかけた小さな金の十字架だけだった。

彼女は恥ずかしそうに自己紹介した。

「アマクル、ジャクリーン。オノラータといいます」

「ボンジュール」と私。

もう私の先生になっていたベロニクが私をそっとつついて笑った。

「『イメザ』と言うのよ。だれかが『アマクル』と言ったら、『イメザ』と答えるの。あいさつよ」

「どういう意味?」と私は訊いた。

ベロニクは笑って私の背中をたたいた。

「もう質問ばかり!」それから付け加えた。「簡単よ。アマクルは『最近どう?』『元気ですか』みたいなもの。『イメズ』と言ったら、まずまずってこと」

「とってもよかったら、なんて言えばいい?」と私はふざけて言った。

ベロニクは笑って頭を振り、私はこの人と友達になれるのがわかった。

私がオノラータに手を伸ばして握手すると、彼女は自分の右手で私の左肩をたたき、左手を私のひじにおいて顔を私の顔に近づけた。驚いた私の体も、彼女の動きにつられて自然に反対の動きをした。それから、反対側も同じように。最初はぎこちない動きだったが、より親しいあいさつの方法だった——握手より二度の抱擁。

話しているあいだじゅう、オノラータは口を手で隠して静かに笑った。派手なところはまったくなく、女性が生活を変える手助けをしたいという真摯な願いを持っていた。プロジェクトについて積極的に発言したのはベロニクだったが、会うべき人を知っていて、するべき人に電話し、私の予定を立てたのはオノラータだということがわかった。オノラータはまた、会合にも一緒に来てくれて、祖国の歴史を話して聞かせてくれた。

二人が用意した閣僚やNGOの代表、援助関係者だけでなく、トマト売りや自営業者、牧師に会いたいと私が言うと、二人はいぶかしげな顔をした。最終的にはこういう女性たちのために働くのだから、最初から会ってそのニーズを調査したらどうかしら？　と言うと二人も納得し、オノラータは自分の知っている女性グループのいくつかと話すべきだとも付け加えた。

プロジェクトの初期のスケジュールは、会合、非公式の対話、そして単にキガリで女性にとって世界がどう動いているかを見ることで埋まった。閣僚と開発関係者には、彼らがおこなっている、女性向け経済援助プログラムについて訊き、その数を把握した。多くの官僚から、トウモロコシ製粉機など〝労働軽減装置〟を供与するプログラムの話を聞いた。それで何百万人もの女性に手を差し伸べるという発想だ。私は前に見た写真のことを考えた。ロバに乗った農民がいて、頭に薪を乗せて運ぶ妻が横を歩いている。「だれのための労働軽減でしょうか」と私は訊いた。「それに、それがほんとうに必要だとどうやってわかるのですか」

最終的にはほとんどの人が、実験的に女性に貸付を提供するのは妥当だと賛同した。私たちは、三つの商業銀行で何時間も観察してみたが、低所得層の女性は一人も銀行に入って来なかった。キガリの市場で女性たちに聞いた話では、仕事をしていくために、金貸しに一〇％もの利子を毎日払っているという。私たちが何か大切なことをしようとしているのはまちがいなかった。

意見が分かれたのは、女性たちに利子を課すべきかどうかだった。当時、世界中のマイクロファイナンス・プログラムでおこなわれていた議論だ。国際機関で会った多くの人が、社会の最貧層に属する人に利子を課すのは不公正か、まったく高利貸し並みだと感じていた。

「貧困層を踏みつけて金を稼ぐことをどう正当化するんですか」と一人の女性が訊いた。

私たちの組織は非営利であり、貸付のコストさえカバーできないと何度も何度も説明したが、聞く耳を持ってもらえないことも多かった。

「こうした女性は担保を持っていません」と閣僚の一人は言った。「返済するとどうしてわかるんですか」

「援助では、女性たちが返済しないことは最初から前提です。ですから初めは、返済してもらえないこともあるでしょう」と私たちは言った。「ただ、世界のどのプログラムを見ても、貧しい女性は実は返済するということがわかっています」

市場にもどって女性たち自身と話すと、公正な利率で貸付をしてもらえるプログラムに対する期待は、とても大きかった（利率はまだ決めていなかったが、彼女たちがそれまで払ってきたよりもずっと低くなるのはわかっていた）。女性たちのスキルアップを支援し、女性同士の連帯を支援することへの期待だ。最終的に、私たちがいちばん注意深く話を聞いたのは、こうした女性たちだった。

何日かすると、オノラータもベロニクも私も、もう十分だと思った。貧しい女性がこのプログラムを必要とする理由は二つ、担保がないから、そして収入のレベルが極端に低いからだ。女性たち自身が明らかに、借入の機会を求めていた。

反対する人間はいつでもいるものだ、と私たちは互いに言った。この精神がやがて組織の名前につながった。〈ドゥテリンベレ〉——熱い心で前進するという意味だ。

さらに、このころには、強力な〝創始者《ファウンダー》〟グループができつつあった。女性向けの貸付機関という発想を後押しし、実現に向けて働こうというキガリの有力女性たち。細かいところはまだ詰める必要があったものの、弾みがつきはじめていた。

それでも、ドゥテリンベレ創始者グループのなかでも、利子を課すべきかどうかという問題をまた論じなくてはならなかった。グループの数人との会議で、私はまたもや、なぜ貧しい女性を相手に金儲けをしたいと思っているのか説明するように言われた。

「お金は儲けません」と私は繰り返した。「少なくとも短期的には。長期的には、もしコストをカバーできる機関をほんとうに作れれば、成長して、自立もできるでしょうけれど。適正な利子を課すことは、女性たちが公式経済《フォーマル・エコノミー》と関係を持つための方法だとお考えください。彼女たちが真の意味で起業するのを手助けすることです――彼女たちは〝借りる〟という選択肢を望んでいるんです！　貧しい女性が成功できるとはお思いにならないんですか？」

「もちろんできますよ」一人の女性が言い返した。

「それなら、どれほど成功できるのか、私たちに――そして自分自身にも――証明するチャンスを持ってもらいましょう。時とともに、借りられる額が増え、生まれて初めて実績をあげられるようになるでしょう」

地元の通念に反して、創始者グループは、女性たちの強さと女性が公式経済に属することになるという考え方に賭けた。私たちは商業銀行に近い利子を課すことにした。

組織は形を取りはじめたが、機関の基礎を支える政治的な合意を確立することが必要だった。設立時にいちばんの推進力となったのは、政界にいる三人の最も有力な女性たちの参加だった。

プルーデンス、アニエス、コンスタンス。この国の三人だけの女性議員は、一九八七年に近代的な政治指導層が誕生した社会で、成功のチャンスを与えられた女性の最初の世代の代表だった。当時ルワンダは、独立から三〇年もたたず、依然として女性には男性よりかなり少ない権利しか認められていなかった。定数六〇人のルワンダ議会では小さな派閥だったが、この三人の、強く理想に燃える有能な女性は、ルワンダの少女たちと女性たちのために道を切り開いていた。

三人のなかでは、プルーデンスが最も着実でダイナミックで、権威があった。どの会議にも事実《ファクト》を準備して現れた。さまざまな関係者も知っていた。女性向け銀行の設立は現状にとって脅威になる、と彼女は指摘した。だから軽やかに、しかし賢く事を運ぶことを忘れてはならない。

「夢見ているの。女性が、男性と同じ尊敬を受けられるようになって、もっと力を持つ、そういう日を。その日は近づいている。そうでしょう?」そう言う彼女の目にはいつも輝きがあった。

私は彼女のことが大好きだ。

プルーデンスは喜んで私とともに農村地域を訪ねてくれた。大柄な体に長いドレスをまとい、つねにやさしさとともに威厳をたたえている。抑揚のある柔らかい声が地元の物語を語り、ときどき交じる言いまわしが、最貧層の女性たちに、〝希望を持っていいのだ〟と感じさせるようだった。農村女性のグループに彼女が話していることの内容はわからなかったが、彼女の身ぶり手ぶりを目にし、彼女の発する自信と温かさと、まわりの女性たちに与える安心感が伝わってきた。その感じが私は好きだった。

プルーデンスと当時のルワンダ大統領ジュヴェナル・ハビャリマナは、ともに国の北部の出身で、プルーデンスには上層部とのつながりがあった。彼女はまた、女らしさというテクニックの威力も知っていて、それを使うことをためらわなかった。

「男性に信頼してもらうには」彼女が黒い眼をきらりと光らせて、アドバイスしてくれたことがある。「ジャケットの肩から想像上の埃を少しはらってあげればいいのよ。それで、あなたが気を配っていること、気遣っていることが伝わって、ほんの少し向こうが警戒心を解くかもしれない。それはいいことでしょう?」

プルーデンスが理想に燃えるスポークスウーマンとすれば、コンスタンスは働き手だった。尼僧で、丸い金縁の眼鏡がふっくらした頬の上にのっていて、いつも茶色の僧衣に身を包み、ただ祈るだけでなく、行動を通して貧困層のために働くことに深く打ち込んでいた。議員だったが、彼女の愛する女性グループや教会とともに積極的に活動する日もあった。

新しい組織の機能上の構造について議論が必要になったとき、彼女は、教区に来るように言った。自分が忙しく立ち働いているところを私に見てほしいと思ったようだった。

ボニファスがキガリの郊外に連れて行ってくれた。モロコシ畑とひまわり畑のなかに高く建つレンガの教会があった。車を止めると、私は、敬愛する尼僧服の議員を探して、直感的にひまわりのほうへ歩き出した。彼女は飛ぶように足を踏み出し、子供がするように、手を前後に、風を送るように振った。眼鏡をかけた顔が輝いていた。

「このひまわりも、あなたの笑顔の明るさにはかないませんね」私は声を張り上げた。

コンスタンスは笑った。「そんなこと! 今日はとてもうれしいだけよ。来て、このひまわりを見て」と彼女も大きな声で言った。「すばらしいでしょう」

「ええ」私も彼女と一緒に笑った。「すばらしいです。何をなさっているのですか」

コンスタンスは答えずに、私の手をひっぱり、私たちは小学生の女の子のようにスキップして畑を抜け、私は彼女にもう一度、ひまわりがどんなに美しいかを言わなくてはならなかった。それから納屋に入ると、少年たちが固定された自転車をこいで、ひまわりの種を絞って油をとる初歩的な装置を動かしていた。

「いい運動でしょう」コンスタンスはにっこりした。

「コンスタンス！　お仕事ってこれですか？」私は訊いた。

「私の仕事じゃないのよ」と彼女は言った。「でも、私は教会を通じて、収入を生み出す女性たちのプロジェクトを支援しています。ほんとうにこれに打ち込んでいて、女性向けのマイクロファイナンス機関を作る私たちの仕事を応援しているのも、このためなの。ここでは女性たちがひまわりを育てて、種から油を絞って売ることができる。もしかしたら、私たちの新機関が支援するモデルになるかもしれないわ。そう思わない？」

「たしかに興味がありますけど」と私は言った。「でも、わからないことばかりで。土地は教会の所有なんですか？　女性たちは利益の配分を受けるんですか？　あるいは少なくとも給料をもらっていますか？　ひまわりの種を売ったら、どのくらい稼げるかご存じですか？　第一、ひまわり油からどのくらい稼げるかご存じなんですか？」

コンスタンスはがっかりしたように見えた。

「わからない。でも、働いている女性たちを見て。それに少年たちも。おわかりでしょう。彼らは仕事が必要で、いま社会のために何かをしているのよ」

「コンスタンス」私はほほえんで彼女を抱きしめながら言った。「やりがいのないプロジェクトだと言っているんじゃないんです。ただ、数字がどうなっているか、もう少し理解したいだけです。女性たちも少年たちも、ほんとうに給料をもらうことができて、それから、プロジェクトが寄付者の支援なしでもつづけられるように。だからこそ貸付が重要なんです。寄付に頼るなら、ひまわりのプロジェクトは寄付者がお金を出しつづけてくれるあいだしかつづかない。どうにかして利益の出るプロジェクトにできれば、だれかがお金をくれてもくれなくても、プロジェクトはつづけられますから」

「それはいいことね」とコンスタンスは言った。「私は、ビジネス感覚はあまりないかもしれない。でも人が働いているのを見るのが好きなの」

私は、ひまわりの栽培と搾油にかかわる収支をみて、貸付を受けるに値するほどプロジェクトを強化できるか調べてみると彼女に言った。

こうした善意のプロジェクトが失敗するのを私はいやというほど見てきた。原因の一つは、プロジェクトの持続可能性を見きわめることに関心を持たない寄付者にある。彼らはビジネスとして機能することとはほとんど関係のないプロジェクトを実施するよう求める。しかし私はまだ期待を持っていた。

ひまわりプロジェクトの発案者は一人のカナダ人で、コンスタンスはその寄付を受けて試してみるだけだったということがわかった。彼女の小さな畑の収支を、ひまわり油の価格に照らしてみると、耕地をかなり拡張しないかぎり、慈善プロジェクト以上のものにはなりえないことが、すぐに明らかになった。

「寄付してくれる方が毎年大金を払ってくれないかぎり、このプロジェクトはあまり長くはつづきません」と私は彼女に言った。

「でも神が与えてくださるでしょう」彼女は言った。

「それなら話は別ですが」と私は言った。

　結局コンスタンスは、彼女のところにいる人たちのために最善のことを考えた。ひまわりプロジェクトはたしかに、女性たちに栽培と種の処理方法を教える悪くない方法だが、長期的に見て成功しないと彼女は結論を出した。このプロジェクトはまた、私たちの新機関の基準に適合しなかった。私たちはルワンダ人自身の手で、ルワンダ人のために運営され、人々の生活に長期的な変化を引き起こせる小事業に集中しようとしていたからだ。そして私たちがしようとしているのは貸付であって、寄付ではない。

「貸付は、寄付ほど気持ちがよくはないけれど」コンスタンスは言った。「でも女性たちはもっと多くのことを学んで、もっと強くなれるでしょう」

　それ以来コンスタンスは、私たちの新機関の強力な擁護者になった。一人ひとりの女性が自分の人生を変える可能性を手に入れられるようにするために、貸付というツールを提供することがどれほどの力を持つか、貧困層にも富裕層にも理解を広める手助けをしてくれた。

「これは施しではありません」と彼女は言った。「人が自分自身のなかに持っている、与えられた能力を引き出すことです」

　三人目の議員アニエスは、この三頭政治のなかのほんとうの政治家だった。額に汗して働くタイプではないが、しばしば農村地帯を訪れて、演説や、彼女が〝檄《アニメーション》〟と呼んでいたもの――励ましの話――をした。つねに面倒見がよく、仕事にしっかりと打ち込んでいたが、私が驚いたのは、仕事にいつも派手さを求めることだった。肩書き、晴れがましさ、話すときに聴衆の心をつかんでいるという感触。女性の経済的・社会的地位を向上させたいという願いは本物だったが、虚栄心と自意識もまた、彼女の一部だった。

リーダー、夢見る人、そして政治家。この三人の女性が私たちの新機関に政治的な重要性を持たせ、目立つ存在にし、活気を与えた。ユニセフの後押しもまた、機関の信頼性を支えた。

そのほかにも個人の支持者がたくさんいて、その一人がアニー・ムグワネザだった。ベルギー人の白人女性。肩のあたりまでさげたまっすぐの赤毛がそばかすのある顔をふちどり、金色の薄いまつげと分厚いまぶたをした目に化粧っ気はまったくない。毎日、ブルーの綿のスカートと白いボタンダウンのブラウスかTシャツを着ている。すべてが彼女自身と同じようにシンプルで地味だった。

アニー・ムグワネザ、旧姓ローランドは、私が会ったとき、ルワンダに二〇年近く住んでいた。宣教師としてこの国にやってきて、ジャン・ムグワネザという長身のハンサムなルワンダ人と恋に落ちた。二人は結婚を決意し、アニーは二度とルワンダを離れなかった。ルワンダ人と結婚するということは、仮に、たとえば彼女が夫のもとを去ることにしたとき、ルワンダの法律のもとでは、夫の許可なしに国外で子供を育てる権利がまったくないということだ。法律的には子供は父親の財産だからだ。ジャンと結婚するとき、将来のことをどのくらい考えたのかアニーに訊いたことはない。彼女はいつも人生を楽しみ、ルワンダに骨を埋める気持ちでいるようだった。

アニーには息子が何人かいて、男の子が大事にされるこの社会では、ある程度のステータスを得ていた。よき母、よき妻であり、特権女性のためだけでなくすべての女性のために働き、歯に衣着せない人だった。

私たちの仕事は、こうした女性たちの小さな一隊がリーダーとなって進められた。まず、事業計画と研修に支援資金を提供してくれそうな人を確保し、さまざまな機関の協力を得る。そして定款を定め、六カ月の計画を立てた。

私は滞在予定を延長し、ユニセフは追加費用の負担を承諾した。私はユニセフのゲストハウスからカナダ人援助関係者の風通しのいい家の貸し間に移った。壁にはシマウマの毛皮が飾られ、自然のままの庭、そしてときには人なつっこい蛇が屋内に入ってきた。

開発途上地域ではいつものことだが、ビジネスについて学ぶことは次々にあった。

〝社会動員〟の取り組みの一部として、ユニセフが金のかかるイタリア人デザイナーを雇ったことがあった。女性に子供のワクチン接種をすすめることを目的とするキャンペーンのポスター制作のためだ。ポスターには女性と子供のすばらしい写真があり、すべての子供にワクチン接種することの重要性について、キニヤルワンダ語のシンプルなメッセージがついていた。完璧なポスターだった。だが、ルワンダの女性の識字率はきわめて低い。ポスターはほとんど影響を持たなかっただろう。物語を描いた絵のほうがずっとよかったはずだ。――もっといいのは、女性たちが丘を歩きながら次々に伝えていくことができる歌にメッセージを込めることだった。

このプロセスを見るだけで、頭を切り替えるのに役立った。将来のメッセージとプログラムをどうデザインすべきか、また物事がどうおこなわれるべきかを考えるとき、どうやって私たち自身の見方から離れ、どうやって人の生活の仕方、互いのコミュニケーションの取り方を注意深く見るか、が大切なのだ。

私の学習曲線は、これ以上ないほど急速に伸びた。一方で、私はこの新しい国を楽しむようになり、多方面の友人に囲まれて、週末には探検家気分だった。友人たちの多くは若く、みな希望に燃え、懸命に働いていた。私たちは、ニャミランボの広場にある暗くて狭い〈コスモス・ナイトクラブ〉で踊った。地元のたまり場である〈シェ・ランド〉で、シシカバブ〔肉の串焼き〕と焼きバナナを食べ、食事をルワンダのビールで流しこんだ。

昼休みには、私の後ろで「白人《ムスング》、白人」とはやし立てて笑う子供たちと一緒にキガリの丘を走った。ヨーロッパ人たちは、ウォークマンで音楽を聴きながら真昼の太陽のなかを走る私を、どうかしていると思い、アメリカ人だからということになっていた。

私はナイロビに寝室一つの安いアパートを持ったまま、借家に住んでいた。初めは、実現可能性の調査のために三週間のつもりでキガリに来たので、私の滞在予定はいつも、仕事の次の局面にかかっていた。「安定するまであと六カ月やるわ」が決まり文句だった。短期雇用しか考えていなかったので、私は友達の家にいるか、空家を借りることが多かった。

電話もテレビもなく、たくさん本を読んだ。ナディン・ゴーディマ、J・M・クッツェー、チヌア・アチェベ、グギ・ワ・ジオンゴ。世界の豊かさと隣り合わせになった、陰影に富む言葉に惹かれて、アフリカの作家たちを愛読するようになった。週末には友人たちとジープに乗りこんで、何時間もドライブした。ザイールのマッシニの青々と緑の濃い丘。キブ湖でのウィンドサーフィンや釣り。アカゲラ国立公園。湖の岸辺で食べるフライドフィッシュとフライドポテト。恵まれた一部の人間にとって、ルワンダは世界有数の美しい環境のなかでの楽しみを提供してくれる。

しかし、ルワンダはピンからキリまである場所だ。人生で最もすばらしいうちに入る経験と、キガリの日常の現実が隣り合わせになっていたので、ときには、落ち着かない分裂状態に陥った。新しいことを始めるのは、すべてを巻き込む大仕事だ。私は、普通の日は一六時間働いていた。家から遠く離れた、ごく簡単なことをするのにも善意が壁にぶつかるような場所で、違う言語を使って仕事をするのは、自分が丸ごと揺さぶられる経験だった。自分の生きている世界のまったくの不公正が、重くのしかかってくる夜がたびたびあった。手紙以外の連絡手段もなく、孤立感に包まれた。疲労と哀しみの涙で終わる夜もあった。そんなときは音楽を聴いた。ピーター・ガブリエルやキャット・スティーブンスが孤独な夜のよき友のように感じられた。朝はましだった。私はたいてい、夜が明けるころにジョギングして一日を始め、エネルギーを充電した。

話し合いを尽くし、ルワンダの女性たちと私はほんとうに前進を始めていた。キガリでは、女性向けの新機関が、外国人によってではなく、地元の人間によって作られることに、期待感がふくらんでいた。数カ月のうちに、私たちは機関を登録し、定款を承認し、理事会を設置し、地元の資金を集めた。資金が集まると、いよいよ設立準備が整った。

ある晩、創設メンバーが集まって、女性ネットワークの事務所でドゥテリンベレの登録を発表した。家具の少ない部屋は四〇人ほどの女性たちでぎっしりだった。空気はピリピリした緊張に満ちていて、またしても私は、歴史が作られつつあるという感覚を持った――ただ今回は、私もその一部だった。プルーデンスに紹介された私は、決意と強い高揚感をもってフランス語でスピーチし、聴衆は私が話しているあいだじゅう、私に向かってうなずき、拍手をしてくれた。この最初の一歩の混じりけのない喜びに私は酔いしれた。

この会合のあと、プルーデンスはくすくす笑いをしながら、ほとんどの女性たちはたぶん私の話の半分しかわからなかったわねと私にささやいた。

「あなたのフランス語はときどきとってもおかしいの」と彼女は言い、少なくとも熱意はみんなに伝わったと付け加えた。

自分のフランス語がまだそんなに下手だというのが恥ずかしく、私は恐縮して謝った。彼女はほほえみ、私の肩に両手をおいて、私の目を見つめた。

「そんな小さなことはまったく気にしなくていいの」彼女は忠告してくれた。「言語というものは、使う言葉とはほとんど関係なくて、どうやってそれを言うかに関係がある。あなたのしていることはみんなわかっている。言葉がついてこないことがあってもね」そして付け加えた。「それから、もう知っていると思うけど、私たちはあなたの踊り方が大好き。踊るときも、自分のリズムをちゃんと聴いているから」

ほとんどだれもわからない私のスピーチはさておき、のちにルワンダの貧困層への最大の貸し手となる機関は設立された。貸付をおこなうという仕事がまだ残っていたが、経営体制、資金、協力関係、そして驚くほどの熱意がすでにあった——そしてこれは、ルワンダ女性によって、ルワンダ女性のために作られた地元の機関なのだ。

ドゥテリンベレの独り立ちを支援したあと、少なくとも歩き方を学ぶ手助けをするまで、私はここを離れられなかった。契約を再延長し、一週間ナイロビにもどって、服と大切なものをいくつか取ってきた。ルワンダでは成功あるのみ、とわかっていた。

実践より理論にずっと長けた〝専門家〟たちから、貧しい女性は何も出さないと言われていたが、私たちはルワンダ人女性に自己資金の提供を頼んだ。多くを持っていなくても、私たちが会った人はほとんどすべて、できる範囲で寄付をし、地元の参加を促しほんとうの連携を築くのを手伝ってくれた。

創設メンバーは声望、時間、そしてできるかぎりの資金を提供してくれた。地元での資金集めのあと、ユニセフから五万ドルの最初の寄付があった。ビルゲ・オグン・バサニは、必要なときに、仮のオフィス、運転手を用意し、正当性のお墨付きと私の給料も出してくれた。新しい発想を実現するには、早い時期から、さまざまな人に参加してもらう場を設けておくことが重要だと私は学んだ。

いまや私たちのすべきことは、どうやって貸付をおこなうか——そしてどうやって返済してもらうか、決めることだけだった。きわめてシンプルに思えた。

第4章　かごの経済学と政治的現実

世界のあり方が嫌だと思ったら、変えること。みなにその責任があります。一歩ずつでいいのですから。

——マリアン・ライト・エーデルマン

貸付を始める前に、私たちの小さなグループは理事会として初会合を開いた。ただしそれは私が想像していたどんな理事会とも違っていた。

土曜日の朝、オノラータが私を迎えに来て、ベロニクの家まで車で一緒に行った。ベロニクは白い綿の部屋着を着て、左足全体にギブスをつけていた。髪はぼさぼさに立ち、目は何週間も眠っていないようにどんよりしていた。泣いている赤ちゃんを腕に抱いて揺すっていることからすれば、それもありえた。

「生まれたてのルワンダの娘に会ってやって」とベロニクは言い、ほほえみながら、小さな小さな女の子を私の腕のなかにおいた。それからくるりと向こうを向き、足を引きずりながらカウチのほうへ歩いていった。

うわさでは、ベロニクは夫に突き飛ばされて丘から落ち、足を骨折したという。私には想像もできない話だった。まして小さな赤ちゃんの世話しているときだ。だが、女性はお金を管理するようになって初めて傷つけられずにすむ力を持つようになるという彼女の言葉を思い出した。私たちは一緒に昼食を取り、ベロニクはドメスティック・バイオレンスの恐怖について長いこと話した。

「ここでは裁判所は夫たちの味方なの」と彼女は言った。「ある意味で、妻を殴ることは、家族のまとまりの一部として折り込み済みなの。元気のある妻はいつも追いかけられるわけ」

ベロニクほど元気なルワンダ女性には会ったことがない。ただこの日、最も守られているはずの自宅のなかでさえ女性たちは安全とはいえないと話す彼女は、沈みがちだった。

午後になると、ベロニクはいつもの彼女にもどり、私たちがともに何をなしとげられるか、両手を振りふり、夢を語った。〝ウムガンダ〟、すなわち地域社会の作業の話もあった。毎週土曜日の朝、国中で全員がこの作業をおこなう。国の求めに応えて力を合わせるわけだ。

多くの点で、ウムガンダはルワンダらしさの象徴だった――だれもがすることになっている、きわめて組織化された仕事。ルワンダでは、国がとても小さく統制がとれているため、政府プロジェクトが機能しやすい。計画があれば、政府は一四人の知事に回すだけでいい。知事はそれを各地の市長に伝える。たとえばある自治体はウムガンダとして、一週間、畑を耕すように言われる。別の自治体は植樹。すべては各地の役人の監督下でおこなわれる。

外国から来た人間も参加するように誘われることが多い。私は一度、女性たちの小さなグループとともにジャガイモ畑を耕した。鍬《くわ》の木の柄を頭の上まで持ちあげ、土に打ち込むことを何度も何度も繰り返す。土の甘い香りがし、空気は新鮮だったが、何時間もつづく、大変骨の折れる仕事だ。翌日、私はほとんど真っすぐ立てなかった。両手は水ぶくれだらけで、全身が筋肉痛になっていた。

私がこの話をすると、ベロニクは笑った。

「まだやわだもの」彼女はぼそっと言った。「ルワンダの女とは違う」

それからこう付け加えた。

「あのね、ウムガンダは、全員がいるべきところにいるか、政府が確かめる方法でもあるの」

彼女の言葉の意味を深く掘り下げる時間はなかったが、この国では、人々が実は互いに見張っているように見えることに私は気づきはじめた。

やがてほかの人たちもやってきた。プルーデンスとアニエス、オノラータ、アニー、そしてコンスタンス。プルーデンスが、ジネットという名のすてきなフランス系カナダ人女性を連れてきていた。ジネットは、新しい人生を求めて最近、企業での一〇年以上の成功したキャリアと結婚に見切りをつけたところだった。事業と組織の作り方を知り、経営に情熱を持っていた。私は、自分には人を元気づけて夢を作り出す支援はできるが、私たちのビジョンを持続させていく機関を設立するには、プロの経営者の助力が必要だと思っていた。

部屋を見回した私は、自分が離れてきた生活のことを考えた。女性たちが〝パワースーツ〟を着て働き、ぴっちりした黒のドレスを着てカクテルパーティーに行く。チェースマンハッタン銀行のどっしりした大理石のロビーに歩み入るだけでめくるめくような感情の高ぶりを感じた日々。それを懐かしく思う気持ちも少なからずあった。決まった役割があり、ウォール街の摩天楼に机があって、理解し合える同僚がいた日々。

いま、私はルワンダ人の家の居間にいて、まだよく知らない国で、長いドレスを着た女性たちと話している。当時はまだ、大きな夢のほとんどがだれかの家の居間で小さなグループの人間から始まるということを知らなかった。その人間がどこから来て、何を着ていようが関係ない。

会議は、最初の理事長であるプルーデンスが私たちに注意を呼びかける、正式の通知で始まった。黄色の太陽の光が窓から差し込み、小ぢんまりした家のきれいな白壁に反射していた。

私たちは議事を進めていった。熱意を持って前進する決意をこめて、機関の名前をドゥテリンベレとすることを確認した。ジネットの正式な雇用。そしてアクションプランの議論。理事会は機関の初代事務局長としてアニエスを指名した。彼女は議員なので、私はこの指名を不思議に思ったが、多くの高級官僚も副業を持っているのだとプルーデンスが説明した。

アニエスが事務局長にぴったりだということにみな同意した。しかるべき地位も仕事への意欲もある。ドゥテリンベレの成功のために、彼女が持てる力をすべて注ぐということはみなわかっていた。理事会は全会一致でアニエスを機関の初代事務局長に選出した。

スタッフについて、プルーデンスが、自分が面倒を見ている若い女性の一人、リリアンに会ってほしいと言った。大学を卒業してまもないリリアンは、ジネットが事業を軌道に乗せるときに強力な協力者になれるだろうと言う。

翌週、ジネットと私は、キガリの地元のレストランでリリアンに会った。

会った瞬間から、彼女のことが好きになった。髪は短く、黒い目とほほえみが顔の中心だった。若々しく真面目そうな様子にジネットも私も信頼感を持った。

「ブタレ大学を出ました」リリアンは言った。「女性の経済的な発展のために働きたいんです。仕事はすぐに覚えます。それに一生懸命働きます」

ジネットがリリアンの仕事の説明をした。主に、市場の女性たちと直接かかわって、その事業計画を支援し、タイミングよく貸付と返済がおこなわれるようにすることだ。

「とても大切な仕事だとプルーデンスが言っていました」とリリアンは答えた。「私はこういう仕事のために勉強してきたのですし、女性たちの期待を裏切ることはありません。お約束します」

私たちはリリアンを雇い、彼女とジネットはすばらしいチームになることになる。その後数週間、街の中心部の仕立屋の上階に、明るく風通しのいいオフィスを借りた。内装の壁は明るいブルーに塗られ、正面と奥の両方に大きな窓があった。

オフィスを準備するあいだに、ディユー・ドネという名の、親切で才能あるザイール人アーティストに会った。彼はドゥテリンベレのロゴをデザインしてくれた。赤と緑の服を着た女性たちが、こぶしを握り、熱意に体を前のめりにして、地方銀行に向かって歩いていく様子が描かれていた。プルーデンスは、女性たちの歩き方が、慎み深く歩く低所得の農村女性の多くよりも、私に似ていると言ってからかった。ほかの人はみなこのロゴが気に入って、これを使うことになった。これは希望の機関になるはずなのだから。

初期のころ、私たちはキガリの市場で女性たちと話し、その話を聞くことに多くの時間を費やした。今回は、女性たちがお金を借りたいと思う理由をもっとよく理解するためだ。ほとんどの女性は、小さな事業を拡大することに関心があった。

「金貸しに払うお金が多すぎるんです」とトマト売りの女性はリリアンに話した。「もっと低い利子で借りたい。そうしたら、もっとたくさん売って、家族にもっとたくさんお金を持って帰れます」

別の女性は、山羊を買えるだけのお金を借りたいという。山羊が子供を産めば、さらに多くのお金が稼げると期待していた。

大きすぎる夢を持つ女性もいた。最初の借り手になるかもしれなかったある女性は、本屋を始めたいと思っていた。ルワンダには本が少なすぎるから思いついたのだという。

「そうですね」私たちは答えた。「でも、この仕事ができるような資格を何かお持ちですか？ 店の経営をご存じですか？ 本の販売について、どんなことをご存じでしょう？」

彼女は実は何もないと静かに認めた。

「私は字が読めないんです。でも読むことを習いたい。そして私の子供たちには本を持ってほしいんです」

彼女は貸付を得られなかったが、その心意気は、私たちの探していたものの象徴だった。

私はキガリの市場で時間を過ごすのが好きだった――値切り交渉、仲間意識、売り手と買い手がいつも言葉を交わしている。乾燥豆の入った樽が並んで立っている様子が好きだった。山積みのきれいな真っ赤なトマト。太陽のようなオレンジ、赤みがかったマンゴー、淡い色のウイキョウやリーキ。果物や花の香り、米粒が指からこぼれる感触が好きだった。

ただ地元産のコーヒーが見つけられないのは不満だった。ルワンダは世界有数の上質なコーヒーの産出国と言われていたが、地元の人は缶入りのネスカフェ・インスタントで満足しなくてはならない。男性が魚や粉ミルクといった利幅の大きい商品を売る一方で、女性はトマトやたまねぎなど、実入りの少ないこと保証付きの品物をあてがわれていることにも腹が立った。こうした地元の経済障壁を打ち破る女性が出てくるのが見たかった。

市場で過ごす時間が増えるにつれて、経済システムの全体像がわかりはじめた。言うまでもなく金貸しがいて、一日一〇%という目の飛び出るような利子で現金を提供していた。現金に困っているほとんどの人は、かなりの品物をつけで売り買いしていた。全体として、市場に現金はわずかだった。ところが、女性たちはそれでもなんとかお金を貯めていた。ケニアやほかのアフリカ諸国で見たのとちょうど同じように、ルワンダの市場の女性たちも、金をプールして互いに貸し合う伝統的なシステムを作っていた。

メリーゴーランド、あるいはトンティンという六人ほどの小グループで、女性たちは、毎週あるいは毎月、定期的に集まる。集まるたびに一人一ドルずつ、お金を出す。会合では、一人のメンバーが、集まったお金を全額受け取って、必要なことに使う。女性たちが成功を収めていけば、一ドル以上のお金を出すようになることもある。ときには、グループ全体で、余分なお金をグループの貯金としてとっておく。

こうしたメリーゴーランドから、女性たちが貯金して金を借りることができるのがわかり、私たちは少額の貸付を始めた。借り手はたいてい市場で果物や野菜を売っている女性たちだった。三〇ドルほど借りて、月賦で返済する。金の出入りを逐一書きこんでおく通帳を喜び、ほとんどが期限どおりに返済した。

いくつかの国際的な寄付団体がドゥテリンベレへの支援を検討したいと申し出てきたとき、私たちはまだスタートをきったばかりだと思っていた。注目――そして資金――はありがたかったが、始めたばかりで、自分たちの事業のことがはっきりわかっているわけではなかった。寄付団体からの資金の問題は、お金がたいてい、ひも付きでやってくることだ。寄付者側は、私たちが「彼らの」プロジェクトを実行すること、たいていは一年で資金を使いきることを求めてくる。そういう約束ができるとは私は思わなかった。

名高い開発関係の機関から一人の女性が私たちのオフィスにやってきて、農村地域で女性向けの栄養セミナーをするために、一〇万ドルの資金提供を申し出たことがあった。

「みなさんがとてもいいお仕事をされているとうかがいましたし、最近アニエス議員のすばらしいスピーチをお聞きしたものですから」と彼女はアニエスとジネットと私に言った。

「始めたばかりなんです」と私は言った。

彼女は言葉をつづけ、女性が家族によりよい食事を作れるよう、農村地帯で栄養セミナーをすることの重要性を説明した。私には、ドゥテリンベレが宣言している使命と、彼女の話との関連が見えなかった。私たちの使命は、女性の経済状況を改善するため、貸付をおこなって事業の発展を支援することだ。

「女性が健康になれば、いっそういい借り手になるでしょう」と彼女は言った。

その点は賛成だったが、貸付の事業を始めたばかりのときに栄養セミナーにとりかかる人手がないことがわかっていた。

「栄養は私たちの使命のうちに入っていないんです」私は説明した。「女性にマイクロローンを提供することに焦点をあてているんです」

このときアニエスが割り込んできた。

「農村地域の女性のニーズについて、おっしゃるとおりです。ドゥテリンベレも取り組めるようにします。ぜひ協力させてください」

私は納得がいかなかった。機関に使命から外れてほしくない。だが、最終的にはドゥテリンベレがあらゆる意味でルワンダのものになる必要があるのもわかっていた――機関の決定がルワンダ人女性自身によってなされるという意味だ。たとえば、アニエスとプルーデンスがあるアイデアを形にする気になれば、激しい議論を経たとしても（激論は何度かあった）、ドゥテリンベレはそうするだろう。結局、長期的な結果と向き合わなければならないのは、彼女たちなのだから。

栄養プロジェクトを引き受ければ焦点がぼやける恐れがあるという点では、アニエスは私と同意見だった。それでも彼女は、あきらめるより引き受けたほうがいいと考えた。

「栄養を教えれば、借り手を見つける役にも立つでしょう」と彼女は言った。

プルーデンスも、逃すには惜しすぎる申し出だという点でアニエスに同意した。

それで、ジネットはリリアンとアニエスとともに、女性向けの栄養基礎研修を支援してくれるコンサルタントを探しはじめた。数カ月かかってセミナーを実施した彼女たちは、ドゥテリンベレのほんとうの仕事――市場での貸付――がないがしろにされていると愚痴をこぼした。最終的に、セミナーの出席者は勉強になったと言ってくれたが、何か具体的な変化が生まれたのかどうかは明らかではなかった。

アニエスは、入って来る資金にイエスと言いがちだった。そしてアニエスの魅力、柔軟性、説得力をもってすれば、資金提供を考える寄付者は大勢いた。

リリアンは資金集めの能力こそアニエスに及ばなかったが、もっと溌剌《はつらつ》として、しっかりした意志を持ち、貸付というドゥテリンベレの中心的な使命《コア・ミッション》から外れるようなものには、いっさい心を動かされなかった。私はリリアンの頭の回転の速さ、タフさ、ばかげたことは認めないという断固とした姿勢が大好きになった。リリアンは最高のものを求め、女性たちに自分で考えている以上の存在になることを求めた。そのうえ、彼女の笑い声ときたら、世界一大きかった。

初年度には、返済が遅れて心配な女性が大勢出た。リリアンは何が起こっているか見きわめようと、米売り女性の家を訪ねた。米の袋が盗まれたと言ってきていたのだった。返済できない理由を説明する女性の話を聞いているうちに、リリアンは奥の部屋に大きな袋があるのに気づいた。近づいてみると、なかは米でいっぱいだった。女性は手を振って弁解を始めたが、リリアンはもう聞く耳を持たなかった。あなたの長々とした説明はわかったが、貸付の期限が来ていて返済が必要なのだと、リリアンはゆっくり静かに説明した。女性はプイと向こうを向いてしまい、怒ったリリアンはそのまま家を出た。

一時間後、リリアンは私のオフィスに駆け込んできた。

「もう我慢できない。返済期限の過ぎた貸付について、いますぐ何かしなくちゃ。女性たちには責任があります。私たちと契約したんですから。貸付の期限も知っているはずです。家族に何か大変なことが起こったなら話は別――知らせてくればいい。でもあの困りものの女性はそうじゃない。彼女が払わないのは、自分が返済しようがしまいが、私たちにとってはどうでもいいんだと思っているからよ。そしてほかの人たちは私たちがどうするか見ている。私たちはどうでもいいと思っていないってことを、みんなに示さなきゃ」

私はリリアンの言ったことについて考えた。実際、初めは、返済する理由などないと思っていた女性たちがいた。彼女たちからすれば、そのお金は、地球上のあちこちの、どうせ貧しい人間のことなどろくに考えていない金持ちが動かしている、動きの鈍い大機関から来たものなのだ。そんな機関がどうして貧しい女に返済など期待する？　返済しなかったところで、どれほど注意を払うだろう？――こうした初期の借り手の女性たちは、私たちを試していたのだ。そうするのは合理的だった。私たちが、返済が滞っても大目にみるような人間で、彼女たちに何の実害もないのなら、払ってはばかを見ることになる。

「みんなに私たちはどうでもいいと思っていないってことを示さなきゃ」これは、厳しい質問とともに乗り込んで、ほかにそうする人が世界に一人もいなくても、私たちだけは彼女たちの責任を問うということだった。

リリアンと私は車に乗り込んで街はずれまで行き、そこからさらに三〇分、泥だらけの道を走って、もう一度米売り女性に会いに行った。

ひび割れた土の小屋に着くと、その大柄な女性は白い袖なしのブラウスに長い紫のスカートをはいて、お茶でもどうかと私たちを迎え、すかさず、自分がどれほどドゥテリンベレを大切に思っているかをとうとうと話しだした。何時間か前にリリアンとややこしい会話をしたことなどおくびにも出さなった。お茶も嘘も願い下げだった。

私たちが家のなかの大きな米袋のことを尋ねると、彼女は夫の軍隊の配給だと言った。リリアンは夫の話など聞く耳を持たなかった。女性に別に一大事が起こったわけではないのを見てとったリリアンは、約束した以上、自分は彼女にそれを守ってもらいたいと考えている、ということをわからせようとした。そうしないなら、機関からもう貸付は受けられないと思ってほしい。

女性はそうすると約束して、またお茶をすすめ、私たちはそそくさと飲んだ。リリアンは、こんどは女性がほんとうに払うかもしれないと信用しはじめた。車まで歩きながら、リリアンはささやいた。「あの人は、私たちが真剣だってわかったわ。私たちのそういうところに敬意を払ってくれると思う。自分も真剣な人だから」

その週が終わる前に、米売り女性がオフィスを訪れ、愛想を取りもどしたリリアンに貸付を全額返済した。時とともに、彼女は最良の顧客の一人になった。貸付の額を増やして返済し、ほかに三人雇うまでに事業を拡張した。

ドゥテリンベレ・チームが地元ビジネスの動き方――そしてどうやって、厳しくすると同時に寛容でもあるか――を学ぼうとしているあいだ、議員たちは、もっと大きな政治的課題に取り組んでいた。ルワンダの家族法を変えようと決意していたのだ。

途上国の多くでそうであるように、家族法は、女性や子供の役割、ドメスティック・バイオレンス、結婚、離婚といった問題を扱うために政府が制定した法律だ。一九八〇年代半ば、ルワンダの家族法は、女性にとって特に弊害の大きいものだった。女性にはほとんど権利がなく、夫の許可に縛られることが多かった。三人の議員は、不公平を特に悪化させているのが、婚資に関する伝統だと考えていた。

長い伝統である〝婚資《ブライド・プライス》〟は、結婚を望む花婿が花嫁の父親に贈る財産のことだ。ルワンダでは、三頭の牛が婚資になるが、これは、人々が普通どのくらい稼いでいるかを考えれば、大金だ。ツチ族の有力な一族なら、牛の群れを所有しているが、貧しい家族出身の花婿は、いつまでも義理の家族に婚資を払いつづけることになる。

プルーデンス、アニエス、コンスタンスは婚資の概念を真っ向から否定した。三人は、この伝統が必然的に年季奉公制度を生むと考えた。まわりの女性たちもほとんどが同じ考えだった。夫は自分の法的所有物の代金を義理の父親に一生払いつづけ、そのあいだ、女性は財産扱いされて苦しむ。

三人の議員は、政治的な配慮なしに古くからの伝統を打ち壊すのは無理だと判断した。それで婚資の習慣を廃止するのではなく、その象徴的な価値には敬意を払いながら、財政的に無理のない形にすることを考えた。コンスタンスが議会に提出した議案は、婚資を鍬三本に減らすということだった。一〇〇〇ルワンダフラン、一〇ドル相当だ。この法案が通ると、ドゥテリンベレの女性たちはファンタとケーキとお祭り騒ぎで勝利を祝った。

翌朝、目を覚ますと世界はがらりと変わっていた。通りには歓呼はなく、農村女性たちが腕を組んで立ち上がっていた。

「昨日まで」女性たちは抗議した。「私たちには何十、何百万フランもの価値があった。今日は一〇〇〇フランの価値しかなくなった」

毎日のように仕事に使う、鍬というシンボルがさらに侮辱的と受け止められた。国中に女性たちの怒りが渦巻いた。何人もの議員がコンスタンスを訪ね、大差で可決した事実にはおかまいなく、こんなひどい政策を推進したといって彼女を非難した。

翌日、私たちの愛するコンスタンスはひき逃げで殺された。〝目撃者たち〟は、トラック事故だと言ったが、彼女を知る人たちは殺人と考えた。〝無分別な変化《アンリーズナブル》〟を推し進めたことへの警告だ。

私たちはショックを受けた。五七人の男性議員の過半数もたしかに議案に賛成したのに、そんなことなどなかったかのようだった。死んだ尼僧に非難を浴びせることで、だれもが保身を図った。

コンスタンスの死の知らせをジネットから聞いた日、私はほんとうに脱皮したのかもしれない。コートジボワール滞在は私を謙虚にしてくれた。私は聞く耳を持ってルワンダにやってきたが、批判的な眼を持っていなかった。それまで私はルワンダの地域社会のよいところしか見ていなかった。家族同士が互いに面倒を見合い、腐敗もない、シンプルな生活。寛大な心を持った私たちの友人が突然命を落として初めて、地域社会の持つ力があからさまに姿を現した。生活は私が想像していたほど、簡単でも自由でもなかったのだ。

私は婚資問題にはかかわりがなく、その議論にも参加せず、計画されていることさえ知らなかったが、ある晩、レストランで近づいてきた二人の男に、〝おれたちの女〟をだめにしていると非難された。女性議員たちは、自分の国の農村女性と接触がなかったようだ。今日の世界中のエリートと同じだった。選挙で自分を選んでくれた貧しい人たちのことをほんとうは知らないのだ。今日、特権層は、ほかの国のエリートと一緒にいるほうが、自国の、あまり特権を持たない、同胞市民と一緒にいるよりも居心地がいいことが多いようだ。


決して揺らぐことのない、ルワンダ女性へのコミットメントの持ち主だったコンスタンスを悼んでいるあいだも、何事も起らなかったかのように生活は進んでいった。私は初めて、親しい訪問者として死というものを知った。アフリカでは死は隠されず、日常生活のなかに織り込まれている。毎週、だれかが家族や友人の葬儀に参列するために仕事を休む。

思ったほど早くはなかったが、それでもドゥテリンベレは前進していた。

プルーデンスとアニエスは、女性の経済状況を改善する必要性を語りつづけた。リリアンとジネットは、市場の女性たちへの貸付をつづけた。オノラータは新しい借り手を探すのに余念がなかった。私は、ドゥテリンベレのような貸付機関の設立の仕方についてマニュアルを書いた。チェースマンハッタン銀行での貸付研修プログラム——貸付部局の新人に銀行業務のルールと実務を教えるのに使われた一〇カ月のミニMBAコース——のあいだに集めた材料をたくさん使った。基本まで絞りこめば、チェースマンハッタンで大型金融に関して教わったことはほとんどすべて、貧困層への貸付にもあてはまった。

私たちの夢は実を結びつつあった。その過程で新しく学んだことが、ルワンダの豊かな丘をリボンのように流れるたくさんの小さな滝のように流れ出してきた。

ある午後、ボニファスと私は車でキガリから一時間ほど離れた市場に向かい、芳香を放つユーカリの木の並ぶ赤土の道を走って、午後五時ごろに着いた。突然、広い一面の色また色にぶつかったと思ったら——それが市場だった。何百人もの売り手たちでごった返していた。ほとんどは歩いて立ち去りはじめるか、家まで送るバスを待って並びはじめていた。日没まで一時間もなく、空気はひんやりしていた。あっというまにやってくる、ルワンダの多くの夜は、孤独感を鋭く感じさせるものの一つだ。

もしかしたら空に何かがあったのかもしれない。家族が恋しかった。自分の知っているどんなものからも、だれからも、こんなにも遠く離れているということが改めて意識にのぼってきた。私が毎月、家にかけていた電話は——一分一三ドル——、雑音が多くて切れ切れで、欲求不満にしかならなかった。「そっちはどう？　元気？」といった会話をするのが関の山だった。

市場に入って行ったボニファスと私は、ルワンダ風のかごを一つずつ置いて腰をおろしている二人の女性に出くわした。いまでは、虐殺の生存者のための募金に使われ、〝未亡人のかご《ウィドウズ・バスケット》〟と呼ばれるようになった種類のかごだ。同じもので、どちらも美しく、よくできていた。違いは一つもなかった。

「いくらですか」私は一人めの女性に訊いた。

「一〇〇〇フラン」と彼女は答えた。当時一〇ドル。

「高すぎるわ」と私は言い、訳知り顔で彼女を見て、付け加えた。「こういうかごは、いま、六〇〇フラン（六ドル）くらいになっているのよ。一〇〇〇フランも出せないわ」

彼女は私をじっと見た。彼女の友達は何も言わなかった。

私はそのまま黙って時間が過ぎるのを待った。女性たちが起業家としての才能を発揮して、値段交渉を始めるのを期待して。二人はそうしなかった。

「値引きしてもらえるかしら?」と私は訊いた。

いいえ、と彼女は言った。「一〇〇〇フラン」

「あなたのは?」私はもう一人に訊いた。隣りにいる売り手との競争を起こそうとしたのだ。

「一〇〇〇ルワンダフラン」と彼女は答えた。

二人目の女性に向かって、私は言った。

「このかごの値段がほとんど倍だってことは、わかっているわよね。街で私の住んでいるところの近くの店なら、まったく同じかごを六〇〇フランで売ってます。私は今日かごを買う必要はないけど、気に入ったから、八〇〇フランで買うわ」

「いいえ」と彼女は、伏し目がちに言った。「値段は決まってます。一〇〇〇フランです」

私は不満だった。二人がゲームに乗ってくれないからだ。市場を試してみるためにこちらは三〇％上乗せして払おうと言っている。ほかの客はどこにもいない。それでも二人とも値段交渉にまったく関心を示さない。私は譲らない相手を笑わせて、ずいぶん話した。

しまいに、私は言った。

「わかった。二人ともそれぞれ一つ、売り物のかごを持っている。でもお互いに競争はしたくない。私は今日、ほかのだれよりも高く買ってもいいと思っている。それなら、どちらか一人が私にかごを売って、売上を二人で分けたらどう？　解決策はいくらでもあるのよ」

女性たちはそろって首を横に振った。一人目の女性が私の目をじっとのぞきこんで言った。

「姉妹の売上を横取りしたりはしない。値段を変えることもできない。売り物はこのかごしかないんですから。家までバスに乗らなくちゃいけないし、子供たちの学費も払わなくちゃいけない。そりゃあ、家にかごを持っては帰れません。でもやっぱり元はとらなくちゃならない。だから、私が必要だと思う値段で売るんです」

これは新しい論理だった。どれほど正当化できなくても、不足と希望にもとづいた論理。結局、私はまだそこに立っていて、たしかにかごがほしかった。だから、私がまだゲームをする気なら、二人には自分の決めた値段で買ってもらえるチャンスがあったわけだ。

市場というのは、売りたい人間と買いたい人間を見つけることだ。だが、人が売り買いするときの動機と制約を私たちは知らないことが多い。

私は事態が好転するのを待った。ボニファスが目配せしてきた。彼は、かごを買わずに立ち去ったほうがいいと思っていた。私が観光客のように、いいカモに見えるのがいやだったのだ。

何のためにそうしたのか、少なくともその日の時点では、うまく説明できないのはわかっていた。お金を渡せば、二人の戦略を強化することになるが、毎日応援に来られるわけはないのもわかっていた。二人とも家に帰りたいに決まっているが、四〇〇ルワンダフラン余計に稼げるチャンスがあるなら一晩中でも市場に残るだろう――おそらく一週間分以上の収入にあたるのだ。彼女たちにとっての四〇〇ルワンダフランは、私にとってよりもずっと意味が大きい。この状況で何かを示そうとか証明しようとか思ったわけではないけれど、私は二人に一〇〇〇フランずつ払った。

車にもどるとボニファスは、女性たちにばかだと思われただろうと言った。

「ばかにならなきゃいけないこともある。でなければ心が石になってしまう」

ほかに答えようがなくて私はぼそぼそと言った。

「もしまた来るなら、こんなことはしなかった」と私は弁解した。「でももう来ないし、私が買わなければ、二人とも家に帰るお金がなかった。だれだって人生でたまにはささやかな勝利を得ていいの。四〇〇フラン損する余裕はあったんだし、それに――」私は愛想よく付け加えた。「あなたの目の前で我を折る余裕もね」

「払いすぎですよ」ボニファスは納得せず、頭を振った。

「ボニファス」私は彼を見て言った。「ただ、だれにも言わないって約束してくれない？　でないと、タフな交渉相手だっていう私の評判が台無しになるから」

ボニファスは大笑いした。

「キガリに帰ったら言いふらしますよ。嫌なら、私に一〇〇〇フラン払ってもらわないとね。そうしたら、六〇〇フランで買った最高にすてきなかごを差し上げましょう」
「お願いだから約束して」私も笑った。
彼はただ頭を振って、キーを回し、車を出した。

毎日は、ごく少額から大金まで、お金を中心に展開していた。事業の初年度、ドゥテリンベレの予算は全額で五万ドル以下だったが、二年目には四倍になった。

アニエスとプルーデンスは、栄養セミナーにつづいて、フードプロセッサーを農村地域に普及させるセミナーのための資金を受け入れたが、ドゥテリンベレには荷が重かった。機関の経営はまだまだ脆弱すぎた。ジネットは、経営陣の態勢も整わず、しっかりしたシステムもないまま膨らんでいく予算を心配していた。私たちはプルーデンスに相談し、優秀な人たちをもっと研修できるまで事業展開のスピードを緩めることで合意した。国内のほかの場所にも支部を持つようになっていたので、これは大きな課題だった。

非営利団体のトップとしてよくあることだが、プルーデンスとアニエスは国際会議に出席するようになり、ルワンダ女性が起業家的な取り組みで自助努力をおこなっていることが世界に伝わりはじめた。リリアンとジネットは本拠地にとどまって事業を運営し、女性たちに貸付とビジネスの基礎を教えることに努めた。毎日、自分たちが何をしているかよりも、何を知らないかを学んでいるように思えた。それでも私たちは前進していた。

一人の女性のトウモロコシ製粉事業のことで、事情を把握し、彼女が貸付を受けられるよう何カ月も準備した。一日一〇％の利子で金貸しから借りていた彼女は、事業も生活もよくしたいと思っていた。貸付の書類に最終的に署名する前に、彼女は、通っているセブンスデイ・アドベンティスト教会の牧師に相談しなければ、とリリアンに言った。

翌日、女性は涙を流してリリアンのところにやってきた。

「高利貸しは教会で禁じられているんです」と彼女は言った。「だから、貸付を受けることはできません」

リリアンが何を言っても、女性は、金貸しから借りるのに五倍も余計に払っていることも、そのままでは決して持続的に事業を運営できないことも認めようとしなかった。違いはただ、金貸しが課しているのが〝利子〟ではなく〝手数料〟だというだけだった。

私は、怒りを抑えこむ努力をしながら、この女性の牧師に直接会いに行った。私がどう説明しても、彼は動かなかった。最後に彼は言った。

「あなたは、私たちの国の女性を変えようとしている」それまでにもう何度も耳にしていた言葉だ。

「私は、自分の暮らしを変えようとしているルワンダ女性たちと働いているんです」と私は言った。

「高い利子を課すことは許されません」というのが答えだった。

まったくの行き詰まりだった。ルワンダで仕事をするのは、教会を相手にすることでもある。一方では教会は、よりよい未来を――たとえそれが来世であっても――信じることを必要とする人々に、希望と信仰という大切な意識を与えていた。しかしもう一方では、教会の持つ巨大な力のために、善悪をめぐってほかの人に自分の考え方を押しつける宗教指導者もいた。私たちは、教会も含めて、政治的な組織とどう渡り合い、どうやってその内部にいる最良の人たちと仕事をするかを学ぶ必要があった。

もう一つの欲求不満の種は、国際機関の善意だった。ある機関は農村女性をインドへ派遣し、起業家精神と機会について学ぶチャンスを提供しようと申し出てきた。

「農村女性？」私は訊いた。「だれのこと？　貧困層のルワンダ女性は、英語もフランス語も一言も話せない。家から数十キロ遠くへだって行ったことがないのに、インド洋の向こうだなんて。議員を送ったらどうなの。ルワンダを代表してインド人と交流して、教訓を持って帰れるでしょう」

しかし、またもや資金を出す側が、お金も考えも仕切るのだ。

アニエスとプルーデンスは、派遣によって女性たちが視野を広げ、ドゥテリンベレに国際的な認知をもたらすと考えていた。私は、そのような認知を得るに値することは、まだ何もやっていないと考えていた。ドゥテリンベレは発足してまだ二年足らずだ。貧しい農村女性を世界中へ送るより、自分たちの取り組みに集中する必要がある。

リリアンも私と同じ意見だった。

「首都にも来たことがない女性たちなんですよ」と彼女は言った。「それなのに、アメリカの人たちは、インドへ送ろうと言う。女性たちが読み書きを習えるように学校を建てたほうが、よっぽどいいお金の使い道じゃないんですか」

私も賛成した。けれども議論は私たちの負けだった。リリアンは派遣団の団長に指名された。

出発後一週間で、リリアンは疲れきって帰国した。

「ニューデリーに着いたら、暑くて息が詰まりそうな空気で、人があまりにも多かったんです」とリリアンはジネットと私に説明した。「女性たちは英語がわからない。通訳が私にフランス語でなんとか話し、それを私がキニヤルワンダ語に訳す。時間がかかり、何がどうなっているのかだれもわからなかった。一度、農民のグループを訪ねました。だれもほかの人と話すことはできなかったけれど、女性たち同士の関係が見られたのはよかった。その晩、一人がとても具合が悪くなりました。マラリアだったんです。彼女は旅行を台無しにするのを恐れて、だれにも言おうとしなかった。私たちが気づいたときには手遅れで、病院へ運びましたが、二日後に亡くなりました。旅行は呪われていたとみんな考えました。あんなに大勢の女性に泣かれては説得のしようもなくて、それで帰って来たんです」

「だから言ったのに」という言葉が頭をかすめたが、やはりショックだった。ジネットは女性たちと会って旅行中のことを話し合い、この経験から何か教訓を引き出すと約束した。みなが多少ともトラウマから回復するまで、ジネットは何日か待たなくてはならなかった。

見るからにショックを受けていたリリアンは、彼女のしたことは正しかったと私たちがいくら言おうとしても、旅行を最後までできなくてどれほど申し訳なく思っているかと何度も繰り返した。それでもリリアンはインドの人たちに出会えてよかったと言い、ほかの場所に旅することにあこがれた。リリアンはバッグから、私たち一人ひとりにネックレスを出してくれた。ジネットにはそのスタイルによく似合う上品なもの。私には、これもぴったりの大ぶりな銀のもの。混乱のさなかに、どうやってリリアンが私たちのことを考える時間があったのか、私にはとうていわからない。

通常業務のほうは着実に伸びていた。スタッフを増やし、貸付も増えた。ほぼ全員が返済し、ドゥテリンベレは全国的に知られるようになっていた。プルーデンス、アニエスをはじめとする創立メンバーの理事たちは、夜遅くまで貸付申請の承認作業をし、進捗状況を審査した。その真剣さ

――そして貢献度――に、こちらも身が引き締まる思いだった。発展がどのようなものでありうるか、私が想像していたのはまさにこういうことだった。

しかし草創期の教訓の一つは、好事魔多し、だ。私たちに改めて自戒を迫る出来事があった。ドゥテリンベレの成長率を見たジネットは、経理の審査と財政基盤の強化のために、会計士を雇った。約一週間後、会計士たちが深刻な顔でジネットのオフィスを訪れ、内々の話があると言った。

重大な問題があったのだ。それから数日のうちに、三〇〇〇ドル以上の使途不明金と、数々の水増しレシートや偽レシートが見つかった。すべてがアニエスを指していた。

機関の全資金の決済権限はアニエスにあり、すべての支出の責任者だった。行方不明の資金について尋ねられたアニエスは憤慨し、ショックを受けたようだった。

「こんなことをした犯人を見つけるのに、私は何をしたらいいかしら?」とアニエスは怒りをあらわにして言った。

プルーデンスが招集した緊急理事会にアニエスは呼ばれなかった。その夜、二階の部屋の空気はピリピリした緊張に満ちていた。資金提供者たちに何と言ったらいいか。ドゥテリンベレにふたたび資金提供してくれるところがあるだろうか。さらに厄介なのはアニエスの処遇だった。アニエスはルワンダで最も尊敬されている女性の一人なのだ。

プルーデンスのリーダーシップと、基本的にはその了解を得て、理事会は、金が実際にだれの手に渡ったのか決して探らないこと、しかしアニエスはトップに立つ者として、少なくとも内部的には責任を問われる必要があることを決定した。外部に対しては、アニエスは議員、法律専門家としての責務が重くなりすぎ、成長をつづける機関の運営に携われなくなったため辞任するということにした。アニエスに伝える役はプルーデンスが引き受けた。

翌日の午後、プルーデンスに辞任を求められたアニエスは激怒した。自分は責任者として、いいと思うように資金を使えたはずだとアニエスは主張した。プルーデンスは、議員にとっては責任が重くなりすぎているのではないかと言った。これが公式路線だった。二人のあいだにできたわだかまりは、以後決してとけることがなかった。

アニエスが辞任した翌年も、私は彼女と付き合いがあった。二人とも、まるで何も起こらなかったかのようなふりをした。アニエスは依然として女性の権利を擁護し、ドゥテリンベレのトップの中心メンバーのほとんどと友好的な関係を保った。

最初に機関を設立した三人の議員のうち、一人をおそらく殺人で、もう一人を汚職で、二人までも失ったことに私は少し驚いたが、そのことを考えるのにあまり時間を使ったりはしなかった。仕事をつづける、という仕事であまりに忙しかった。

第5章　ブルー・ベーカリー

貧困は人の頭《こうべ》を垂れさせる。人としての尊厳は、頭を垂れることを許さない。
——マダガスカルのことわざ

キガリの市場のなかや周辺で女性たちに会うと、一つの仕事で働いているのは一人か、若い人を使ってもせいぜい二、三人で、それ以上の人数でやっている仕事はめったにない。私は、貧しい女性のために雇用を創出するビジネスを起こすには何が必要なのか知りたかった。トマトや米、かごを売る以上の何かがあるはずだ。それに、私自身のためにも、ルワンダでビジネスを成功させるのに何が必要なのか知りたかった。数人以上の従業員のいる事業のことを知っている人がいないか、私は聞いてまわるようになった。

ベロニクとともに働く内気なオノラータが教えてくれたのは、彼女がニャミランボで設立を手伝った、シングルマザーのためのプロジェクトだった。ニャミランボは低所得層の住む、キガリの庶民地区だ。この話を小耳にはさんだプルーデンスは、娼婦たちだと私の耳元でささやいた。私はあまり気にしなかった。ルワンダではこの言葉はあまりに簡単に使われていたからだ。私と同じナイトクラブで夜遅く踊っていれば、それだけで売春婦とレッテルを貼られかねなかった。それに私は、ほんとうに成長する潜在力を秘めたビジネスならどんなものでも訪ねたい気持ちが強かった。

ボニファスが、富裕なキヨブ地区を抜けて、ポール六世大通りからニャミランボまで、オノラータと私を連れて行ってくれた。蒸し暑い日だった。通りは、くぼみをよけながらのろのろ進む人と車でいっぱいだった。女性たちは頭に大きな包みを乗せて、手をつないで歩いていた。たいていは住宅も兼ねた小さな店が並ぶ。キオスク、仕立屋、床屋、薬屋。

夜にビデオを流す店は、青や緑、黄色、オレンジで塗られていたが、ペンキは長年のあいだにはげて色あせていた。どの角でも、中古車を修理していた。舗装されていない脇道は、中古自動車部品と古い車の焼けた車体でいっぱいだった。丘の上には白地に緑の縞の入った、大きなモスクが建っていた。ウェディングケーキを思わせるモスクは、混沌とした周囲からひときわ高く建つ、小さなオアシスだった。

モスクの隣りには、雑貨を売る小さな店〈キオスク・アラー〉とイスラム学校があって、分かれ道になっていた。当時、ほとんどがカトリックだったこの国で、ニャミランボにはかなりのムスリム人口がいた。右に曲がって、仕立屋、洋服屋を過ぎ、それから、店先の一メートル近くある棒の先に、オックスフォード・シューズがついた靴修理屋を過ぎた。その二軒先が私たちのめざす行き先だった。とりわけ地味な、灰色のセメントの建物に、ルワンダ女性起業アフリカ協会《AAEFR》プロジェクトが入っていた。

「ここの人たちと何年も一緒に働いているの」とオノラータは私に言った。「みんなとっても善意の人たちなの。きっと好きになりますよ」

地獄への道には善意が〝敷きつめられている〟と、母から事あるごとに聞かされていた。母の道徳哲学では、私たちは、言葉や意図ではなく、行動によって自分がだれかを世界に示す。アフリカ中で、善意の人や機関が、瓦礫の山、荒廃、絶望を図らずも生み出しているというのが、母の正しさを示す証拠だった。

オノラータとベロニクの家族社会問題省が組織作りにかかわった多くの女性グループの一つに、〈ファム・スル（フランス語で未婚の母《シングルマザー》のこと）〉があった。

キガリの最貧層に属する女性たちは、グループを作って、研修となんらかの形の収入活動をする。ここのグループが取り組んでいたのは〝パン製造プロジェクト〟で、数種類の商品を作って街で売り、また注文を受けて服や工芸品も縫っていた。〝収入活動《インカム・ジェネレーション》〟という名前がまちがいだということは、一目見れば明らかだった。縫製作業をしていたのは一人だけで、あとはみな、ただすわって待っていた。

狭苦しい正面の部屋に、そろって緑色のギンガムチェックの半袖スモックを着た二〇人ほどの女性がいて、空っぽの棚の前にあるパイン材のカウンターに向かって、二つの長い木のベンチにすわっていた。見たところ、焼きあがった商品はなく、グループの活動を宣伝する看板もなかった。

「何時間くらい待っていてくれたの？」と私はオノラータに訊いた。

「さあ」と彼女は答えた。「でも、来てくれる人を待つのにはみんな慣れているから」

私はこういうパターンが大嫌いだった。寄付者が訪問することになっていれば、一日中ただすわって待つ、無力な女性たち。だれかが支援を携えてドアにやってくるかもしれないと期待しながら。そして自分では何もできないと思いながら。

私は、わかっていますよ、というように女性たちを見まわし、軽く会釈して言った。

「こんにちは《アマクル》」

輝く顔。一人の女性は、もし手で覆わなければ伸びやかだっただろう笑顔を見せた。一人、二人とキニヤルワンダ語で話しかけてきたので、私が困ってオノラータのほうを見ると、ありがたいことに彼女は通訳を始めてくれた。私が少しでもコミュニケーションしようとしたことで、女性たちは少し心を開いた。キニヤルワンダ語は複雑でむずかしく、どの言葉も四つか五つの音節からできているように思われる。私が少しでもスワヒリ語を話すと女性たちは拍手した。少なくともムスリム女性のほとんどはスワヒリ語を話す。それでも私のアフリカ諸語の運用能力は、よくて子供並みだというのはわかっていた。

がっしりした気さくそうなプリスカという女性が、やはり緑のチェックの制服を着て、前に立っていた。ほほえんでいる目、角ばったあご、そして幅広の率直な顔立ちをしたプリスカは、木の幹のような体つきをして、厳しい仕事と汗を知る強い手を持った私の大叔母たちを連想させた。プリスカは私の手を取った。

「ようこそ」と彼女は言った。「おいでくださってうれしいです」

私が何か役に立つもの、できれば資金を持ってくるのを期待していただろうが、その温かさは本物だった。

プリスカと私がフランス語を話すと、女性たちはじっと見ていた。ルワンダでは、エリート層の子供は幼いときからフランス語を教わるが、貧困層は小学校でキニヤルワンダ語しか習わない。この女性のほとんどは、せいぜい一、二年しか学校に通っていないし、フランス語は一言も話せない。年齢は一八歳から二〇代後半で、何も知らない、素朴な雰囲気を持っていた。化粧っ気はまったくなく、アクセサリーもマニキュアも、肌を露出する服装もない。ほとんどがサンダルをつっかけ、囚人の身なりと言っても通るくらいだ。

私は娼婦という言葉のことを考え、人と人を隔てる言葉の力を考えた。お金がなく、ほとんど選択肢を持たない女性は、いともたやすく、つまはじき者のレッテルを貼られてしまう。アフリカの最貧層の女性たちの場合、夫は——夫というものがいたとして——他所で働き、女一人で子供を育てていることが多い。貧しくて家賃が払えないときは、大家と寝ることを余儀なくされることもある。それは商売ではなく、情け容赦ない市場で、生きるための必要に迫られた行為だ。このプロジェクトの女性のなかにそうした人がいるかいないか、私は知らない。

私が自己紹介すると、女性たちもはにかみながら名乗ってくれた。マリーローズ、ゴーダンス、ジョセファ、イマクラータ、コンソラータ——ビジネスよりは、刺繍《ししゅう》やレースのほうが似合いそうだ。一人ひとりやさしく答えてくれた女性たちのために、私はなんとか力になりたいと思った。

縫製プロジェクトの見通しが暗いのは見て取れた。特にこの国で中古衣料産業が急速に伸びつつあることを考えれば。私はパン製造プロジェクトのことをもっとよく知りたいと、プリスカに頼んだ。プリスカはまず、プロジェクトが入っている小さな二部屋の建物を案内してくれた。奥の部屋には電気オーブンがぽつんとおかれ、脇にテーブルが一つとワッフル型が一つだけあった。外では深鍋がいくつか手製のコンロの上に置かれ、たくさんのサモサが油のなかで踊っている。私たちがお金も約束も持たずに来たのに、女性たちは朝食を用意してくれた。

私はプリスカに、プロジェクトの運営方法を訊いた。

「簡単です」と彼女は言った。「毎朝、何人かが早出をして、その日の品ぞろえの準備をします。いつも同じ。でもみんなそれがいいんです」

どんな品ぞろえなのか、思いがけず知ることになった。ベニエ（生地のかたまりを揚げたもの）、バトネ（同じ生地を棒状にして揚げたもの）、サモサ、小さなワッフル、そしてミルクと砂糖入りのホットティー。女性たちは、午前中に商品を持って官庁へ行き、一個一〇フランで売る。それから稼いだお金を持ってもどってきて、プリスカに渡し、売れなかった商品は翌日にとっておく。

発想としては悪くなかった。私はユニセフでの経験から、七時半に出勤して昼まで休みがないので、一〇時半か一一時にはみなとてもおなかがすいていることを知っていた。角に軽食を売っている小さな店があるわけではなく、家から何か持ってくることは稀だ。ただ、商品の質は平凡だし、配達システムがあるようには見えなかった。

「力になるにはどうすればいい？」私は訊いた。

プリスカは答えた。

「みんな貧しすぎます。稼げるお金が少なすぎる。毎日働いているのに、毎週赤字なんです」

オノラータもそうだとうなずいている。

「みんないくらもらっているの？」と私は訊いた。

「一日五〇フラン」とプリスカは答えた――五〇セント。「ほとんどは、子供を二人以上育てているんです」

「赤字はどのくらい？」

プリスカは大きな緑色の台帳を取り出した。すべての支出、収入、女性たちへの支払がていねいに記録してある。平均するとプロジェクトは月に約六五〇ドルの赤字を出していた。

「赤字はだれが補填してくれるの?」

「二つの慈善団体です」とプリスカは言った。「でも、いつまで資金を出してくれるかわかりません」

「出すべきじゃない」と言いたかったが、飲みこんだ。二〇人の女性に一日五〇セント稼がせるのに、月六五〇ドルの寄付。何もせずそのままお金を渡せば、女性たちの収入を三倍にできるだろう。なぜ従来の慈善活動がうまくいかないことがあまりにも多いのかを示す、何よりの例だった。善意の人々は貧しい女性に、クッキーを焼くとか、工芸品を作るとか、何か〝すてきな〟作業を与え、プロジェクトに補助金を出して、資金を使い果たすまでつづけ、それから新しい思いつきに移っていく。これは、すでに貧しい人々を貧困の泥沼にはまらせる、絶対に失敗しない方法だ。

なぜ慈善団体は飽きもせず、女性たちをこんなわずかの収入で雇うためだけに事業をしつづけるのかと、私は口に出した。こんなものがどうして長期的に見て生き残れるだろう。どうして、女性たち自身が自分の状況をほんとうに変えようとしないのか。

プリスカは肩をすくめた。

「なんとかやっていけますから」

「プリスカ、それだけじゃだめなのよ」と私は言った。

「そうですね」彼女は見るからに困って言った。「だめです」

批判から始めた私は浅はかだった。多くの西洋人がここで失敗する。私たち西洋人はさっと値踏みして何がまちがっているかを教え、どうやって解決したらいいかまで教えたりする。

私は謝ってやり直した。

「もっとたくさん売ることはできる？　コストの削減は？」

もうやった、とプリスカは説明した。「買い手を増やすほうが、コストを減らすより簡単です」

彼女は、さあ私の番だと言わんばかりに私を見た。

私はしばらく考えて、ゆっくりと言った。

「みなさんと取引します。慈善と縁を切って、これをビジネスとして運営するなら、成り立つよう手伝います」私は手を差し出した。「どうですか？」

プリスカは驚いて、左の眉を上げた。彼女は私の手を取って「サナ」と力を込めて答えた。スワヒリ語で「とても」という意味だ。

私たちの目標は、どんなビジネスとも同じ。売上を伸ばし、コストを削減する。明日から始めて、このプロジェクトを利益と損失をめぐるほんとうの事業にする。

オノラータとジープに乗りこみながら、私は笑いかけた。

「自分のためにだって料理なんかできない私が、ニャミランボで女性グループのベーカリーを支援することになるとはね。オノラータ、これを慈善活動としてではなく、ビジネスとして運営するという仕事が、女性たちにできると思う？　私が彼女たちにセールスを教えられると思う？　みんなほとんど一言も言わずに、私の話のあいだ、ほとんど床を見ていた。簡単にいくとは思えないわ」

オノラータはいたずらっぽく笑いながら私を見た。

「たぶん神様があなたにも何か教えてくださるでしょう」

翌朝、私は早くから取りかかった。女性たちは満面の笑みで、温かく迎えてくれた。共通の言語がなかったので、身ぶりにフランス語やスワヒリ語を交えて意思疎通した。女性たちが朝の準備をしているあいだに、私は、前日の午後よりもっと細かく帳簿を見直した。ベーカリーには課題が山積していたが、人々の生活を変える可能性があることを始めたと思うと、元気が出た。世界はこの小さなグループのことなど気にもとめていない。でも女性たちにとっては自分のために何か大切なことをするチャンスだ。そしてもしかしたら、貧しい女性に何ができるかについての世の中の見方も変えられるかもしれない。

二〇人の女性たちがいるので、赤字が出ないよう、収入を増やすのが急務だった。数少ない現在の顧客を説得して毎日買う数を増やしてもらうより、顧客の数を増やす必要があった。当時のキガリで、顧客増を実現する方法として私が考えつくのは、足を運ぶ価値があるほどの数の職員がいる機関や団体を、ドアからドアへ訪ねて行くことしかなかった。

私はプリスカに通訳を頼んで言った。

「だれか私と一緒に来て、大使や機関の責任者に会って、職員にベーカリーのサービスを提供するつもりがあるかどうか訊いてくれないかしら?」

二〇の顔がいっせいに下を向いた。

「心配ないわ」と私は言った。「話は私がします。でもセールスを習うこと。おもしろいわよ」

反応なし。

背の高い、細いコンソラータは、隙間のある歯並びをしていたが、ジャコメッティの絵の面長の人物を思わせる女性だ。ほかの人より早く顔を上げたのは彼女にとって大失敗だった。私は彼女をパートナーに選んだ。ほかの女性たちは、恥ずかしがり屋の友達がキガリのオフィスのドアをノックすることを考えて、笑い、手をたたいた。

コンソラータはギンガムの上にいつもデニムのジャケットを羽織っている、口数の少ないエレガントな女性だ。ユニセフのジープの後部座席に彼女と私が並んですわり、前ではボニファスがフランス語でしゃべっていた。コンソラータは、私がボニファスに通訳を頼んだときしか話がわからない。

「商品を売るとき、いつもオフィスの人たちになんて言うの?」と私は彼女に訊いた。

「普通、何も言いません」と彼女はほとんどささやき声で言った。ボニファスは、通訳する前に、もう一度言ってくれと頼まなくてはならなかった。「ただ政府機関を通ると、何を持ってきたかみんな知っているから、声をかけてくるんです」

オノラータが家族社会問題省を説得して省全体でベーカリーの販売許可を得ており、それがプロジェクトの最大の顧客だった。

私たちは、新しい顧客を見つけるには何が必要か話し合った。どうやって関係を築くか、どうやって初対面の相手の信頼を得て、試食品を差し出すか。コンソラータは私のことを頭がおかしいかのように見ていたが、一言一言を聞いていた。

初日の長い一日、五つの大使館とほとんどの国連機関をまわった。コンソラータはほとんど口を開かなかったが、私たちは進歩していた。フランス大使館から翌朝の約束を取り付けたあと、私がコンソラータをぎゅっと抱きしめると、彼女は一瞬驚いたが、笑って私を抱きしめ返してくれた。

ニャミランボにもどったとき、日は沈みかけ、二人ともへとへとだったが達成感があった。顧客の数を倍に増やし、ルワンダ政府の部署だけでなく、国連機関と多くの大使館にも顧客を広げていた。これがビジネスというものだ。

翌朝、いつもより早起きして、霧のかかった、緑の濃いキヨブ郊外から、目覚めつつあるニャミランボまでジョギングした。赤道地帯の太陽はまだほとんど上っていなかった。バナナを入れたかごを頭にのせた女性たちが幼い子供たちにまとわりつかれながら、柔らかな朝の光のなかを影のように歩いていた。三〇分足らずで着くと、女性たちはもう懸命に作業にかかっていた。並んでしゃがみ、中華鍋のような伝統的な深鍋で直火でドーナッツに火を通す。うわさ話が飛び交い、生地のかたまりが鍋にあたって、踊っている熱い油がぱちぱちはじける音とともに、抑揚のある響きを奏でていた。

八時には、ほかの女性たちも姿を見せはじめ、掃除をしたり調理を手伝ったりして、できたての商品を明るいオレンジ色のプラスチックのかごに並べた。一人ひとり、売れる分だけ持って行き、残りを返す。私はジョセファやほかの女性たちが持っていく分を選ぶのを見ていた。オレンジのかごがグリーンのギンガムの服とすてきなコントラストをなしていた。女性たちは紅茶の入ったポットも持って通りに出て行き、商品をなんとか膝の上に器用にのせて、混んだ白のミニバスのなかに消えた。少なくとも何人かにとっては、この新しい日は勇気が要った。前に一度も行ったことのない大使館やほかの場所へ行くのだから。

最初の週に売上は急上昇したが、本来上がるべきほど上がらなかった。在庫の会計管理に何か問題があった。朝準備した分の割には、一日の終わりに入る額が少ない。女性たちがかごを返して稼いだ現金を渡すとき、プリスカと私は、作った商品の三分の一以上がどうなったかわからなかった。

女性たちの不正を知って、私は心が沈んだ。私たちはこれほどの善意と信頼をこの事業――女性たちに注ぎ込んでいる。彼女たちのほうも私たちに、いくらかの評価なり責任なりを持ってくれてもいいんじゃないか。

どうやら彼女たちの視点からはそうではないらしかった。たとえば、一人の女性は一〇個売ったと言ったが、私たちの計算では彼女は二三個持って行っていた。脂っこいドーナツを山ほど自分で食べたか、それとも売ってお金を手元に残したか。私はショックを受けた。プリスカはもっと楽観的で、コンソラータ、ゴーダンスをはじめ大勢の女性は一度もごまかしていないことを思い出させてくれた。

私は、女性たちが私の熱意を試しているのを知っていた。女性たちが感謝しているからといって、それだけで正直なふるまいを期待することはできない――彼女たちは私のような人間が来て去っていくのを何度も見てきたのだ。もっと大きな課題は、当面の問題をどう解決し、それから、私がいなくなったあとも自立して持続するようなビジネスを求める意欲をどう呼び覚ますかだった。

現在の会計システムは、信頼関係だけにもとづくもので、説明責任のためのチェックアンドバランスを欠いていた。朝、それぞれが商品を何個持って行ったのかだれも記録せず、午後、現金と売れ残った商品をきちんと返しているのかどうか、計算できなかった。女性たちのなかには、どういう結果になるかを考えずに、受け取ったお金を手元に置いていた人たちがいたことがわかった。このシステムを真剣に考えていない女性たちがいること、そしてそれは、私たちの真剣さが彼女たちに伝わっていないからだということを私は悟った。

このパターンはドゥテリンベレの借り手でもう見ていた。女性たちは私たちを試している。今回は、どうやってこちらの真剣さを示せばいいか、わかっていた。

プリスカと私は遅くまで残って、説明責任を確実にし、グループが成功するとともに個人の売上にも報いられるような、シンプルなシステムを考案した。朝、私たちは女性たちに断固として話をし、彼女たちに高い期待を寄せていること、このプロジェクトではみなが一蓮托生だということを伝えた。利益が出れば、みんなで分かち合う。損失が出れば、その分みんなの給料が減らされる。女性たちは基礎賃金を支払われ、それから個人の総売上に応じて歩合給を受け取る。このベンチャーの成功は、女性たち自身の責任になるのだ。

私は女性たちへの期待を前より表に出すようになった。もっと重要なことに、女性たちが前より大きな敬意を持って私に接してくれるようになった。人間は、ほとんどどんな関係のなかでも、相互関係のルールを初期に確立するものだ。そして慈善プロジェクト的思考法を打ち壊してこれをビジネスにするには、やるべきことがまだまだあった。

毎週金曜日、私たちはプロジェクトの建物の正面の部屋に集まって、ビジネス入門の講義と激励の言葉を織り交ぜた話をした。私はよく、女性たちにロールプレイをしてもらった。ある週には、私はグループでいちばん物静かなゴーダンスにセールスウーマンになってもらった。ゴーダンスは短く刈り込んだ髪と、私がこれまでに見たいちばんの垂れ目の持ち主だ。彼女にほほえんでもらうのが、私の目標の一つだった。彼女がグループを代表するセールスウーマンだと思ったわけではないが、この日、私の頭に浮かんだのは彼女だった。

「それでは」私はフランス語で言い、いつものようにプリスカが通訳してくれた。「私は近所の人で、サモサの焼ける匂いに気がついて、なかに入ってきました。どうしますか?」

ゴーダンスは下を向いて、手を後ろで組んでいた。じっと立ったまま何も言わなかった。

私は深く息を吸った。

「目と目を合わせるっていうのはね」と私はつづけた。顧客に歓迎されていると感じてもらうための基本について話し合ったあと、私はもう一度ロールプレイをやってみたが、ほとんど反応がなかった。ゴーダンスは情けない様子だった。女性たちの笑い声が響き渡った。

私はだれかほかの人ともう一度やってみることにした。

「コンソラータ、私はミニバスで隣りにすわっていて、おなかがすいています。私が下りる前に私に何か売ることができる?」

プリスカが通訳すると、あけたてのシャンパンが流れるように、部屋中にくすくす笑いが広がった。コンソラータはただ頭を振って、ぼそぼそとつぶやいた。

プリスカは少しほほえんだ。

「どうして?」と私は訊いた。

プリスカは女性たちが答えるのを待たなかった。「女性はバスで見知らぬ人にものを買ってくれと頼んだりしないものだからです」と彼女は、少し怒ったように言った。

「どうしてしないの?」

女性たちはもう一度笑いを爆発させた。きちんとしようとしていても、あんまりおかしかったのだ――彼女たちにとっては。

プリスカが説明した。「失礼だからです」

なるほど。〝ここではそういうことはしないものだ〟と婉曲に言う完璧な言い方だ。言い換えれば、社会階層の最下層にいると自覚している女性は、バスで人に話しかけて何かを売る自信を最初から持っていない。ここではそういうことはしないもので、女性たちもそれを知っている。その習慣は重々承知していたが、もう少し突っ込んで、これだけ成長する力を秘めている女性たちにもっと自信を植え付けることができるかどうか知りたかった。

ふたたび、接客と、商品を知った人が買いたいと思うような市場の開発の話にもどった。私が必死になればなるほど、女性たちの笑い声は高くなった。

私がまるでピント外れなのを見たプリスカは、やさしくそっと言った。

「ジャクリーン、あんまりアメリカ人らしすぎる。ここでは女性は人の目を見ないし、知らない人に話しかけない。それを受け入れなくてはいけないわ。それがここのやり方なんだから」

「わかってる。プリスカ。ほんとにわかってる」私はしびれを切らして言った。「ただ、みんなに闘うチャンスを持ってもらいたいだけ。私はただ黙って現状を受け入れたことは一度もないの。それならここルワンダでどうしてそうしなくちゃいけないの？　変化はいいことなのに。何か悪いことをしてって頼んでるんじゃないんです。背中をちょっと押して、どうしたら私たちのプロジェクトを本物のベーカリーにできるか、みんなにほんとうに収入が入るようにできるか考えてもらおうとしてるだけ。少し居心地が悪いこともあるけど、でも習慣を全部壊すわけじゃないし」

「わかるけど」とプリスカは言った。「変化はここではゆっくりなの。時間が必要」

「利益を通して成功を測るのは、変化のための大きな原動力になるのよ」と私は言った。

彼女はただ私を見て、やさしく頭を振った。

「わかった。じゃ見てて」と私は言った。小さなドーナツとワッフルとサモサのいっぱい入ったオレンジ色のかごを一つつかんで、階段を駆け上がり、日差しに照らされた道に出た。正面に立った私は、通りがかりの人に話しかけ、瞬く間に一〇個のドーナツを売った。何人かの女性が一日かかって売るより多い。それから私は堂々と歩いて部屋へもどり、お辞儀をした。

女性たちは拍手し、声高く笑って、手を振った。対照的に、プリスカは手で顔を覆って、もう一度頭を振った。

「ジャクリーン、ニャミランボの道で背の高いアメリカ人の若い女性に物を売られて、だれもノーとは言わないわ！」

ついに私も負けを認め、第二課以降の講義はまたの機会にすることにした。

だが、おとなしく従ったわけではない。売上を伸ばそうと、だれがいちばんたくさん売れるか女性たちに競争を持ちかけた（参加者ゼロ）。顧客をどう扱うか練習セッションもした（反応は、よく見積もっても生ぬるいというほかない）。毎週金曜日の激励話をつづけ、女性たちに、ただのプロジェクトではなく本物のベーカリーを作ろうとしているのだ、キガリ中の人たちに質のいい軽食を届けるのだと考えてもらおうとした。プリスカが通訳し、女性たちは忍耐強くほほえみ、そして、私の言っていたことが理解してもらえたのかどうかは確かではなかったが、売上は伸びはじめた。ようやく、何かがうまくいきはじめた。

数カ月で、プロジェクトは利益をあげるようになった。女性たちは時間どおりに出勤し、まだ熱心なセールスウーマンとはいかないが、キガリ近辺では、明るいオレンジ色のかごと手ごろな価格の軽食で知られるようになった。配達を申し込む機関が増え、女性たちは、――人生で初めて――仕事に費やした労力と稼ぐ収入のほんとうの相関関係を理解しはじめた。この機関は成功でき、自分たち自身が成功の鍵になる役割を果たすのだと信じはじめた。

それでも、二歩前進すれば一歩後退する。ある午後、友人から電話がかかってきた。パーティーのために注文した商品が何も届いていないという。私はプリスカに電話した。彼女は、担当の女性たちがだれも来ていないと言った。携帯電話などまだないころだったので、コンソラータ、ジョセファたちの居場所を突き止めるのにしばらくかかった。ようやく、みな友達の葬儀に行っていたことがわかった。商品の注文は待ってもらえると考えていた。

私がボニファスとともにベーカリーに行くと、プリスカと、近くで居場所がわかった何人かの女性たちが、注文の商品を揃えるために懸命に働いていた。パーティーには二時間近く遅れていたが、友人は少なくとも表面上は理解を示してくれた。それでも、私はかんかんになり、プリスカは困っていた。翌朝、私たちは、葬儀に参列した女性たちに何が起こったのか問いただした。女性たちはいたって淡々と、自分たちの友達が亡くなったので、パーティーの注文をした女性には待ってもらわなくてはならなかった、と言った。

その週の金曜日、私たちはミーティングを開いた。女性たちはベンチに集まって、ほとんどがただ前を見つめながら黙ってすわっていた。私たちは、約束とそれを守ることの重要性について話した。

「葬儀に行くなと言っているんじゃありません」とプリスカは女性たちに言った。「でもここには十分大勢の人がいるんだから、何かの理由で働けなかったら、代わりの人を見つければいい。これはみなさんの仕事だってことを忘れないでください」

プロジェクトの成功がほんとうに自分たちにかかっているということを、女性たちは内面化しはじめたところだった。プロジェクトが成功するには、一人ひとりがこれをれっきとした起業とみなす必要がある。ベーカリーには利益を上げられるだけの顧客があり、プロジェクトを正当な事業として打ち出すべき時期が来ていた。私は最初の訪問のときから女性たちにそう言ってきたが、みながそれを信じるようになるまでに数カ月かかったのだ。

私は、ニャミランボの小さな家を本物のベーカリーにして、近所の顧客に直接商品を売るという、自分が温めていたアイデアをプリスカに話した。街の人たちはすでに、このプロジェクトのことをベーカリーと呼んでいたが、立ち寄って私たちの商品を買える店はまだなかった。女性たちは依然として、毎朝かごを持って街のオフィスに出向いていたが、もし本物の店があれば、売上を伸ばして、自分たちのブランドを作り、ほかの生産ラインにも拡張できる。プリスカはこのアイデアを大歓迎した。

最初のステップは、建物の塗り直しだった。外壁はくすんだグレーの漆喰で、内壁のベージュの壁には汚れやひっかき傷がついていた。何もかも、小ぎれいにする必要があった。自分の考えをすぐに言わずに耳を傾ける、ということを意識的に学ぼうとしていた私は、ペンキ代その他の材料費はこちらで出すから、色は女性たち自身で選ぶように言った。

意見が出なくても、私は自分の考えを言わないようにした。女性たちが自分の気持ちを言わずに、私を喜ばせようとするのがわかっていたからだ。これはみなさんの国のみなさんの街のみなさんのベーカリーなんだから、と私は繰り返し言ったが、はかばかしい答えは返って来なかった。

「ジャクリーンさんはどう思いますか？」と彼女たちは訊いた。

一週間、二週間、三週間が過ぎた。毎週、私は同じ質問をした。毎週何も進まなかった。ついに三週目の終わりに、待ち切れなくなった私は、降参した。

「ブルーなんか、どうかしら？」と私は言った。

「ブルー、ブルー、いいですね。ブルーにしましょう」

街でたった一つのペンキ屋で、私は明るいブルーのペンキと、カーテン用にブルーのチェックの生地を買い、看板用に大きな合板を何枚か見つくろった。女性たちは完璧なカーテンを縫いあげ、私は一晩中かかって、ニャミランボのブルー・ベーカリーと名乗れるように、ベーカリーの内と外にかける看板を描いた。ニャミランボのほとんどの住民はキニヤルワンダ語しかわからないし、多くは字が読めないが、看板は、箔をつけるためにフランス語で書いた。ステータスは大いにものを言うのだ。

ペンキ塗りの日が来ると、みな手伝いに現れた。国連開発計画《UNDP》で一緒に働いたことのある友人で、ひょろっと背の高い二五歳のフランス系カナダ人のシャルルも、トレードマークのしわのよったオックスフォードシャツとカーキのズボンでやってきた。シャルルが音楽のスイッチを入れ、アレサ・フランクリンのリズミカルなメロディーと伸びやかな豊かな声が通りを満たすと、女性たちは彼を温かく迎えた。私たちは一緒に、ペンキ缶のなかの色を見た。澄んだブルー。明るい、混じりけなしのブルーで、みな気に入った。

もともとのアイデアとしては、内壁は明るい白に塗って、外も中も、ブルーは飾りに使うことになっていた。けれどもそのやり方より、壁一面を朝の空のように青く塗るほうがよかった。

私たちは窓のいくつかまでブルーに塗った。女性たちは踊り、笑い、そして世界を塗った。ゴーダンスの短い髪にブルーのペンキがついた。外の店先の歩道の一部も明るいブルーに塗られ、小さなブルーの点々がグレーの漆喰の外壁にも現れた。頭上には、明るい空が、巨大なクリスタルのドームのように広がり、そよ風がこの世界の忘れられた一画への祝福を奏でているようだった。

幼い少年たちが自分も塗らせてくれと頼むのを断って、女性たちがブルーの刷毛《はけ》を操る様子を見ようと、近所の人たちが集まってきた。見物人はワッフルをほおばり、道で踊った。アレサ・フランクリンが「R・E・S・P・E・C・T」と歌うと、腰も刷毛もそのリズムに合わせて揺れた。ゴーダンスまでがほほえんでいた。

八時間以上もぶっつづけでペンキ塗りをし、ようやく終わった。私は外の通りで、女性たちに交じって、自分たちがなしとげたことを見た。みな暑くて、おなかがすいて、ブルーに染まっていた。しばらく、私たちは一言も言わなかった。

それほど美しかった。

色は完璧ねと私は言った。まわりでほとんどの頭がうなずいた――ゴーダンスを除いては。

彼女はプリスカに何かささやき、プリスカはゆっくり頭を振った。

「ゴーダンスはとてもすてきだと思っているんですけど」とプリスカは通訳した。「でも、ね、ジャクリーン、私たちの色は緑でしょう?」

ゴーダンスは、ペンキの色について真実を告げる勇気のあった、たった一人の女性だった。だがもう遅すぎるというときになって初めて口に出したのだ。私たちは――ベーカリーのブルーとコントラストをつけるために――、グリーンのギンガムチェックの制服は着つづけることにした。

その晩、私は、ニャミランボから家まで一人で歩いて帰った。ペンキをつけたまま、へとへとだったが大満足で、同時に、自分が耳を傾けようと努力したのにまちがった色を選んでしまったことに頭を抱えて。女性たちが決めるまで、何カ月も待ちたくはなかった。一方で、もっといい訊き方があったはずだということもわかりはじめていた。

耳を傾けるというのは、単に待つ忍耐力を持つということではなく、どういう質問をするかそれ自体を学ぶことでもある。なんらかの形の慈善や善意にいつも頼ってきた人は、自分がほんとうに何がほしいのか、なかなか口に出せないことが多い。普通はだれからも訊かれないからだ。そして、もし訊かれても、実はだれもほんとうのことを知りたがってはいないだろうと思う。私は自分がまだ信頼関係を築いている途中だと認めざるをえなかった。

私たちの新しいベーカリーが現実になったからといって、もちろん失敗がなくなったわけではない。ある朝、ユニセフのオフィスに入っていくと、オフィスアシスタントのダーメシーンが、キガリの人口の半分から電話がかかってきたと言った。

「街の人たちがみな、商品を食べて病気になっています」

「『病気になっています』ってどういうこと?」と私は訊いた。

彼は困って床を見た。「実は」彼はそっと言った。「たぶん、おなかが痛くなったんです。具合が悪くなって帰った人がたくさんいます」

チフス菌保菌者の料理人メアリー・マローン〔一九〇〇年代のニューヨークでチフスの感染源となり問題となった〕のような気がして、私はすべての大使館と官庁に電話をかけて謝罪し、問題に対処することを約束した。ボニファスと私はベーカリーまで車を飛ばし、奥の部屋で調理していた女性たちに迫った。

「だれもかも下痢しています。何かいつもと違ったことをした?」女性たちは頭を振った。

私は準備しているものを見せてもらった。酸っぱい、むかつくような嫌なにおいがした。

「最後に油を変えたのはいつ?」と私は訊いた。

「いいえ、全然」ジョセファが明るく答えた。「毎日ほんの少しずつ足してきたんです。売上を増やして利益を増やせるように、コストを減らしているんです」

次の課題は品質管理だ。

こうした障害はあったが、ベーカリーは数カ月でキガリの軽食市場を独占し、さまざまな形の生地の揚げ物というレパートリーをさらに広げて、キャッサバチップスやバナナチップス(薄くスライスして、油で揚げ、塩とチリパウダーをまぶして、ビニール袋に入れたもの)とピーナツバターを作りはじめた。

ピーナツバターのために地元のはちみつ工場からプラスチックのコンテナを買ったとき、私は、いつか工場を始めて何百何千もの雇用を創り出すという夢を抱くようになった。ベーカリーが二〇人の女性たちの人生にどれほどの違いを生み出したかを見てきたからだ。アフリカに投資する用意のある投資家、寄付団体はほとんどない。それでも私は、変化に向かう、とてつもなく大きな可能性を見ていた。一生のうちいつか、もっと経験を積んでもどってきて、工場を始めるか、大規模な民間企業にもっと直接的にかかわる何かをして、雇用を創出しようと誓った。

当面、ドゥテリンベレで働いていないときの私の生活は、ベーカリーを確実に成功させることに絞られていた。キャッサバチップスとバナナチップスは、大ヒットだった。私たちはスパイシーなチップスをほとんどの小売店に卸し、また人々がニャミランボのベーカリーに立ち寄って、袋入りを買っていった。販売促進はまだ私がずいぶんやっていたが、ときには女性たちも、注文を補充しに店に乗り込んで行く自信をつけていた。ときどき、何人かの女性と私は、ただ自分たちの製品が棚にあるのを指さすためだけに、街の小さな店のなかを歩いた。私たちは力を合わせて、それまでなかった新製品を創り出し、人気を博しているのだ！　これ以上満足いくことはなかった。

八カ月ほどのうちに、女性たちは一日二ドル稼ぐようになっていた。始めたときの四倍で、キガリのほとんどの人の収入を上回る。さらに数週間で三ドル以上稼ぐようになった。ルワンダでは、まして女性では、こんな額を稼ぐ人はほとんどいない。彼女たちは初めて、収入のおかげで、いつイエスと言い、いつノーと言うかを決められるようになった。お金は自由と自信と選択。そして選択は尊厳だ。ベーカリーの連帯感が帰属意識をもたらし、女性たちをさらに強くしていた。

ベーカリーが軽食市場を独占すると、私たちはパンに取り組むことにした。キガリではパンは一般に粗悪だった。欧米諸国は、多額の補助金を受けた農家が育てた余剰小麦を、ルワンダのような国に大量に送りつけて厄介払いしていた。それで、ルワンダでは普通、富裕層も貧困層も、ゾウムシだらけの、漂白した、白い小麦粉を買うしか選択肢がなかった。自家製パンを焼く店もあったが、干からびていることが多かった。一方、キガリのような地域にはモロコシ畑が多く、モロコシは低価格で手に入る――たぶんこれが、栄養豊かな、全粒パン生産に向けた答えを提供してくれることになるだろう。

プリスカと私は、栄養価の高いパンを市場に提供することについて、特に低価格の恩恵を受ける低所得層の女性にとっての意味を話し合った。一人のイタリア女性がレシピを教えてくれたうえに、おいしい全粒パンができるまで試しに焼いてくれた。私たちはこのパンをニャミランボで売ろうとしたが、すぐに挫折した。ルワンダの貧しい都市住民は、白パンのほうを好んだ。おいしいからではなく、贅沢品、輸入品の象徴だからだ。価格が高いことは問題ではなかった。かえって、輸入パンは高いほうが好まれた。

多くの実験、失敗、挫折を重ねたが、小さなベーカリーはプリスカのリーダーシップの下で繁盛しつづけた。彼女は、ニャミランボに少なくとも一つ、自らの価値によって運営される場所を創り出した。商品を売ってコストをカバーし、女性たちに自分で人生をコントロールできると教える場所。ベーカリーは私がいなくなってからもずっとつづいた——ルワンダ虐殺が、あんなにも多くの美しかったものを破壊するまで。

ベーカリーの物語は、人間が目をとめられ、責任を求められ、成功していくときに起きる変貌の一つだった。私は、自立する手段を提供された女性たちが、尊厳を獲得していくのを目の当たりにするという特権に恵まれた。そして言語は、人間がほかの人と意思疎通する方法として、方程式の半分でしかないことを学んだ。また、ほんとうの責任をともなうビジネスを起こすことが、どれほどの力を持つかを発見した。そして、自分であること、自分を笑い飛ばすこと、女性たちの成功を分かち合うこと、そしてたぶん最も大切なこととして、頭ではなく心に耳を傾けることを学んだ。

第6章　闇のなかのダンス

一つだけお願いがあります。お金ではありません。
必要だけれど、肉でもありません。
……
一つだけお願いがあります。願いはただ一つ、
私の行く手をふさいでいるものを取り除いてください。
――オコト・ビテック「アフリカ女性の歌」
［ウガンダの詩人。代表作である長編詩『ラウィノの歌』より］

一九八八年の初め、私はまだキガリで、ほとんどの時間をドゥテリンベレとブルー・ベーカリーで過ごしていた。スケジュール上、一息入れて、物を考える時間は早朝のランニングのときしかなかった。私は、特にアフリカでは、いつも夜明けが大好きだった。一つの場所が目覚めていく、そのただなかにいるのが好きだ。空が次第に明るくなり、鳥の声や虫の声が聞こえる。キガリでは、濃い緑色の丘全体に、ホイップクリームのような濃い霧が漂い、やがてそれが消えると明るい青空

が現れる。天蓋付きの通りにはブーゲンビリアが咲き乱れ、ハイビスカスが濃厚な香りをまき散らす。

ある穏やかな朝、鳥や虫の大合唱にもかかわらず、私はほとんど筋肉一つ動かせなかった。関節が痛み、頭ががんがんし、吐き気がこみ上げた。なんとか朝食の席までたどりつき、家に来ていたイタリア人医師とその妻、そしてウガンダ人の看護師に症状を説明した。互いに目くばせをしたあと、マーガレットが私の額に手をおいて言った。

「マラリアね」

薬をもらった私はベッドにもどり、そのまま数日起き上がれなかった。高熱と、ひじやひざの激しい痛みでじっとしていられない。寒気に襲われたかと思うと、次の瞬間はかっと熱くなった。ルワンダで知り合った人はほとんどみなマラリアにかかったことがあり、亡くなる人もいた。アフリカ大陸がこの病気のせいだけでどれほどの労働生産性を失ってきたか、私もわかるようになった。マラリアにかかるアフリカ人は、毎年、二億五〇〇〇万人にのぼる。

友人たちが看病してくれ、パパイヤや薬や熱いお茶をくれた。スワヒリ語で〝熱の薬は熱〟という。暑い日にも高い熱にも熱いお茶が効く。私は、普段丈夫なことを感謝しながら、体力を取りもどすのにどのくらいかかるのだろうとベッドのなかで考えた。

高熱と痛みは一週間ほどつづき、私は生活にもどりたくてうずうずした。ドゥテリンベレでもベーカリーでもやるべきことはたくさんあって、これ以上時間を無駄にしたくなかった。

家でおとなしくしていた最後の日に、プルーデンスとアニエスが突然訪ねてきた。部屋に入ってきたプルーデンスはからかった。

「たぶん、あなたにペースダウンして少し休んでもらうには、神様もこうするしかなかったんでしょうね」

「冗談じゃありません」と私は答え、十分休んでリフレッシュしたし、すぐにでも仕事にもどってバリバリ働きたいと言った。

プルーデンスはため息をついた。

「ほんとに、そうやって打ち込んでくれてありがたい。ただ、ルワンダのいまの状況からすると、早く進みすぎかもしれない。ちょうどいいペースで進まないと。変化はここではもっと少しずつ起きるの。ね？　女性たちをみんな一緒に連れて行かなくちゃならない。みんなのはるか前を走るんじゃなくて」

「あなたについていくのが大変なのは」と彼女はつづけた。「私たちの生活にあまりにたくさん義務がくっついているから。お葬式に結婚式、子供も生まれるし、ほんとうにたくさんの責任がある。ね？　少しペースを落としてもらわないと、ドゥテリンベレは、ルワンダの女性たちじゃなく、あなたに頼りすぎることになるんじゃないかと思って」

彼女の率直な話に、私は顔が赤くなり、少し落ち込んだ。女性たちが私のペースについていけないと思っていたというのはショックだった。だれもそんなことを一言も言わなかったからだ。それどころか正反対のように思えていた。締め切りを乗り切るたびに、だれもが喝采して、不可能をなしとげたのだと実感した。もちろん、私はがむしゃらに進んできた。気を緩めれば、ドゥテリンベレは挫折するのではないかと心配して。

私は深く息を吸い、プルーデンスの言うことを聞こうと努力した。彼女が正しいとわかっていたからだ。たぶん私のペースは、彼女たちより私のプランにあっていたのだろう。

「どうしたらいいでしょうか」私はなんとなく自己弁護っぽく訊いた。

「それを、メアリー・レースリスとも話したんだけど」

メアリーはユニセフの東アフリカ地域責任者で、有能なコミュニティ・オーガナイザーであり、友人だった。

「みんなが考えたのは、あなたほどのエネルギーがあるなら、ここルワンダで二カ月過ごしたら次の二カ月は東アフリカのどこかのユニセフ事務所に行って、スラムや農村の女性たちと起業のことを考えたらいいんじゃないかってこと。あなたにはアフリカのたくさんのことを見るチャンスになるし、私たちにも、長続きするものを築くのに役に立つし」

やる気満々で走りまわる子犬扱いされたのは少々こたえたが、二カ月ごとにルワンダを離れるというアイデアは魅力的だった。キガリには抑圧的なものがあった。ほかの東アフリカ諸国でどんな仕事が待っているかわからなかったが、新しい場所に行くのは歓迎だった。


一週間後、私はナイロビに向い、メアリー・レースリスと会って数日過ごした。卵とトーストの皿を前にして、小柄なフィリピン人のメアリーは、私の肩に手を置き、プルーデンスの申し出が私にとってどれほどいい贈り物かと言った。

「彼女があなたを信頼してほんとうのことを言ってくれたのがどれほど幸運かわかる?」とメアリーは訊いた。「プルーデンスはあなたにうまくやってもらいたいし、ドゥテリンベレも成功させたい。その正しい方法を教えてくれた。あなたが何かまちがったことをしたからじゃなく、あなたにはもっと効果的に仕事ができる方法があるから。女性たちに仕事のプランを示して二カ月まかせ、それからエネルギーを補充してもどってきたあなたが、ドゥテリンベレのレベルアップを支援する。そうすれば、レンガを一つずつ積み上げるように、機関作りを支援できるでしょう」

私はナイロビの生活が好きだというのがわかってきた。キガリから飛行機で数時間しか離れていないが、ケニア行きのフライトに乗るたびに、ミニマンハッタンに帰って来た気がする。キガリは、数軒のレストランと工芸品店があるだけの小さな街だが、ナイロビはほんとうの都市で、画廊、書店、映画館があり、大きな国際的なコミュニティがある。外国映画を見たり、日本料理屋で寿司を食べたり、〈カーニボーレ・レストラン〉で踊ったりできる。カーニボーレでは、ハーテビースト（レイヨウ）やワニやエランドの巨大な串焼きを捧げ持ったウェイターがテーブルからテーブルへ歩きまわる。

私にとっていちばん大切だったのは、ナイロビに着いた当初に借りた、エレベーターのない建物の三階にあるつつましいアパートだった。寝室は一つ、室内外ともじゅうたん敷きで、小さなキッチンと居間、大きなバスタブのあるバスルーム、小さなバルコニーがあった。自慢するようなものはないが、自分のアパートであり、気に入っていた。旅先で買った壁掛けや地元の市場で買ったかごを壁に飾り、そこにいるときはいつでも新しい花で部屋をいっぱいにした。

建物の住人や従業員も、アパートの内装に負けないくらいカラフルだった。たいていは若い、中流階級に入ったケニア人か、ソマリアやエチオピアからの難民で、みなよりよい生活を求めて奮闘していた。だれも電話を持っていなかったので、バルコニーから大声で話したり、ただドアをノックしてふらりと寄ったりした。私はキガリやほかのアフリカ諸国の首都へ出かけていてめったにいなかったが、寮のような生活だった。

　留守がちの私は、小柄で愛想のいいレベッカという女性に、毎週二回アパートの掃除に来てもらっていた。といってもじっさいは、ほとんどすることはなかったが。私がいないときも、レベッカは点検と水やりにきた。私が帰るたびに、レベッカは仕事中の軽食用にと、パン、砂糖、紅茶、ミルクを求めた。ずいぶん量が多いようだったが、私は大して気にもしてはいなかった。

　ナイロビで仕事があったある朝、書類を忘れたことに気づいた私は、アパートへもどった。普段気むずかしい朝番の警備員のビロが正面の警備員室にいなかったが、別に気にもしなかった。階段を上ってドアを開けると、建物の従業員全員が、ティーカップを手に私の居間で休憩していた。

「レベッカ」私は言った。「紅茶とパンはこのためだったの？」

「ええ」レベッカは、最初は頭を垂れて、従順に答えた。それからすぐ顔をあげ、目を輝かせて
「でも、みんなほんとうにありがたいと思っているんですよ」

　とりあえずみなに帰ってもらい、それからレベッカと二人で、当たり前と思っていいこととそうでないことがあると、長いこと話した。彼女はわかったと言い、それでもまだみんなをお茶に呼んでいいかと訊いた。どの雇い主も認めてくれるわけではないから、と。それからは居間にしか入らないかぎりお茶の時間を認め、万一何かなくなれば彼女が責任をとることにしたが、何もなくなったりしなかった。

　週末にはときどき、ケニア東岸の物憂い港町モンバサへ向かう夜行列車に乗った。白手袋のボーイが寝具類やインドカレーの夕食を運んできてくれると、私は、列車がサバンナを抜けてインド洋に向かうあいだ、夜通し本を読みふける。モンバサでは、アラブ様式の影響を受けた建築、砂浜で

揺れるヤシの木、それに人々の歩くゆったりしたペースが好きだった。チャドルに身を包んだムスリム女性たちが何か言い合いながら、商品を売り買いし、そのほっそりした手首で腕輪が軽い音をたてる。夜は、友人たちと浜に集まって、冷えたビールを飲み、地元の人やヒッピー旅行者が歌ったりギターをつま弾いたりするのに耳を傾ける。

恋愛もした。といっても仕事第一に変わりはなかったが。アフリカ東部にいたあいだほぼずっと付き合っていたコロンビア系アメリカ人はアジス・アベバに住み、月に一度ほど会ってエチオピアの奥地からケニアのサバンナ、ルワンダの火山地帯までさまざまな場所で冒険をした。マウンテンゴリラを見て、どれほど人間に似ているか、驚いたりした。二人とも稼いだお金は旅行に使った。恋愛からは日常生活の厳しさを乗り切るエネルギーをもらった。

その後、スウェーデン生まれケニア育ちのサイハンターと付き合った時期もあった。ひょろっとした金髪のやさしい人で、アフリカを深く愛していた。仕事が終わるとすぐ待ち合わせ、日が沈むころ、ワインと軽食を持って、街を出たところにあるナイロビ国立公園をドライブする。サバンナでは、たそがれ時のアカシアの木の優雅なシルエットを荘厳な気持ちで指さし、土と風と近づく雨のにおいをかぎ、車の外でゆっくり踊り、オレンジとピンク色が渦巻く空と、水のたまった窪地の近くにいるキリンやアンテロープのゆっくりした足取りに心を奪われ、これほど充実して生きていることに痛いほどの心地よさを感じた。

ナイロビでの生活にはルワンダと同じように、両極端があった。魔法のような冒険から、最貧層の生活の現実まで、ときには一日のうちに行き来した。ナイロビの富裕地区と貧困地区を隔てる境界線の向こうでは、一〇〇万人以上がマタレ、キベラ、プムワニ、ソウェトなどのスラムで、段ボールと波状の金属板でできた掘立小屋に住んでいた。道と言える道はなく、ただくねくねとした路地とふたのない下水溝があって、ごみのにおいがし、シンナーを吸いながらさまよう子供たちがいた。露店では山羊の皮をはいで肉をつるし、ハエが群がっていた。こうした世界が、並木の並ぶゴージャスなナイロビの郊外と広々した国立公園からこれほど近いところに存在するという事実が、絶望をいっそう残酷にした。

物質的には最悪の状況であるにもかかわらず、こうしたスラムはとてつもない強さを発していた。私は、一日一ドルで子供を五人も六人も、たいてい一人で育てている女性たちに大勢会った。街で家政婦をしたり、道路脇で野菜やトマトを売ったりしている人が多い。灰と泥から炭を作る人や水を売る人、あるいはチャンガーと呼ばれる、トウモロコシやモロコシなどの穀物からできる、命取りの密造酒を作る人もいる。酒を売るチャンガー小屋は、外に高級車が停まっているのですぐそれとわかる。ほとんどがケニア政府の役人の車だ。女性たちは普通、一部屋しかない、土の床の小屋に住んでいるが、そうした家は汚れ一つなく、手持ちの皿やポットは清潔できちんと重ねられている。

そのうちに、またもや開発〝専門家〟へのいら立ちを募らせることになった。彼らが外から一瞥して賢明な解決策を提案すると、それは市場を歪め、組織的な腐敗につながったあげく、ほとんど何も達成しない。明るい側面を見れば、国際開発分野が、女性への投資の重要性を認識するようになってはいた。男性とは違って、女性はもし余分の収入があれば、学費や子供の食費に使う、ということを示す研究が続々と出てきたからだ。私がルワンダで初めて会ったとき、ビルゲはそう言っていた。女性を支援すれば、家族を支援することになる。

ほとんどの援助機関が女性の重要性をはっきり認識していたが、現場の対策はたいてい見当外れだった。援助機関の専門家には、女性の立場に立って考えてみる人などほとんどいなかった。ケニア政府による女性向けプログラムの最大のものの一つに、女性グループに資金援助をして、〝収入を生むプロジェクト〟を開始、運営できるようにするというものがあった。女性はグループでよく働くので、トウモロコシ製粉所や水の売店、家禽農場や工芸品プロジェクトなどを運営して、収入を増やせるという発想だった。各グループは何がしたいか訊かれ、そのアイデアを実現するために約五〇〇ドル受け取る。グループの活動から上がる収入は、女性がそれぞれ一人で働いて稼ぐ額よりも多くなるはずだった。

当初、プログラムは大成功に見えた。ケニア中の女性グループで、草の根プロジェクトが芽を出した。寄付した側が、たとえば二、三〇〇羽の鶏の協同組合を作った十数人の女性グループを訪ねる。女性たちは誇らしげに、鶏から採った卵を見せ、どうやって地域に売る計画をしているかを話す。女性たちは、寄付者にファンタとしばしばクッキーも出し、ときには歌やダンスも披露する。寄付者はご満悦で去っていく。人々の生活にこれほど違いを生み出していることに満足して。

現実には、寄付の大半は生活を変えることにほとんど何も貢献せず、場合によっては、状況を悪化させていた――少なくとも私はそういう印象を強く持った。資金を受け取って六カ月後、女性たちに適切な薬がない病気のせいで、プロジェクトの鶏が全部死んでいたりすることがいやというほどある。メンバーの怠慢で、プロジェクトが不調になることもある。グループは行き当たりばったりにプロジェクトに取り組んでいるように思われ、財政状況にだれも注意を払っていないように見えた。

ある晩、私はメアリー・レースリスと夕食をともにしながら、こうした懸念を訴えた。メアリーは、スラムの住人のとてつもない粘り強さを直接目にし、低所得層に大きな敬意を持って接していた。私は、ユニセフも資金の一部を出した女性プロジェクトの成果が、もしかすると政府の役人が報告しているほどバラ色ではないのではないかと話した。同僚の開発関係者たちから、女性たちが放棄したプロジェクトも多いとも聞いていた。

メアリーは、こうしたプログラムの審査をする短期契約を私に持ちかけた。次の二カ月キガリを離れて、ナイロビのスラムと東海岸のモンバサ、それにビクトリア湖畔のキスムで過ごしてはどうかという。契約期間が終わるとき、必要ならプログラムの変革を勧告する。メアリーが本気だとわかったので、私はためらうことなく承諾した。

私は大機関のなかで、メアリーのような驚くべき人たちに会った。彼女のリーダーシップはほかの人より一段上だった。ほんとうのことを知り、それについて話すことを恐れず、若い人に責任ある役割をまかせる。

対照的な人もいた。メアリーと食事して数日後、私は、やはり女性グループに資金提供していた別の国際機関の女性に会って、〝収入を生むプロジェクト〟の成果について同じ心配を口にした。

「成功しているかどうかどうやって判断なさるんですか」私は訊いた。

「私たちは女性を貧困から抜け出させたいと思っているの」髪を後ろできつくまとめた彼女は、木の椅子に背をもたせ、濃いブルーのジャケットの前で腕を組んで言った。

「はい、わかります」私はうなずいた。「でも、成功しているかどうか、どうやってわかるのですか」

「自分の目で見ればわかります」

「でも説明責任を測るほんとうの手段がなければ、何を見ているのかどうやってわかるんですか。それに失敗したかどうか、どうやってわかるんですか」私は訊いた。

彼女の冷やかな青い目が細められた。

「失敗はありません。物事がうまく行かなかったとしても、自分がしているあらゆることから学べます」

この隙のない答えに、私は勢いを削がれた。

「そうですね、失敗から学ぶべきですね」私は言った。「でもまず失敗を認めたうえで、それについて話し、学ぶのではないでしょうか」

「もちろんです」と彼女はにべもなく言ったが、一つのまちがいの例も挙げようとしなかった。その不透明な循環論法に、私は言葉を失い、礼を言って、部屋を出た。

女性グループ向けプロジェクトの審査で、私は、メアリー・コイナンゲという自治省のケニア人女性とともに働いた。自治省は、まったく危機意識がなく、スラムでの成果も欠いていることで知られていたが、メアリーはまわりとは違っていた。五〇歳くらいの快活な女性で、きちんとした襟の高いドレスと編み上げ靴をはき、元気さと妥協を知らない倫理観で輝いていた。独立前の生活の話を数え切れないほどしてくれた。彼女の歩き方には、苦しみを知り、それがまたやってくることを恐れている人の持つ雰囲気が漂っていた。

「あなたみたいに自由になりたい」と彼女が一度言ったことがあった。

彼女は自由だと私は言った。

「アフリカの女性は」彼女は言った。「自由ではないの。特に貧しい女性は。踊るときは自由になれるけど、女性の生活は厳しすぎる」

私たちはユニセフの仕事として、毎日のようにあちこちの女性グループを訪ねはじめた。当時のケニアでは、行政に届け出ることなく一〇人以上の会合を開くことは違法だった。だからとても多くの女性グループが正式な登録をしていたのだ。どこでも、私たちが会う女性グループは誇らしげに自分たちの活動のことを話した。詳しく話すよう求めて初めて、話にほころびが出はじめるのだった。

ビクトリア湖畔ののどかな町キスムの近くでは、行政が女性グループに、住宅建設用のコンクリートを提供していた。ところが、数カ月後に行ってみると、基礎が打たれていただけだった。家を完成できるほどのセメントがなく、建築をつづける資金がなかった。メアリーは、失われた機会にほとんど歯がみをせんばかりだった。

「ナイロビのスラムではずっと貧しい人たちが、手に入る材料を何でも使って二部屋の家を建てはじめる。一部屋を貸して、その収入を使って時間をかけて家を大きくする。ほんとうの事業――大きな事業――を起こした家族もいくつも知っている。どうして機関は、人を挫折させるものを提供する代わりに、人々がもうどれほど賢いかっていうことを見ることから始めないのかしら」

彼女は不満をぶちまけた。

私は、地面に厚く流しこまれたセメントを見て、ため息をついた。それは、女性たちがいま住んでいる、急造の掘立小屋の横にまき散らされた、よりよい生活への空手形だった。

ナイロビ中心部を囲むスラムは、私が行ったことがあるなかでも、いちばん厳しい場所の一つだ。少年たちが集まってシンナーを吸う光景が目につき、犯罪があとを絶たない。狭い泥道に沿ってふたのない下水溝が流れている。上水道、電気、ごみ収集といった公共サービスは、まったく届いていない。こうした都市の不法占拠住宅に住む人は、水を得るために、中流階級の住民が払うよりもずっと高い金額を、水道管への侵入方法を心得ている地元事業家に払う。くじけずに一日一日をしのぐことで生き延びているのだ。

それでも、女性たちの強さを当てにして、開発関係者は、ナイロビのスラムで成功の大きな見込みを持っていた。しかし私たちは、ほかと同じくらい多くの失敗を見つけることになった。合法的な〝水の売店《ウォーター・キオスク》〟を建てるために、資金提供を受けた女性グループがいくつかあった。〝水の売店〟は、小さな売店に水のポンプを備えたもので、女性たちが相応な値段で水を売り、夜は盗難防止に鍵をかけておく。

問題は、パイプがしばしば欠陥品だったこと、そして女性たちが毎週一日売店でボランティアをするよう決められていたことだった。女性たちはめったに現れなかった。単にそうする余裕がなかったからだ。四人からなる、あるグループは、トマトや炭を道で売るという、ずっとやってきた方法で収入を得るほうが簡単だとあっさり言った。そのうえ、蛇口が壊れても、修理代がなかった。

私たちは、善意のプロジェクトがうまくいかない例を数え切れないほど見た。トウモロコシ製粉機は労力を節約する装置だが、地元の人向けに修理の研修がおこなわれなかったので、故障したまま何百も放置されていた。燃料が手に入らないという理由で、使われない村もある。善意の人たちは学校を建てるが、月単位ではなく年単位で教師を雇い、支援するコストのことを考えず、校舎は空っぽのまま建っている。女性が工芸品作りをすすめられても、売れる市場はなく、家を訪ねると、売れないサイザル麻のかごが天井まで積まれている。

六週間ぶっつづけで、メアリーと私は朝七時半か八時に会い、シートベルトもヘッドライトもない、二五年もたった、私のスカイブルーのフォルクスワーゲンビートルを、日が暮れるまで走らせて、グループからグループへと訪ねた。タイヤはがたがたで、穴にはまったときには駆動タイヤが激しく震え、またスムーズに回るまで取っ組み合わなくてはならない毎日だった。車をスタートさせるには、下り坂で押して飛び乗り、すかさずギヤをセカンドに入れる。ともかく、このおかげで、行きたい場所へ行き、ずっと笑っていることができた。笑いはどうしても必要だった。車の気まぐれに笑いっぱなしだったので、二人とも、権力を持つ人間の無気力と腐敗、そして自分たちのまわりにある圧倒的な貧困に対する激しい怒りを抑えた。

「腐敗は貧困の原因なのかしら」私はある午後、メアリーに訊いた。「それとも貧困が腐敗の原因なの？」

「両方よ。そうでしょう？」メアリーはやさしく答えた。

私は彼女の落ち着いた物腰が好きだった。おかげで、犯罪と貧困は、人間が互いに物を売りはじめて以来存在し、怒ったところで仕事には何の役にも立たないと頭を冷やすことができた。

「できるときはいつでも笑う方法を見つけないと」彼女はアドバイスしてくれた。「笑っているとき、傷つけたり殺したりできる人はいないから」

「そうね」私は言った。「でも、どうにかしてやり方を丸ごと変えるようにしなくちゃ。どっち側でも腐敗は恥という意識が強くなるようにして——汚職をする人は非難して」

私の年齢の二倍を重ねていたメアリーは、ほほえんだ。私にはもうなじみ深くなった、そうなるといいわね、ほんとにね、というほほえみ。

もう一つの課題は、女性たちからほんとうの正直さを引き出すことだった。

「女性たちは、あなたのような人が自分の生活にやってくるのをあまりにたくさん見てきた」とメアリーが言ったことがある。「だから、どうして正直になる必要があるかしら？　質問されたとき、相手が聞きたいことを答えたら、お金をもらえるチャンスがあるかもしれない」

女性たちがいかにすばやく開発機関のわけのわからない専門用語を習い、私のような人間を相手にそれを使ってみせるかに、私は驚いた。

「みなさんの市場はどのくらいの大きさですか」と、手工芸品を売ろうとしていた女性グループに訊いたときのことだ。

「大きいです」と女性たちは答えた。

「どのくらい大きいですか」

「とても大きいんです」

「それでみなさんは、受け取った資金を何に使うんですか」私は訊いた。

「運転資金です」と彼女たちは言ったが、意味を説明することはできなかった。何かを隠しているのではない。言わず語らずのうちに、私たちとのあいだの力の不均衡を感じ取って、なんとか同じ土俵に立とうと、ありったけのものを使っているように見えた。

ナイロビのスラムの外端で、あるグループとヤギ飼育プロジェクトについて話したことがあった。私は、冷たい小雨のなか、小屋のなかで体をかがめ、スワヒリ語と格闘して言葉に詰まっていた。

ありがたいことに、女性たちは困惑している様子を見せながらも聞いてくれるように見えていた。ようやく、一人の勇気ある女性が、私の話は〝ブジ（ヤギ）〟のことなのか、それとも〝ブサー〟、つまり家で作ったビールのことなのかと、おずおずと尋ねた。私は大声で笑い、そんなつもりはないのに、自分がずっとビールの話をしていたことに気がついた。女性たちは声をあげて笑った。

こうして、チャンガー、つまり密造酒を売ることについて話が始まった。女性が売れる物のなかでは、いちばん利益が大きいものの一つだ。

「どうして、お酒の仕事に貸付を受けられないんでしょう？」女性たちは訊いた。

「寄付してくれる人たちは、だれもほしがらないかごを作らせるためにお金を出すほうが好きなんです」一人の女性が語気を強めて話に加わった。

援助プログラムは違法なことを支援できないのだと私は答えた。私はそれまでチャンガーを口にしたことはなかったが、いくつかの村でその別名が胃を破裂させることと関係があり、悪いのを飲んで死んだ人もいるという話を聞いていた（二〇〇五年になっても、ニューヨーク・タイムズ紙が、違法な酒を飲んだことによる多くの死者を報じている。時間とともに、ただ危険が増しただけのようだ）。

「でも私のいちばんの上得意は、一日中飲んでる政府の役人ですよ」と彼女は答えた。「それに、家族が生き延びられるだけのお金が稼げる方法は、これしかないんです」

彼女の言うことには一理あった。同じくらいのレベルの収入をもたらす何かを見つけないかぎり、女性たちに密造酒を作るなと言うのは無理だった。特に〝大きな魚〟——政府の役人——がいちばんの上客であるときに。

多くの訪問をしたメアリーと私には、政府から女性グループへの資金提供のほんとうのプロセスがわかってきた。地元政府の部署は地区別に分かれていて、それぞれ、地区責任者《DO》によって運営されている。DOは、自分の地域の住民の監督、支援を担当している。〝収入を生むプロジェクト〟で、資金の分配をまかせられたのは、このDOだった。彼らは地区の女性グループと連絡を取り、〝収入を生むプロジェクト〟の提案を尋ねる。二〇人ほどの女性からなるグループは、自分たちの〝プロジェクト〟のために、五〇〇ドルから六〇〇ドルを求める。承認されると、DOがかけた時間と手間に対して、女性グループから袖の下、あるいは〝手数料〟が払われることが多い。〝手数料〟が分配される資金の二〇%になることもめずらしくないという。プロジェクトが、女性たちにとってほとんど何も生み出さなくても、問題ないわけだ。

機能しないシステムにもかかわらず、私は、女性一人ひとりのなかに、大きなバイタリティと寛容さを見た。女性たちは、寄付者の支援があろうがなかろうが生きてきた。子供が病気になったり、家族のだれかが亡くなったりしたときにはいつも、集めてとっておいたお金があった。互いが笑い、ときにはただどうにかやっていくのを助け合う。しかし、それさえいつも簡単というわけではない。

ある朝私は、前の晩に〝ネックレスをされた〟男性の死体の横を通った。ガソリンを満たしたタイヤを首にかけられ、火をつけられたのだ。言い表しようのないほど不浄なにおいのする黒こげ死体のまわりに、数人の男性が立っていた。死体が片付けられても、地面に焦げた形がまだ残っていた。

この事件の数日後の夜、私は自治省とユニセフに出す報告書を書きはじめた。そのさらに数日後の夜、地元の映画館へ『遠い夜明け』を観に出かけた。南アフリカの自由の闘士スティーブン・ビコを描いた映画で、ビコには、自由というのが単に政治的な自由のことではなく、経済的な独立と選択する力のことでもあるというのがわかっていた。スラムの女性たちは自由ではなく、依存のもとにある。寄付する人間は、こうした女性が自らを解放する手助けができないなら、女性たちの邪魔をするのをさっさとやめるべきだ。

ある日の夕方、私はナイロビの最も絶望的なスラムの一つ、マタレで、女性グループと話しこんで遅くなりすぎ、暗くなりかけた空を見て、帰る時間だと気づいた。

フォルクスワーゲンにもぐりこみ、一分ほどすわっていた私は、スラムの住民があちこち駆け回って、ナツメヤシやお菓子、水の入ったピッチャーを並べて食卓の用意をするのを見ていた。ラマダンの時期だった。長い暑い一日のあと、ムスリムが断食を解いて、家族と時間を過ごす時間がきて、地区はまた活気づいていた。私は、女性たちの黒いベールがはためき、子供たちが走りまわり、大きな紫色の雲が上空を漂うのにくぎづけになっていた。ナイロビでは、昼から夜への移り変わりは一瞬だ。特に雨がどっと降ってくるときは。

何の前触れもなく、滝のような雨が降りはじめ、女性たちは小走りに家にもどっていった。車がぬかるみにはまり、タイヤは回りつづけても滑るばかりだった。ダンボールと泥とコーヒー缶で作られ、波状のブリキとプラスチックを屋根にした小さな家々は、いまにも漂い出しそうに思えた。キコイ――スカートになる、明るい色の綿の布――を巻いた二人の女の子が、編んだ大きなかごを頭に乗せて運びながら笑っていた。土砂降りの雨が、地面を濡らして、土の道を川に変え、車が走れなくなってしまった。道が乾いても、街までもどるのは丘を登っていく、暗い一人旅だとわかっていた私は、泣きたくなった。

突然、窓をたたく音がした。私は無視した。

また、トントントン。

外に立っていたのは、やせこけた腰の曲がった女性で、干しブドウのような目がクルミの殻のようにしわの寄った顔からのぞいていた。まわりを吹き荒れる雨風をものともしていない様子で、私に近くに来るように身ぶりをした。どうやら自分の小さな小屋で雨宿りしたらどうかと言ってくれているようだった。私は窓を開けた。ここがこの国でいちばん危ないスラムの一つで、明らかに私の属する場所ではなかったにもかかわらず、彼女の表情には、一目で信頼したくなるような何かがあった。

「ジャンボ」私はため息をついた。「こんにちは。お元気ですか」

「おかげさまで《ンズリ・サナ》」彼女はしゃがれ声で答えた。「あなたは?《ハバリ・ガニ》」

「おかげさまで《ンズリ・サナ》」とんでもない。私は土砂降りのなかであいさつを交わしていることにいらだっていた。

彼女は困ったように私を見て、それから、値踏みでもしているかのように、一瞬、間をおいた。それから、しゃがれ声でぴしっと言った。

「おいで《クジャ》」

私は深く考えずに、彼女の小さな、ごつごつした手を取って、ついて行った。

私たちは不器用に、波状のブリキ板の屋根のついた土の小屋の金属の扉に向かって、泥道を跳びはねて行った。扉を開けると、老女は、入れと手振りで示した。なかはたぶん幅一メートル半、奥行き三メートルくらいの暗く雑然とした部屋で、隅にすわったしわだらけの年取った男性の叩く、ヤギ皮の太鼓一つのリズムに合わせて、一〇人くらいの女性が踊っていた。男性はやせこけた足を組み、目は半ば閉じていた。トランス状態で、太鼓の原初的なビートが支配する世界に溶け込んでしまっているようだった。私は腹と心臓でビートを感じ、それはあまりにも強くて体が揺れ、リズムに合わせてゆっくり動かずにはいられず、もう一つのアリスの不思議の国に落ちていくような気がした。

まわりでは、女性たちが、解放されて、活気にあふれんばかりに輝いていた。白い歯がこぼれる、喜々としたほほえみ。筋肉質の茶色の足が揺れ、汗が光っていた。トルコブルー、明るい紫紅、オレンジ、レモン色といった、明るい色とりどりの布が、肉づきのいい腰のまわりで揺れていた。裸足の足が、土の床を踏みしめ、激しく踊っていた。

女性たちは二人組で踊っていた。互いに向かい合い、腰をかがめて頬だけで触れる。熱狂的な動きで肩と腰をゆすって、ずっとホーホーと声を出しつづける。私は踊りに加わり、まず一人の女性の頬に触れ、それからもう一人の頬に触れ、体をゆすって笑い、暗闇と音、そして暑さのなかに自分も滑りこんだ。汗でぬれ、踊りのパートナーの頬に押しつけられた顔だけが、いくらか落ち着いている部分だった。体のほかの部分は、電気が通ったかのように、打楽器の一定のビートと、屋根に当たる雨のスタッカート、空気に満ちた情熱の爆発から強い刺激を受けていた。

小柄な若い女性が一言も言わずに、雨のなかに飛び出し、ブリキのびんのふたの首飾りをしてもどってきた。彼女が体をゆすると、首飾りはへびのように音をたてた。シュシュシュシュ、チュシュ、チュシュ、チュ、チュ、シュシュシュシュ、チュシュ、チュシュシュ。太鼓がどんどんと音をたてると首飾りもシュシュと鳴った。汗、息づかい、波動、揺れ、揺らめき、暗闇と暑さのなかで踊った。しばらくのあいだ、私のなかの不満も怒りも消えうせた。私は叫び、女性たちは笑いに笑った。

ここは秘密の場所だったのだ。女性たちと踊り、悦びの叫びをあげ、互いに触れさえしなくても、官能性を自分の思うままに解き放つ。ゴージャスに、自由に、そして恍惚となればいい。私の人生で最もすばらしい瞬間の一つだった。

小屋のなかの激情は、半時間ほど、もしかしたらもう少しつづいた。そして、部屋は動きがはじけたのとちょうど同じ早さで静かになった。空は濃い青に変わっていた。夜の帳《とばり》が下りていた。土の床から、蒸気がやさしく立ち昇っていた。私は、まだ一言も話していなかったことに気づいた。急に恥ずかしくてたまらなくなり、私はスワヒリ語でぎこちなく自己紹介し、一人ひとりと握手し、踊りの礼を言った。

小屋から夜のなかへ出るのは、真っ昼間にニューヨークでバーから出るような感じだった。柔らかい夜だったが、後ろめたくもあった。狭い小道にも道にも、だれもいない。私は自分の小さな車に乗り込み、一瞬、そのままますわっていた。体もたっぷりした白いスカートも雨のなかを歩いていたかのようにびしょぬれだった。私は、つかのまの休息の時間を見つけたあの女性たちに敬意を表して、もう一度だけ歓声をあげた。声とともに車を発進させ、丘を登って街まで飛ばした。

翌朝、私は、ケニアのことなら何でも知っている友人のモニカのところに行って、前夜の冒険の話をした。現実かどうか確かめる必要があった。ためらい、口ごもりながら、私はようやく前の晩の経験を彼女に話した。

彼女は笑いながら、カンバ族の女性たちに出会ったのだろうと説明してくれた。カンバ族は、打楽器と踊りに対する情熱で知られている。

「カンバ族の女性は、幼いときから踊りを習って、官能的になるのを恐れないことを学ぶ」と彼女は言った。「女性たちが動くとわかるでしょう? なんて運がよかったの!」と彼女は笑った。

それから数週間、私はほとんど昼も夜も、政府とユニセフに提出する報告書を書き上げるのに費やした。プログラムの善意と数少ない成功例に焦点を当て、同時に、成果にくらべてはるかに高いコストがかかっているとはっきり言おうとした。役人がこの報告を頭から無視してしまうほど、突き放した調子にならないように気をつけた。メアリー・コイナンゲと二人で、最終報告をするために自治省へ向かうとき、私はとても心配だった。私たちは味気ない国営部門の建物に着き、なかに入った。

次官がだだっ広いオフィスで私たちを待っていた。ぎらぎらした小さな目をした太りすぎの次官は、白い水玉模様の黒のネクタイをしていた。茶色のウイングチップの靴が足を飾り、小指には大きな金の指輪をはめていた。机には書類も電話もなく、ただ、〈次官〉と書かれた札だけがあった。一週間前に報告書を送ってあったが、次官が実際に読んでいたことに私は驚きと満足を感じた。もっとも、内容は気に入らないとはっきり言われた。

「報告は悲観的すぎますね」彼はバリトンの声で文句をつけた。「明らかに話すべき相手と話されていないようだ。同じ女性グループで奇跡が起こっているのを見てきていますから」

次官は私たちをすぐに追い出し、別の役人のところへ行かせた。だぶだぶのスーツを着たこの役人は、陰気なオフィスで書類の散らかった机を指で叩いていた。ほとんど同じ会話のあと、私たちは、別のむさくるしいオフィスで、さらにもう一人の役人に紹介された。

この役人は、細身で神経質で、大きすぎるように見える木の椅子に、取り澄ましてすわっていた。「はあ、はあ」と最後に彼は言った。「多くの改善が必要、多くの仕事がある、と。でもだれがやるんです？　お二人は私たちのしていることがまちがっているとおっしゃった。それ正すにはどうすればいいんです？」

正すのは私たちの仕事だと思っていないと私は言った。物事を別のやり方でやりたいかどうか、政府が決断しなくてはならない、と。

私は、政府の承認の下で援助資金を直接ＮＧＯに渡し、そのＮＧＯに厳しい説明原則を課して、チェック・アンド・バランスをしっかりと定期的に審査したらどうかと言った。

「はい、はい」と彼は言った。「チェック・アンド・バランスは大変結構だ。でも説明責任があるのは政府です」

「だれに対する説明責任ですか」と私は訊いた。そもそもこのシステムのどこかで、だれかにほんの少しでも説明責任などあったのか。もし寄付者側がプロジェクト開始の一年後に真剣にチェックしていたら、成功例がどれほど少ないかがわかり、必要な路線変更がすでになされていたかもしれない。さらに何百万ドルもプロジェクトに注ぎ込むことなど正当化しようがなかったにちがいない。女性たちの歌とほほえみと満足の言葉で、実態が見えなくなるとしたら、あまりに安直すぎる。

もしも女性たちが収入を生むと思えるプロジェクトに資金を借りる機会を与えられていたら、もっと真剣に仕事に取り組んだだろう。市場メカニズムは、女性たちにとっても寄付者側にとっても、もっといいフィードバックの回路を提供したはずだ。そうではなく、このシステムは、低い期待と凡庸な成果のもとで腐敗した。

翌週、キガリにもどった私は、女性一人ひとりの強さを肌で感じてもっと謙虚になり、市場メカニズムへの関心も高まり、自分がまちがいなく何かを知ったと思っていた。だが次に起きたことには虚をつかれた――無垢《イノセント》という名の男にだまされるとは。

第7章　行程表のない旅

いろいろなものがほしい
何もかもかもしれない
年ごとの果てしない秋とともに来る闇、
そして、一歩上るごとに震える炎

――ライナー・マリア・リルケ

キガリにもどった私は、キヨブ地区で寝室二つのアパートを借りた。キガリでいちばんおしゃれな地区で、緑の多い住宅地区との境に建つ摩天楼の一つ、ルワンダ国立銀行のクリーム色の高層ビルのすぐ後ろだった。質素で簡素な家具つきのアパートは、コンクリートの床で、簡単なキッチンと小さな居間、トイレ付バスルームが二つあった。オレンジのゆり、ピンクや紫のコスモス、黄色のチョウセンアサガオでいっぱいの、きれいな裏庭があって、自分の城のように感じられた。

二年近くルワンダで働いて、ようやく生活のリズムと貴重な友情を見つけ、帰属意識を持てるようになっていた。朝のジョギングのあと、スライスしたマンゴーと小さな甘いバナナで簡単な朝食をすませたら、土の道を歩いてユニセフの会議に行くか、ドゥテリンベレやベーカリーに行くためにボニファスの迎えの車を待つか、どちらかだった。ほとんどいつも遅くまで働き、友人たちとたいていだれかの家で夕食を食べるか、読書や手紙書きをして夜を過ごした。

ときどき地元のレストランに行くと、メニューにどう書いてあろうと、キブ湖にいる白身魚、ティラピアを食べる覚悟が要る。展開はいつも同じだ。何があるかと訊くと、ウェイターは決まって「いろいろとございます。何なりとお申しつけください」と言う。

「ほんとうですね」と私たち。

ウェイターはうなずく。

合理的に考えればどうかしているが、私たちはローストチキンとかクラブサンドイッチといったものを頼む。するとウェイターは、申し訳ありませんが売り切れてしまいましたと言う。結局私たちはあきらめて、焼きティラピア、ライス添えを注文する。ウェイターは、客を満足させたことで満面の笑みになる。

ティラピアはとてもおいしい。けれども、何でもこれでもかというほどあると辟易《へきえき》する。もうたくさんだと思うようになったことがもう一つある。ある日市場で、ボニファスが、黄色い服を着た中年女性を指さし、スパイだと言った。私はもう少しで噴き出すところだったが、そういえば、自宅にいるときでさえ、みな政治の話をするときは声をひそめることに思い当たった。ただその習慣を、ルワンダには人々のあいだに張りめぐらされた巧妙なスパイネットワークがあるという事実に結びつけて考えたことはなかった。秩序と管理が、いつも自由を踏みにじっていた。

「じゃ、あの人、ほんとにスパイなの？　誓ってまちがいないですか？」私は訊いた。

「誓って言えますね」ボニファスは答えた。「暗い気持ちにさせてすみません。でも、ここではそうなってるってことです」

　私はボニファスを見て、信頼ということを考えた。信頼《トラスト》――これほどシンプルな言葉だが、社会が健全に機能するには決定的に重要だ。ルワンダで信頼はどこにあるのか。ここはほとんど汚職のない国で、私は賄賂を求められたことは一度もない。けれども、ほんとうに互いに信頼し合っているのだろうか。市場の女性たちがほとんど何でも後払いで売っているのは知っている。だから見たところ、世間に信頼はあるわけだ。ただ、あとで金を払ってもらえると安心していられるのが、恥や恐れの意識のせいだとしても何の不思議もない。信頼の欠如――そして個人の自由の欠如――が重く感じられはじめていた。

　それにしても、自分の家で痛い目に遭うとは思っていなかった。私が借りた家には、イノセントという名の警備員がいた。一七〇センチくらいのやせ形で、少年のように見える。髪を短く刈り込み、ボタンダウンのシャツを、たいてい綿のズボンの上に出して、サンダルをはいていた。二〇代後半か三〇代前半だったにちがいない。学校に行っている子供が二人いたからだ。十分好感の持てる人物で、週末には庭の手入れもしようと申し出てくれた。理想的だった。

　イノセントの仕事は簡単なものだった。毎晩、家の正面の鍵のかかった門の横に腰掛け、友達以外だれも入らないようにする。ときどき、遅く帰ってくると、木の椅子にすわった彼が、頭を門に持たせかけて居眠りしているのを見つけることもあったが、たいていは、真面目に仕事をし、時間どおりに現れて、私は安心していた。

　仕事をしてもらってまだ数カ月しかたたないころ、子供の学費の足しになるようにと、私は一〇〇ドルほど余計に渡した。彼が六〇ドルほどの月給から一〇〇ドル貯めるのにどれほどかかるか、わかっていた。家にいれば、昼食や夕食に声をかけることもあった。

ある午後、私は庭で働くイノセントを残して、シャルルとテニスに出かけた。ブルー・ベーカリーのペンキ塗りを手伝ってくれたあの友人だ。外交官の息子で、オックスフォード出のシャルルは、フランス語と英語を操り、知識人の雰囲気を漂わせている。テニスとスカッシュをたしなむ彼に、数少ない同年代の私はいつも誘われていた。私のほうはお粗末な腕前だったが。

「教えてあげるからさ」とシャルルは粘った。「それに、クラブのコーチがすごいんだ」

「悲惨なことになるわよ」と私は笑ったが、結局、一回はレッスンを受けることにした。

完璧な日だった。明るい青空、真っ白なふかふかの雲。空気も蒸し暑くない。

クラブにいたコーチは、ハンサムな若いルワンダ人だった。まずボールボーイとして働き、常連客について習ううちにだれにも負けない腕になったのだという。すばらしい身のこなし。きっちりしたトレーニング。将来いつか起業したいと言っていた。どういう人生を送る人なのだろう、と私が考えをめぐらしていると、シャルルがこちらを見て、気が散っているとからかった。

「さあ、一試合やろう」とシャルルはせがんだ。

試合といえなくもないものをやったあと、私たちはミルコリンホテルへ行って〝フォーシーズン〟ピザとビールで乾杯することにした。外国人とルワンダ人エリートの典型的な日曜の午後。

フォーシーズンピザは四種類のチーズを使っているのが売り物だ。

「シャルル」と私は言った。「変だと思わない？　市場にチーズは一種類しかないのに」

そのチーズは白っぽいが、クリーミーではなく、ゴーダチーズに似ているが、もっと甘い。なぜもっとたくさんの種類がないのかいつも不思議だった――ルワンダは牛で有名なのだから。

「といっても」私はシャルルに言った。「選択肢がありすぎるのも、それはそれで問題だけど」
彼はただ頭を振った。

「国に帰って、食料品屋に入って圧倒されてごらんなさいよ」私はからかった。「ここで限られた選択肢しかなかったことが懐かしくなるから」

会員制クラブでコーチの個人レッスンを受けながらテニスをしたあと、黄色いパラソルの下で、白いプラスチックの椅子にすわって、大きなブルーのプールで水しぶきを上げている子供たちを見る。――私は、自分の国にいたらこんなライフスタイルを送る余裕はとてもなかっただろうという事実を思った。アフリカに来る人間は三種類いると言われている。宣教師、傭兵、そして自国に適応できない人間。レッテルはともかく、特権的な少数層に属するということには、だれにとっても結局はよくない何かがあった。

ビールを飲み終えたとき、出かけてからもう三時間以上たっていて、二人とも夜のレセプションに行くのにぎりぎりの時間だとシャルルが言った。家まで送って、私が着替えるあいだ待っていようというシャルルの申し出を私はありがたく受けた。家に着くと、私はシャルルを残して寝室に入った。

服と宝石――当時キガリで持っていたもののほとんど全部――がなくなっているのに気づくのに、一分しかかからなかった。私は大声でシャルルを呼び、ほとんど空っぽのクローゼットを見せた――ドレスもスカートも、ランニングシューズも時計もない。

「どうしてこんなことが」私は絶句した。

ベーカリーがセールをやって稼いだばかりの一〇〇ドルを箱にしまって、クローゼットの奥に入れておいたのもなくなっていた。内部の犯行だった。

「イノセントに訊いてみる」と私は力なく言った。シャルルが〝だから言っただろう〟というような目で見ないことをありがたいと思いながら。だが警備員をあんなに親しげに扱ったために、自ら招いたことだとシャルルが思っているのはわかっていた。

私が呼ぶと、イノセントは従順に部屋に入ってきた。

「イノセント」私は言った。突然、彼の名前の持つ皮肉に気づきながら。「これはだれの仕業？こんなことが起きたとき、あなたはどこにいたの？」

「私は外で裏にいたんです。マドモワゼル・ジャクリーン」彼は泣き声で言った。涙が顔を伝って流れ落ちた。「連中はあんまり静かで手早すぎたんです。たぶんあなたが出かけて、私が庭に出るのを見てたのかもしれない」

「どうして音をたてないことなんかできたわけ？」と私は語気を強めて訊いた。「あなたが何の物音も聞かなかったなんてことがどうしてありえるの？」

彼がうそをついているのはわかっていた。家も庭も、真っ昼間、イノセントが何も聞きつけないあいだに、泥棒が家に入って、寝室を見つけ、何もかも持って行くには小さすぎ、近すぎた。たとえ彼が庭にいたとしても、正面のドアはいつも鍵をかけていたのだから、泥棒が盗みに入るにはドアをこじ開けなくてはならなかったはずだ。

私は、自分で彼を問い詰めるより、だれかにまかせてしまいたかった。しかし警察には届けられない。おそらくイノセントを刑務所へ放り込むだろう――そうしたら何が起こるかわからない。私にできることは、何もなかったことにするか、警察を呼ぶか、それとも、自分で判事と陪審員になるかだった。三つとも嫌だったが、一つめと二つめは論外だった。

気分が悪くなりながら、どうしていいかわからないまま、私はしっぽをつかもうとした。

「シャルル」私は言った。「ユニセフ事務所に行って、警察を呼んでくれない？　私とイノセントはここで待っていて、警察が調べて、だれの仕業かわかるようにするから」

「だめです」イノセントは叫んだ。「警察は要らない。私がやったと思うでしょう」

私が警察を呼ぶようにシャルルにもう一度頼むと、イノセントは床にはいつくばって、自分は何も悪いことはしていないと言ったが、犯人の手がかりは何も示さなかった。

私は、もし自分がイノセントに親切にすれば、彼も応えてくれると思っていた。だが、外国人の私と、私がいずれはこの国を去ることを知り、ばかな若い女だと思っていたかもしれない地元の貧しい人間とのあいだで、相互関係の原則が働くなどと考えた自分は、何様のつもりだったのか。イノセントが私を信頼したことなどあったのだろうかと私は考えた。

イノセントを解雇するしかないのはわかっていた。シャルルも同意見だった。おそらくもう近所の人に売られたものもあり、信用を失くすのは危険だったし、私はイノセントに対する信頼を失っていた。持ち物を取りもどしたかったが、見込みが薄いのもわかっていた。それでもイノセントには、ここで働かなくなっても、家のなかのものが全部もどってくるよう願っていると言った。彼はまた涙を流し、出て行った。以来一度も見ていない。

月曜日、オフィスで私が一部始終を話すと、プルーデンスは、イノセントを解雇したのは正しかったが、警察に知らせなかったのは大きなまちがいだったと言った。甘すぎると言われる。

「ここでは評判がすべてです。ばかだと思われることになります」と彼女は言った。「ルワンダでは、好かれるよりも尊敬されるほうが大切——たぶん、実はどこでも」

「でも裁判制度は公正じゃないし、刑務所の状況はまったくひどい」と私は言った。「イノセントが、犯した罪よりずっと重い罰を受けるんじゃないかと心配だったんです」

彼女はただ頭を振った。

事件から一週間ほどたって、私は、近所の家で働く警備員の足もとに、私のスニーカーがあるのを見つけた。

「ちょっと」私は、ほほえみながら、しかしきっぱりした調子で言った。「それ、私の靴よ！　どこで手に入れたの」

「これは、おれのだ」彼は静かに、同じようにきっぱりと答えた。

「私のところから盗られたの」と私は言った。「盗まれたのよ。あなたのじゃない」

彼は瞬きもせず、私をじっと見た。防衛的であり、攻撃的でもあるような目だった。私は、具体的な働きかけをしなければ、押し問答しても始まらないと悟った。

「いくら払ったの？」と私は訊いた。こんどは前ほどきっぱりとした調子ではなかったが、まだほほえんでいた。彼が何も言わないので、もう一度訊いた。

彼は私を見て、視線を和らげた。「いくら払う？」

私はため息をつき、自分の靴に一五ドル払うと申し出た。一年以上はいたものだが、ルワンダでは買えない。

「二〇ドル」と彼は言い返した。

「一五ドル、でなければこの話はなし」と私は言って、歩きかけた。

「オーケー、わかった」と彼は言った。

私が振り返ると、彼は言った。「一七ドル」

私たちはそれで手を打った。

事件のことがいつまでも頭にひっかかっていた。私が弱いか強いか（これだって、だれから見るかによる）、イノセントが関与しているかいないかは別にして、信頼できる公的な裁判制度がないことを考えつづけた。イノセントは、ベーカリーの売上の一〇〇ドルで経済的にずっと安定したのはまちがいないし、それに私の持ち物を売ってどのくらい稼いだことか。でも彼がこれからだれかをほんとうに信頼することなどあるのだろうか。彼の子供たちは？

事件の数週間後に起きた出来事のおかげで、少なくとも、警察に飛び込まなかったのは正しかったと納得することになった。

ある朝、歩いて出勤していた私は、地面に横たわった、死にかけた男のまわりに人だかりができているのに出くわした。男は泥と血にまみれて、抗議でもするかのように頭を前後に弱々しく動かしていたが、一言も発しなかった。子供たちも含め、まわりに立っていた十数人は、男を蹴ったり、石を投げたりしていた。

私は、離れたところから見ていた女の子に、何が起きたのか訊いた。

「丘の上の家の一軒で泥棒しようとしたの」と女の子は言った。「でも警備員が聞きつけて、ほかの警備員にも知らせて応援を頼んだの。警備員たちはこの人をマチェーテ〔農林業に用いられる刃物。山刀〕で倒したけど、まだ死ななかったの。みんな、この人が死ぬのを待ってるの」

ルワンダでは警備員が応援を求めたら、近くにいる人はだれでも駆けつけることになっている。

来なければ、その犯罪に何かかかわりがあると思われる。気が動転した私は、ユニセフまで走って警察を呼んだが、警察が男性を収容するまで何時間もかかり、そのときにはまちがいなく生きていなかった。近所の人たちから現場で判決と刑罰を受けたのだ。オフィスアシスタントのダーメシーンが、男性の死を確かめた。

男性を殺した人間たちが告発されることはあるのかと私は訊いた。

「いいえ」穏やかな話し方をするやさしいダーメシーンは答えた。「死んだ男は悪人だった。泥棒していたんです。自分のやった犯罪の罰を受けただけです」

私がショックを受けたのは、犯罪に判決を下し、刑罰を科す、白か黒かの二者択一よりも、自分が目にした非人間性だった。有罪が証明されるまでは推定無罪という考え方はここにはない。男性はおそらく現行犯でつかまり、厳しい残酷な裁判がその場でおこなわれた。子供たちは、自分の親が被告の運命を承認し、加担するのを目にした。もしかしたら彼はまちがったときにまちがった場所にいただけかもしれないとはだれも考えなかった。

私にとっての大問題は、秩序を求めること――この国では明らかに優先されている――と、人間が自由を強く求めることのバランスをどうとるか、ということだった。自由と信頼の欠如が、一九八〇年代のルワンダでは、生活のほとんどすべてに浸透していた。当時はわからなかったが、この国に付きまといはじめ、わずか数年後に虐殺の火に油を注いだのはこの影だった。

同じころ、私が会った、あのハンサムな若いテニスのコーチがキガリを離れたとシャルルから聞いた。ＡＩＤＳで死が迫っているという。

「マラリアだと言われてたけど」シャルルは説明した。「だれでもいつでもマラリアだと言うんだ。

一緒にテニスをしたとき、もう病気だったにちがいない」
一九八〇年代の後半、キガリでは成人の三分の一がＨＩＶ陽性だった——三人に一人。しかし、だれもその話をしなかった。知っている人たちが亡くなっても、ＡＩＤＳについては沈黙が守られ、そうしたルワンダ社会の冷淡さのために、私のなかに疲労感が蓄積していった。

滞在は楽しかったし、キガリの大勢の人に深い共感も持っていたが、少なくともしばらくのあいだ、家に帰るときが来ていた。アフリカに住んで二年。苦難のスタートだったが、ルワンダで重要な地元機関になると思えるものを築く手助けができた。私は創始者パートナーたちのグループが好きだった。彼女たちが仕事をし、機関を所有し、これからも進めていく。プルーデンス、ジネット、リリアンは、強力な三頭政治だった。将来は明るく思えた。ベーカリーも繁盛していた。私の仕事は一段落したのだ。

私は友達のダンにそう話した。ダンと私はマイクロクレジットについて、またマイクロクレジットが家庭の食品購買力に対して持つ意味について、リサーチを終えるところだった。ダンは、最近はマラウィに行ってきたところで、〝世帯の食料確保〟に関する仕事で知られるようになっていた。マラウィは、隣国のモザンビークからの難民も含め、最貧層がほとんど飢餓状態にあるのに、トウモロコシを輸出していた。ダンは、どうすれば住民が自分で自分の面倒を見られるようになるのか知ろうとしていた。

私たちは、食糧援助の複雑さ、そして欧米諸国がいかに自国の農民を保護しているかについて、そのせいで危機のあいだに配られた食糧が、先進国で莫大な補助金をつぎ込んで作られる農産物ばかりだったことについてずいぶん話した。人々が飢えずにすむ、よりよい方法は、自分で自分の食料を手に入れられる方法を提供することだということを、どうすれば大機関に理解してもらえるのだろう。食糧問題を慈善的発想から切り離して、アフリカ農民自身の力をつけるという考え方に移行するには何が必要なのだろう。

私はもっと賢くなり、もっと多くの貢献ができる方法を見つけたいと思っていた。ルワンダから帰ったら、勉強するか、低所得層を雇用するビジネスを始めようと思うという私の話を聞いてくれたダンは、しばらく間を置いてから、ルワンダでの成果と、むずかしいところはあったにせよ、ここでの実り豊かだった生活を祝ってはどうか、と言った。

ダンの提案は、とびきりのディナーを用意して、ドレスアップしてシャンペンを飲むというものだった。私は空っぽになったクローゼットにニャミランボの仕立屋で作った何枚かのドレスを入れたところだった。

私たちは、豊富な品を目の飛び出るような値段でそろえている、外国人向けの贅沢な店、〈アリ・ルワンダ〉に入って、まっすぐシーフード売り場に向かい、海外から空輸された冷凍ロブスターを二つ買った。今晩はティラピアというわけにはいかない。クロワッサンとクラッカー、ナッツとオリーブも買い物かごに仲間入りした。小さいけれど、質のいいワインをそろえたワイン売り場には、フランス、イタリア、チリ産のワインがあった。極楽だ。

ダンが二本のドン・ペリニョンに手を伸ばしてかごに入れたとき、私はひるみ、値段を訊く勇気がなかった。

レジに行くと、太い二の腕をして青いスカーフを頭に巻いた大柄な女性が、大きな目で私をじっと見た。私は恥ずかしさのあまり目を伏せた。自分がつかのま、ニューヨークのライフスタイルにもどっていたことに気づいたからだった。ごちそう用の高い食べ物を買うのは、都会生活の一部だ。しかし女性の視線で、私は自分のいる場所に引きもどされた。一本六〇ドルする二本のシャンペンは、当時多くのルワンダ人の年収よりも高かった。

「シャンペンははずしてください」私はレジ係に言った。

私はダンを見て付け加えた。「これはやりすぎだわ、ダン」もちろん食べ物だって安くはなかったが、私の頭のなかでは、シャンペンを買えば、自分たちが本物のデカダンへの一線を越えてしまうように思えた。

ダンは私の腕にそっと手を置いた。

「シャンペンを飲んでごちそうを食べようって言ったじゃないか。好きだろ。最高級品だし。今晩は楽しもうよ」

ダンはシャンペンをレジ係の女性へもどした。私はそれをまた押しもどした。

「ほんとにシャンペンが飲みたいかどうかもわからないし」私は言った。「恥ずかしい気がするの。ここに住んでいるあいだに、こんなことをしていいのか、ちょっとわからないから」

ダンは私を見た。

「ある意味で妥当とは言えないのはわかってる。ぼくたちが仕事をしている相手は貧しい人たちで、きみもぼくも相対的にはこれ以上ないほど恵まれている。でも、自分じゃないふりをするのはよせよ。アメリカにいたらシャンペンでお祝いするんだろ。この仕事をして幸せで生き生きしていたいなら、自分のこういう部分と折り合いをつけて、仕事との矛盾を頭にたたきこんで、どうやっておさまりをつけるか考えるべきじゃないのか」

私はこの大切な友達が兄弟を早く失くし、哀しみに耐えてきたことを思った。社会変革への彼のコミットメントはいつも変わらなかった。きっと私の知らない何かを彼は知っているのだろう。

「それに」ダンは、いたずらっぽく付け加えた。「代わりに買うなら、いつもぼくたちがきっと飲めるワインにちがいないと自分に言い聞かせようとしてる、あのアルジェリアの赤い代物だよ。どっちにする？」

私は笑い、私たちはシャンペンを買った。車でダンの家へ向かいながら、年をとるほどややこしくなる選択の話をした。すべてにわたって、私たちはほんとうに恵まれている。すでに世界各地を訪れ、フランス大使館のパーティーに行けば極上のワインまで飲める。いちばん貴重なのは、パスポートのおかげで、好きなときに国を離れられること、不可能をなしとげられるという自信が持てることだ。問題はシャンペンを数本買うかどうかではない。特権を当然視せず、世の中と大きな目的に役立つように生かせるかだ。

その後、私は庭に小さなテーブルを置いてカラフルなテーブルクロスを広げ、ダンは小さなキッチンで、本物のごちそうを用意した。空は私たちのために最高の装いをし、澄んだ光の輝きがすばらしいシャンデリアになった。私たちはテーブルとまわりの地面にろうそくを灯し、夜咲きのインドソケイの甘い濃厚な香りを味わった。モーツァルトが流れ、私たちは人生とその矛盾を思い、生きているかぎり自分のできることをし、自己満足にだけは陥らないようにしようと乾杯した。レゲエに合わせて踊ると、小さな街に住むわびしさは消えていった。

翌朝、私は走りながら、何がドゥテリンベレを成功させたのか、自分は次に何がしたいのか、じっくり考えた。そしてビジネススクールに応募することにした。ドゥテリンベレは、たとえ資金を寄付で集めても、ビジネスとして運営しているときは成功した。一方、典型的な非営利団体として活動し、自分たちの使命に焦点を絞ることもなく成果を測ることもしなければ、たいがい失敗した。私は経営と起業のしかたについて理解を深めたかった。貧困層の問題で欠けているのがこれだった。ルワンダでは、金持ちになる道は役人になることで、起業家としてリスクを冒すことではなかった（もちろんいつも少数の例外はある）。私は最貧層の人たち――最貧層の女性たち――の信じられない潜在能力を見てきていた。女性たちが必要としているのは施しではなく、機会だけだ。

言うまでもなく、一九八〇年代にルワンダのような国からアメリカのビジネススクールに応募するのは簡単ではなかった。申込書を手に入れるだけで数週間。推薦状を頼むには、手紙を出して無事に届くことを期待しながら待つか、料金の高い電話をかけることになった。幸運にも、プルーデンスが推薦状を書くことを引き受けてくれた。それからGMAT試験、ビジネススクールの入学試験があった。ナイロビでの入試の日が過ぎてしまったので、次に近い場所、ニューデリーに行くことにした。冒険の機会にもなるだろう。

入試にもインドという国にも備えのないまま、私はナイロビに飛び、それからニューデリーまで夜行便に乗った。飛行機を降りた瞬間から、ニューデリーの強烈な香料を含んだ空気に魅了された。圧倒的な色、美しさ、官能性、そして香り。空港でさえ、明るい紫紅、ライム、明るい赤、そして黄色に包まれた女性たちが、宝石のように輝いていた。ここは好きになる。

自分がいまいる場所をどう見るかは、それまでどこにいたかによって変わる。ニューデリーで私はYMCAに泊まっていた。清潔で、一泊二〇ドルの部屋が花の咲き乱れる中庭を囲んでいる。私がそこで出会ったアメリカ人のカップルは文句ばかり言っていた。暑くて気がめいる、街が汚い、人が信用できない、食べ物が辛すぎる。私の経験はまったく違った。私は織物店で何時間も過ごし、誇り高い店主たちがさまざまな織り方についてうんちくを傾けるのを聞いた。信じられないほどの寛容精神に出会い、市場の喧騒を満喫した。色と絹に囲まれて息をし、女性の宝石や化粧、食べ物のなかの豊富なスパイス、ただそれだけに酔いしれた。どうやって一つの場所にこれほどの多様性と豊富さがありえるのだろう。

不朽のタージ・マハルを見にアーグラに行った。三〇〇年以上も前にこの傑作を建てたムガール文明を思い、何時間すわって見つめていても飽きなかった。大理石の壁と女性的な丸屋根の美しさ、壁に埋め込まれた石やルビーなどの宝石が織りなすビザンチン風の文様、沈む太陽を背にした霊廟《れいびょう》の刻々と変わる色彩、そのすべてに驚いた。この偉業がなしとげられたとき、アメリカはまだ揺籃期にあったと考えずにはいられなかったし、当時ルワンダで起きていたこととくらべずにはいられなかった。中央アフリカが記念碑とシンボルを作り上げるとしたら、どのようなものになるだろうか。たぶん、物理的な構造物ではなく、人が心と頭で達成するものだろう。

私は数週間、空調のない列車の二等でラジャスターン州をまわった。暑かったが、ジャイプールといった異国的な町々のある土地に魅了された。ピンクに染まる宮殿の壁。道を歩くゾウ。貧しげな女性たちさえ、いままで見たこともないすばらしい装飾品を身につけている。

列車が、ジャイプールの西にある、やや小さな町ジョドプールで故障した。私はバックパックを背に駅を出て、町のブラーフマナ〔ヒンドゥー教の最高位〕層の地区をあちこち歩いた。伝統的な紫がかった青に塗られた、小さなコンクリートの家が並んでいる。私はジャイサルメールまで行き、一日かけて砂漠のラクダサファリに参加したかったが、午後遅く駅にもどってみると、翌日か翌々日まで列車がないことがわかった。

地元の民宿で、主人と話した私は、ジャイサルメールまで行くつもりだったのに、ジョドプールで足止めされた不満をもらした。主人は、友達に頼んで、バイクで砂漠を抜け、サファリのところまで連れて行ってやると言った。正直ないい人に見えたので、申し出を受けた。ただ、行きに一日以上、帰りに少なくとも丸一日かかるという。

私のガイドは名前をチョウドリーと言った。頑丈で、ほとんど黒い目まで届きそうな黒い前髪と、きちんと手入れされた、幅広の顔に広がるほど豊かなカイゼルひげをしていた。ひょうきんで、何についても一言あった。頭に大きな水がめを乗せて歩いている女性がいれば、「ここでは水は命なんですよ」と言った。

私はどこでも水は命だと彼に言った。ナイロビのスラムのメアリー・コイナンゲのことを考えていた。

「でも水を運ぶのは女の仕事というもんです」彼は付け加えた。「太さの割には丈夫な首をしてますからね」

「ご立派な言い訳ね」と私はまぜかえした。道のりの美しさを味わいたかったので、旅を政治的な議論で始めていいものやら決めかねた。小さな村々とエメラルド色の田を通り過ぎていく私たちは、想像できるかぎりあらゆる種類の乗り物を道で見た。ろばや牛の引く荷車、大きなトラック、大使の乗った白い車、そしていろいろな色の人力車。ようやく私たちは砂漠にたどり着き、日が沈むまで走りつづけた。めざす行き先は、中庭で野宿させてくれるという家族の小さな家だった。

ラクダの手綱を引いた男を道の脇で見つけた私のガイドは、バイクを停めた。

「日が沈むから、ちょっとそこまでラクダに乗ってきませんか」と彼は言った。

しばらくバイクの後ろに乗らずにすむなら、と私は承知し、出発した。ラクダが砂のなかを軽々と進むにつれて、私は美しい模様と砂丘のある砂漠の広大さがのみ込めてきた。東アフリカの地形とはとても違う。

半時間ほどたって、ラクダはチョウドリーの命令で止まった。私たちは地面にすわり、チョウドリーが出してくれた飲み物を飲み、砂漠の音に耳を澄ませた。突然、彼が言った。

「ジャクリーン、一つお願いしてもいいですか」

「もちろん」と私は言った。「何?」

「砂に名前を書いてくれませんか」

私はほほえみ、ていねいに名前を書いた。

「じゃ、私の名前を砂に書いてください」そして彼は私にゆっくりと名前の綴りを言った。C・H・O・W・D・H・U・R・Y。

それから彼は二つの名前をすくって、その砂を自分のポケットに入れた。

「ラジャスターンには一つ伝統があるんです」と彼は説明した。「まず女性が砂に自分の名前を書く。それから、男の名前も砂に書く。そして男が両方の名前をすくって自分のポケットに入れる。それから二人は愛を交わす」

私はまわりを見回した。どちらを向いてもだれもいない。「ばかだ」私はつぶやいた。「まったくばか」

「チョウドリー、すてきな伝統だけど、それは私の伝統じゃない」

私は、すぐジョドプールにもどりたい、泊まるはずだった家には泊まりたくないと彼に言った。彼は、少しも抗議する素振りを見せず、ただ頭を振った。私たちはラクダにもどり、それからバイクにもどり、たまにお茶を飲むために止まったほかは、民宿まで夜通し走った。

夜道をバイクで帰るのは、いちばん賢明なやり方とは言えない。ライトをつけないトラックが幹線道路を疾走するかと思えば、大きな牛がどこからともなくバイクのライトのなかに現れる。なんとか帰り着いたが、ただ眼を覚ましているためだけに、知っている旅行の歌をほとんど歌い尽くし、埃まみれでへとへとになっていた。

独身の女が一人で旅行するのは、男性の一人旅とは違うのだと私は身にしみて知った。何も知らずに海外に飛び出したころとはもう違ったが、それでもまだ、あとのことはたまにしか考えず、ゆっくり物を考える時間も性格もないまま冒険に飛び込んだ。私は世界を変え、世界を知り、その欠点だけでなく美しさとすばらしさを愛するために来たのだから。

数週間インドのあちこちを訪れ、ほとんど勉強をしないまま、ニューデリーでのGMAT試験の日が来た。朝早く、アメリカ大使館の外で、何百人ものきびきびしたインド人男性と、私のほかには一人か二人の女性と、列を作った。

七時から一一時近くまで、外の照りつける太陽の下で、食べ物もコーヒーもなしに待った。ようやく中年のインド人女性がノートを手に現れ、予定より一〇〇人多く来ていると言った。あと数時間、余分の試験用紙が手配されるまで待たなければならないという。

ひょっとして、と彼女はやさしく訊いた。別の日に来られる応募者の方がいらっしゃるかしら？私はルワンダに住んでいて試験のためだけにインドまで来たのだと彼女に言うと、彼女はそれなら試験を受けられるが、待つ必要があるかもしれないと言う。二時間後、私はようやく盲学校のなかにいた。試験用に用意された施設ではなく、目の不自由な小さな子供たちが部屋を出入りし、試験問題に答えようと奮闘している私たちの机に時々ぶつかった。モンスーン気候の暑さに汗をかき、おなかがすいていることものどが渇いていることも考えないようにした。

試験が半分ほど終わったところで、女性たちの集会が週末のパーティーを開き、外のスピーカーから音楽をがんがん鳴らした。私は思わず笑い出し、試験全体を、自分がどこにいて、人生で何をしようとしているかという文脈に置き直した。

私は、評判のいい公共政策コースのあるスタンフォード大学でMBAを取ろうと考えていた。入れなかったら、別の道を行こう。私は、アフリカと世界の関係のこと、インドとの結びつきのこと、そしてどうにかして自分もその一端を担いたいと思っていることを考えながら、キガリにもどった。時間と新しい経験が要ると自覚していた私は、アフリカで二年以上を経たあと、帰国の準備を始めた。

アフリカを離れる前に、ニーラゴンゴ山に登りたかった。標高三四七〇メートル、中央アフリカで最も高い火山の一つで、ザイール国境にまたがり、ゴマの上にそびえている。キガリから車で四時間ほどだ。私は山歩き、山登りが大好きで、カナダ人のシャルルも同じだった。ほかの人たちがみなきちんと昼寝をしているあいだ、真っ昼間の太陽の下で運動する二人の北アメリカ人として、さんざん冷やかされていた。

ある金曜日、仕事を終えた私たちは、シャルルの小型のルノーでゴマへ向かった。キガリの通りを抜けていくと、横の市場には魚屋が軒を並べ、破れたジーンズとアメリカのボランティア団体から寄付されたTシャツを着た裸足の子供たちが大勢いる。ぼろ服の幼い子供たちが、ハーバードラグビーチームやプリンストンボートクルーの強さを誇るTシャツを着ているのは、悲劇的な皮肉だ。少年たちは、古いイギリス製の自転車の座席に〈タクシー〉と書いた段ボールの看板をぶらさげ、客を乗せて走っている。

ボブ・マーリーとキャット・スティーブンスを聞きながら、パッチワークのようなトウモロコシ畑とバナナ畑に覆われた小山を迂回していく。ロングホーン牛が車の脇をゆっくり歩き、後ろからは必ず、か細い脚の年端のいかない少年がこの大きな動物を押したりつついたりしながら追っていく。ギセンニを通ってキブ湖に近づくと、もう数え切れないほど見ているのに、ただその大きさと美しさに呆然とする。対岸のゴマでは、コロニアル風の白い古めかしい家々が、湖岸に沿って、刈り込まれた芝生に鎮座している。日焼けした漁師が立ち、くりぬいた木の舟を長い竿で押して青い水面を進み、夕方の獲物を待っている。水際から静かなさざ波が広がって、夕方の太陽は湖越しに柔らかい光を送ってくる。

ザイール国境が近づき、私たちは検問所の正式の閉鎖時刻に間に合うようにスピードを上げた。ルワンダ側の検問は簡単で手際よく進むが、ザイール側を通るにはいつも交渉が要る。税関職員と議論し、賄賂の支払いを拒否し、ようやく通行許可をもらったあと、またもや番兵に止められた。近くでビールを一杯やりに連れていってくれという。二人の兵士が後部座席に飛び乗り、一人は

ＡＫ－四七ライフルを膝にのせている。行先は小さな掘立小屋だ。冷えたビールに塩のきいたピーナツがあるのだ。私たちには言うことを聞くしかなかったという事実にはおかまいなしに繰り返し礼を言われ、兵士たちの冗談を聞かせられながら、私たちもビールに付き合った。

半時間後、私たちは道にもどった。暗い道で、てかてかの赤のズボンと黄色いシャツを着た一人の男の子が、赤ん坊をおんぶした明るい色の服の女性たちの脇を格好つけて歩いていた、その横を通り過ぎた。風そのものが歌っているようだった。国境を越えると、カンザスを出てオズの国にやって来たような気がする。鮮やかな天然色の世界。

私たちの車は、未踏の土地を行く戦車のように、くぼみを抜けてのろのろと進んだが、数分でゴマに着いた。主にダンスクラブで知られる物憂い町。ホテルのベランダからは、霧の向こうに火山の荒涼とした稜線が黒々と見えた。すぐ外の暗がりに、踊りに行く途中の少年たちのてかてかする色とりどりのポリエステルの服が見分けられた。暗いなか、母親と一緒に歩いている小さな子供たちの脇を、子ヤギがぎこちない足つきではねまわる。

ホテルで夕食をすませ、踊れる場所を見つけた。暑くて暗い小さなナイトクラブ。人がいっぱいで、汗と香水に酒とタバコが入り混じった、甘くて煙い匂いがした。ぴっちりしたサテンのドレスを着た女性たちが挑発的に腰を振るなか、しびれる声のＤＪがアフリカ訛りのフランス語に英語とスワヒリ語のスラングをちりばめながら、マドンナやボブ・マーリー、アフリカ音楽をかけまくる。私たちは朝の四時まで踊りに踊り、登山は日曜に延ばすことにした。翌日は田舎を見てまわるためだけにとっておく。

私はザイールの悲劇のことを考えながらベッドに入った。一九六五年以来大統領の座にあるモブツ・セセ・セコは、スイスに五〇億ドルの個人資産を持っていると言われていた。大方は、特にアメリカ、フランス、ベルギーからの援助資金のおかげだ。腐敗と誤った国家運営のため貧困と混乱が広がり、教育も行き届かない。私は、一緒にアメリカに連れて行ってくれと年端の行かない少年に頼まれたことがあった。私が金持ちだからだという。

「私がお金持ちだってどうしてわかるの？」と私は訊いた。

「そりゃ、アメリカの人ですから」

「でも私はお金持ちじゃないのよ」と私は言った。「アメリカ人だからって私がお金持ちだっていうことにはならない。アメリカにはいろんな人がいる。お金持ちも貧乏な人も」

「ザイールではみんなとても貧乏です」と少年は答えた。

「大統領は貧乏じゃないわ。とてもお金持ちでしょう」と私は言った。

「そうです。でもね、大統領ですから！」と少年はきっぱり言い切った。

すぐ朝になり、私は大登山の前にのんびりする日があってよかったと思った。ただし登山を日曜に延ばしたので、夜、国境が閉まる前に通らなければというプレッシャーがきつくなったのはわかっていた。マンゴーとバナナ、それに濃いコーヒーで朝食をすませ、川沿いに、草ぶき屋根の小屋が並び、アロエと明るい赤のハイビスカスに囲まれた小さな村々をまわった。自由を満喫する私たちは、歓声を上げ、大きな声で笑った。当時は、ルワンダ虐殺のあと、ゴマにルワンダ難民が集中することになるなどとは思いもよらなかった。ゴマはまた、これから私たちが登ろうとしているニーラゴンゴ山が二〇〇二年に噴火したとき、町の半分近くが破壊され、五〇万人が家を失うという被害を受けた。でも当時は美しさに囲まれたシンプルな場所だった——ルワンダに欠けている自由の感覚を取りもどさせてくれるのにぴったりの処方箋だ。

広く開けた畑、広大な青い湖、棒きれと泥でできた、草ぶき屋根の丸い小屋が並ぶ小さな村々。女性たちが集まってすわり、ピーナツを日に干している。子供たちは道路脇に走り寄り、私たちに手を振って「ハロー、ハロー」と叫ぶ。サファリ公園を見つけ、キリンやアンテロープ、バッファロー、サルと広大な自然に驚きながら何時間も過ごした。保護区のロッジでビールを何杯か飲んだあと、どのくらい遅いかにやっと気づいた。空は暗く、ゴマのホテルまで四時間かかる。

シャルルの車は、暗い夜のなか、土の道を飛ばした。ルノーのヘッドライトが細長いユーカリの木を照らし、その影を踊るお化けのように映し出した。二人とも口数が減り、猛スピードで向かってくるトラックやうろついている強盗に目をこらした。突然、ヘッドライトの明かりのなかに、大声で鳴くゾウが飛び込んできた。大きな鼻を高く上げ、私たちの目の前で道路に突っ込んできたのだ。シャルルが急ブレーキを踏み、車はゾウをよけて停まった。心臓がドキドキしながら、私たちは一頭の怒れるゾウが走っていくのを見ていた。

ようやくゴマに着いたときは真夜中近かった。ホテルの食堂は閉まっていた。食べ物が見つけられる場所は一つしかない。ナイトクラブだ。出かけて行った私たちは魚とフライドポテトを食べ、また朝の三時まで踊った。

夜明けの空は、前日とはまったく違っていた。厚い雲が嵐を予告し、空気は湿気を含んで重くなっていた。私たちはへとへとで、登山用の服装も装備も整っていないうえに、日曜の早朝で、朝食に何も見つけられなかった。

「あの巨大な火山に登ろうなんて、頭がどうかしてるかな」とシャルルはふざけた。答えを知りつつ、彼は付け加えた。「深刻に考えないようにしような」

ニーラゴンゴ山はゴマからほんの十数キロだ。私たちはすぐに着き、指定の場所でガイドのアルフォンスと落ち合った。小柄な引き締まった体で、青みがかるほど黒い肌に仏頂面、軍の迷彩作業服を着て揃いの帽子をかぶり、肩にAK‐四七ライフルを背負っている。笑うのは見たことがない。この人がのんきな登山に連れて行ってくれるわけがない。

アルフォンスは、二人とも強いか、速いペースについて来られるかと訊いた。

シャルルは答えた。「問題ない。絶好調だ。彼女は毎日走ってるし、ぼくはテニスをやってる」

まちがった答えなのはわかっていた。大変だ。

アルフォンスは一言も言わなかった。ただ、彼のおこなう新兵訓練キャンプに入れてくれた。きびきびと優雅な、私たちの寡黙なガイドは、ゆうに一メートルはある歩幅でペースを刻み、私は歩くというより走らされることになった。ほとんど息もできなかったが、景色には圧倒された。竹やぶ、さまざまな種類の黄色やオレンジの強そうな花。少なくとも登山道の最初の三分の一は、厚い木の天蓋に覆われていた。

五時間の登りの第二、第三段階に入ると、空気はぐっとひんやりしてきた。汗でぐっしょり濡れたタンクトップとショートパンツは、こうした条件には向いていなかった。まだ密生し、ところどころ紫や黄色の花をつけている高山植物地帯を通って、重い足取りで進む。頂上に近づくと、山肌はごつごつしたむき出しの岩になった。片方の足をもう一方の足の前にゆっくりと置きながら、黒と灰色の火山岩を登っていく。私は寒くて震えが止まらず、アルフォンスがこの登山に備えて緑の軍服のセーターと帽子、長ズボン、ブーツを身につけているのに気づいたときにどうして注意を払わなかったのかと自分に腹をたてた。

それでも、頂上まで来た甲斐があった。巨大な火口は、一面、さまざまな色合いの灰色と茶色と黒の岩で、割れ目から蒸気が噴き出していた。一四年後の噴火は、周辺一帯の地形を一変させることになる。

登頂を祝って、ありったけの食料を三人で分けた。ベルギーチョコレートのかけらと二つのゆで卵。一本だけ持っていた水筒の水はとっくになくなっていた。

そして冒険は始まったばかりだった。数分もたたないうちに、灰色の空が明るい白になり、ゴルフボールほどの大きさもあるひょうが降ってきた。私はどうしようもなく震えはじめた。唯一の脱出方法は、山を駆け降りること。転ばないように無駄な努力をしたが、足をすべらせ、火山の鋭い表面でショートパンツがかぎ裂きになった。

ようやく、植物の生えている高度までもどってくると、滝のような雨が落ちてきて、登山道は、ももまで泥水が流れる川になってしまった。それでも私たちは、転ばないように手をつないで歩きつづけた。下から三分の一のところに近づき、雨がようやく小降りになったと思ったら、崩れてきた木と枝のかたまりが道をふさいで、三メートルぐらいの壁ができていた。

ずぶぬれネズミのような格好の私たちは、笑うべきなのか泣くべきなのかわからないままそれを眺めた。私は、一分でも前に進まず立ち止まっているのが耐えられない気がして、体ごと枝のなかに飛び込んだが、やぶにはまって、両足を上から下まですりむいただけだった。ほかにどうしようもなく、結局、乗り越えることにし、枝を折ったり落ちたりしたが、どうにか反対側にたどりついた——これで帰れる。登りはじめてから九時間近くたって、道路に着いた。少々疲れていたが、平らな地面に立つのはうれしいものだ。

五時過ぎで、ルワンダ側の国境検問所が閉まる七時までに着くには、ザイール側に六時一五分か六時半には着いていなくてはならない。しかし私たちは空腹で、私はどうしようもなく震えていた。アルフォンスは、その日初めての温かいしぐさで、私の額に手の甲をあてて、私が低体温状態になっていると言い、スープを飲ませてもらえる場所を知っているからそこへ連れて行くと言い張った。

スプーンを持つのさえむずかしかったが、あれほどおいしいスープは飲んだことがなかった。アルフォンスに礼を言った私たちは、車に飛び乗って国境へ急ぎ、なんとか間に合った。

翌日は二人ともほとんど歩けなかった。けれども回復すると、自分たちがどれほどちっぽけな存在かを火山に思い知らされたとはいえ、二人とも自分たちがやったことにすっかり舞い上がった。

私は同じように、準備のないままアフリカに来た。行程表も道具もなく、装備は不十分で、身を守る重ね着もしていなかった。山は私を打ちのめし、試し、さらにまた試した。そしてシャルルと私が死にそうになったあと、青空と、顔を照らす太陽の光をさんさんと送ってくれて、おまけに見知らぬ人の親切までついてきた。

火山と同じで、アフリカは一瞬で人の度肝を抜く。洪水と日照りと病気を、ときには同時に投げつけてくることもある。そして次の瞬間、そのすばらしい美しさで人をとらえる。だから忘れはしなくても、許す気になってしまう。結局は、まだ足りなくてもどってくるのだ。

第8章　新しい学習曲線

われわれは、過去の集積によってではなく、未来への責任によって知恵を得る。
――ジョージ・バーナード・ショウ

キガリで一二月はいつも、家族や雪、クリスマスツリー、クリスマスキャロルを恋しく思っていた。だが自分がもうすぐキガリを離れると知っていたこの年は違った――ほろ苦かった。ルワンダの美しさやともに働いた女性たち、大冒険、そして生活全体のシンプルさを自分がどれほど懐かしく思い出すかわかっていた。

ジネットと私は、友達全員が集まるパーティーを開いた。肉屋の包み紙で作った雪だるまを、彼女の家の壁のあちこちにテープで貼った。壁紙は、当時人気があった装飾にならって、床から天井まで熱帯風の絵柄だったが。クッキーを焼き、ウォッカとパッションフルーツジュースでパンチを作った。友達、同僚たちは最高におしゃれをして現れ、踊った。運転手のボニファスは、ユニセフの青い制服を着ていないと、ほとんど別人のようだった。ドゥテリンベレのロゴをデザインしてくれたディユー・ドネは、ザイール風の服を着て、踊り明かした。プルーデンスとリリアンも夜どおし踊ったはずだ。もし私が指を何本も骨折しなければ。

私はラインダンス風に踊る子供たちを率いて、サイモン&ガーファンクルの「セシリア」を歌いながら後ろ向きに歩いていた。何人もの子供たちの目が丸くなるのに気づいたときには遅すぎた。家の前にあった一メートル半ほどの深さの水路に落ちかけていた。着地するとき、片手の甲をしたたか打ちつけ、その瞬間、骨が折れたのがわかった。

隣家の人が医者だったので、ジネットは助けを求めた。すぐに来た彼は、私の手を取って、一本の指をぐいと引っ張り、痛みのショックが全身に響いた。私が悲鳴をあげて手を引っこめると、医者は私のことを〝とてもデリケートな女性〟にちがいないと言った。

「ルワンダ女性とは違いますな。ルワンダ女性はそれは強い」と彼は言った。「子供を産むときでさえ、声を出しませんから」

私は鍛えられている気がしたが、痛くないのに痛いと言っているわけではなかった。

彼が二本目を引っ張ると、吐きそうになった。「やめてください」と私は言った。「折れているにちがいないですから」

聞こえなかったかのように、彼は中指を引っ張り、私はもどした。ようやく彼は、朝になったらどこかで診てもらったほうがいいと言った。

この国で過ごすのも残り一日となった日、私はキガリの病院で、AIDSとマラリアの患者に交じって待っていた。自分がいかに恵まれ、ここには課題がいかにたくさんあるかを思いつつ一時間過ごしたあと、医者がレントゲンを撮って、指の真ん中できれいに折れている三本の骨を見せてくれた。それから、指から肩までつながった、重たい、ものすごく大きなギブスをはめてくれて、治療費は二ドルだった。

その日の夕方、ドゥテリンベレの女性たちが送別会を開いてくれた。えび茶色のエレガントな服を着たプルーデンスが、豊穣を願う金のネックレスを手渡し、たくさんの子供に恵まれるようにと祝福してくれた。ほかの女性たちは、美しいキルトを贈ってくれた。ルワンダでの私のお気に入りのシーンを明るい色で描き出した絵を縫い合わせたものだ。真ん中にドゥテリンベレのロゴがあり、脇には、ブルー・ベーカリーや、読み書きを習う子供たち、うねっているルワンダの山々、市場、そしてピンクの服を着た囚人たちも描かれていた——罪を犯した人に着せるのにルワンダ政府が淡いピンクを選んだのはおかしいと私が話していたからだという。

「私たちは手を携えて、すばらしいことをなしとげました」とプルーデンスはみなに向かって言った。「私たちが作った機関は、女性がどのような能力を持っているかを、ルワンダとそして世界に示すでしょう。女性に投資するのは、家族に投資することだと学びました。この仕事と女性の連帯によって、ルワンダは強くなっていくでしょう」

一瞬、私はアメリカへ帰る飛行機をキャンセルして、ここに残り、こうした夢が完全に実現するのを見届けたい気がした。現実には何十年もかかるのはわかっていたけれど。私のなかで、自分がルワンダを、というよりアフリカを離れることを信じていない部分が大きかった。あまり長く離れることにならないと思っておいたほうがいい、とジネットに言われた。アフリカが私の一部になっていることは明らかだからという。私は頭を振って、少なくとも数年はもどってこないつもりだと言った。

アメリカへ向かう機上で自分が声を立てずに涙を流しているのに気づき、初めてアフリカに来たとき、もっと若かった自分が飛行機で泣いていたことを思った。私がいた場所は私を大きく変えた。私がその場所を変えた以上に。そして私は、一つの小さなグループが世界を変えるために何ができるかを見た。この経験は何物にも代えがたかった。

バージニアの家にもどった私は一月に、スタンフォード大学のビジネススクールに入学を認められていたことを知った。学期の始まりまで九カ月あった。

家族とともにいられるのはよかったが、〝故郷〟は外国のような感じがした——アフリカ政治についての関心を共有する人はほとんどなく、私がアフリカで知り合った人たちのことをあまりたくさん話すと、友人たちの目が丸くなっていくのがわかった。

私は短期のコンサルタント業務を探しはじめた。私をアフリカに連れて帰ってくれる何かを。いくつかのコネを通して、世界銀行で、農業、女性、西アフリカに取り組む契約を得た。数週間のうちに、ガンビアでのプロジェクトの担当に任命された。西アフリカのフランス語圏にある農業国ガンビアは、セネガルの真ん中にある地峡で、戦略的に重要なガンビア川流域の一角だけを占める。列強による植民地の線引きが、そこに住むアフリカ人には意味があったかもしれないものについて、どれほど無神経だったたか、よくわかる。

私の仕事は、世界銀行からの一五〇〇万ドルの長期低利融資について、ガンビア農業省に協力することだった。高給取りのコンサルタントが何カ月もガンビア政府とともに提案作りをしたが、数十万ドルものコンサルタント料にもかかわらず、ガンビア政府も世銀自身も、最終的に出された提案が適切とは考えなかった。私が頼まれたのは、提案を見直し、ガンビア政府と世銀の双方が満足のいくように作り上げることだった。世銀のコンサルタントに払われた額にくらべればすずめの涙のような資金でドゥテリンベレが二年以上も運営されたのを見てきた私は、別のやり方でやろうと決意していたが、どこから手をつけるべきかわからなかった。

業務は、ワシントンDCにある世界銀行本部のオフィスで始まった。私は地球のあらゆる場所から来た人たちがホールを歩くのを見るのが好きだった。男性も女性も学識が高く、みな開発途上地域の支援に取り組んでいる。私は世銀の欠点――トップダウン式のやり方、政府に直接貸付をしなくてはならないためにあまりに多くの失敗につながってきたこと――を承知していたが、重大な開発ニーズを抱えた国々の支援を唯一の使命とする強力な機関が、どれほどの潜在力を持つかもわかっていた。

ガンビアの女性農業従事者向けの提案を見直すのが仕事だったので、私はガンビアでの世界銀行のこれまでの活動、特に女性農民に関するものについて、見つけられるものはすべて調べた。たとえば、このようなものがあった。世銀は、米産用の灌漑《かんがい》プロジェクトに、一〇年以上をかけて、二〇〇〇万ドル以上、注ぎ込んでいた。初期の覚書は、灌漑技術への投資がガンビアの主要食糧作物である米の生産性を大幅に高め、それによって子供の栄養状態も、増えつつある農民の収入レベルも大きく向上すると論じていた。発想は理にかなっていた。ガンビアは海に面した国だが、生産性向上には灌漑が必要で、初期のコスト・ベネフィット分析では、収穫が一〇倍以上に伸びる可能性が示されていた。

専門家がどうしてこれを名案だと考えたのかはよくわかったが、灌漑プログラムへの長年の投資は、破滅的な結果にしかつながっていなかった。米の生産量は実際には減少し、この地域の女性と子供の健康状態は悪化した。低年齢の子供の死亡率はむしろ上昇していた。土地を灌漑すれば農業生産性が向上するという論理にもかかわらず、数千万ドルはほとんどどぶに捨てられたようなものだった。

そこで起こっていたことは、従来型援助の典型的なケース、まさにこうしてはいけないという見本だった。プロジェクトがスタートした一九七〇年代を想像してほしい。世界銀行から善意の農業専門家と農業技師が派遣されて、食糧生産を増加させる、洗練された灌漑システムの設置を支援する用意を整えてガンビアに入る。こうした男性たち（当時、世銀のスタッフはほとんど男だった）は政府を相手に交渉し、プロジェクトに参加する農民も政府が決める。プロジェクト参加者はたいてい男性だった。ところがガンビアでは、男性は主要な換金作物であるピーナツを栽培し、米を栽培するのは女性の役割だ。ではなぜ男性に限るのか。灌漑は技術を使うからであり、技術は男性の領域と目されていたからだ。

農民は灌漑用パイプを設置し、土地を耕すが、自分の水田のことを知らず、米の生産量は時とともに減少した——灌漑が必要なかったからではなく、米についても新技術についても経験のない人間が管理したからだ。驚くべきことは、お粗末な成果ではなく、長いあいだ、プロジェクトの問題を解決するための努力がほとんどされてこなかったことだった。

自分が見直すことになる提案を読んだ私は、暗い気持ちだった。ほとんどの資金は無償提供プログラムに振り向けられていたが、無償提供は失敗するに決まっていると私は考えていた。たとえば、女性の労働を軽減するためのトウモロコシ製粉機の購入に一〇〇万ドル。従来、西アフリカ女性は、手でトウモロコシを挽くために何時間も働いていた。この厳しい作業を軽減すれば、収入を得る仕事も含めて、ほかのことに使う時間が得られる。理論的には、労働を軽減する技術の提供は理にかなっているが、理論だけではだめなのだ。まさにこうした善意のプログラムが悲惨な失敗をするのを私はもう十数回も見てきていた。

典型的なパターンとしては、援助関係者が製粉機の設置を支援し、地元の地域社会がそれを動かす。ただし製粉機が壊れるまでの話で、いずれは必ず壊れる。修理の仕方を知っている人がほとんどいないので、壊れた製粉機は役に立たないまま放置される。ディーゼル燃料の不足で、製粉機を動かせなくなる村もある。そのうえさらに、日本政府がガンビア中の女性グループと村々に何千台もの製粉機を寄付したばかりだった。世銀の新しいプログラムがさらに何千台もの製粉機を提供するという発想は、ばかばかしい限りだった。

書類の全プログラムのなかで、一つだけ際立ったものがあった。実験的に貸付をして、女性農民に効率よく肥料を売る試みだ。私はケニアとルワンダで、家庭の食料確保の重要性を見てきていた。農家は、農業をするか、食べ物を買うのに十分な収入を稼ぐか、どちらかの方法で家族を養う必要がある。インドの〝緑の革命〟〔一九四〇~六〇年代におこなわれた、品種改良や化学肥料の導入による大幅な穀物増産〕は、よりよい資材——種子と肥料——が農業生産を劇的に増加させられることを示していたが、こうしたものが小規模農民の手に入ることはめったにない。生産性を向上させられる資材を用意すると同時に貸付を受けられるようにする、という発想は強力だった。

依然として提案への疑問はたくさんあったが、次のステップはガンビアに行って、自分の目で見ることだというのがわかった。ほんとうを言うと、アフリカが懐かしく、ルワンダを離れてまだ数カ月でもどれることにわくわくした。

ほとんど乗客のいない飛行機で西アフリカの海岸線の上空を飛び、ガンビアの首都、埃に煙るバンジュルに到着した。見渡すかぎり平野の広がる、ターミナル一つだけの小さな空港だ。滑走路に降りた瞬間、重く熱い空気の波が顔にあたり、アフリカのこの平坦な熱帯地域が、ルワンダの山地やケニアの乾燥したサバンナとどれほど違うかにすぐ気づいた。

話好きのタクシー運転手が、ヤシの木の並ぶ海岸からすぐのところにある、瀟洒《しょうしゃ》なバンガロービーチホテルに連れて行ってくれた。本館は白く塗られていて、私の小さな部屋は水際にあり、部屋に行くには美しい熱帯植物の庭を通って歩いていく。プール脇には、草ぶきの屋根の下に小さなレストランがあって、ホテルの敷地は、色とりどりのきれいな鳥でいっぱいだった。私の部屋の窓の外に立っている木には、楽しげに歌いながら巣を作っているハタオリドリがたくさんいた。私は着いた瞬間からまた自由を感じた。

数日後にチームメートに会った。ダンカンは、黒っぽい髪に眼鏡の、背の高いエンジニアだった。半袖シャツの胸ポケットにはいつも鉛筆が入っていて、巨大なブリーフケースを持っている。私たちはプールサイドにすわって、〝任務《ミッション》〟について話し合った。世界銀行からガンビアへの一五〇〇万ドルの長期低利貸付のための現実的な提案の作成。リーダーに指名されていた私は、二人が与えられた仕事と以前におこなわれた仕事についての懸念を話した。説明責任の欠如が問題で、生産性にほんとうの変化が見られるという確信が持てないかぎり、たとえ無利子でも、あと一五〇〇万ドルのローンを組むのは、この国にとって何の利益にもならないと感じていた。

ダンカンも同じ意見で、私たちは翌週からの仕事にどう取り組むか話し合った。会える人とはだれとでも話し、農村地域に出かけ、農民に会い、政府閣僚と懇談し、できるかぎり公平で慎重であること。私たちはガンビアの人たちのために公正なことをしようと決心していた。それが私たちの仕事だ。

私たちはバンジュルで一週間ほど過ごした。バンジュルはガンビア川河口の島にあり、本土とは橋で結ばれている。街の通りには、ボンベイの商業街を思わせる、アーチ付きの路地があり、二階建ての建物の前は商品を売る商人でいつもいっぱいだった。女性たちが、たいてい照りつける太陽をさえぎるための急造テントの下で、色とりどりの蝋結《ろうけつ》染めの布地や金銀の宝石、かご、野菜を売っている。ただ、こうしたちょっとした商取引はあるものの、国民の大半の生計を支えているのは農業だった。

地方の農家を訪ねるために首都を離れるとき、ダンカンと私は八人の女性が道路脇に並んですわり、炎天下で牡蠣《かき》を売っているところを通った。牡蠣はマングローブ林のなかで採れる。ガンビア川の岸に沿って、根と植物がからまるように集まっているところが広い湿地になっていて、漂積物だけでなく、新鮮な牡蠣がいるのだ。

「おいしい牡蠣一個一ダラシ！」

一人のやせた女性が私たちの車に向かって叫び、その顔に満面の笑みが広がった。私はまちがいなくアフリカにもどってきた。大半の人がのしかかる貧困に直面しているのに、限りない意気込みが感じられて、私にエネルギーを吹き込まずにはおかない。

村の一つで、私たちはハディと会った。四〇代とおぼしき肥料小売業者で、忘れようにも忘れられない、わが道を行く女性。地元の農民を知り、セールスの心理学を心得ていた。堂々とした体躯を、濃い紫の、ゆるやかに垂れた丈の長いドレスに包み、両手に大きな金銀の指輪をはめている。パンパンに詰まった肥料袋の上に堂々とすわった彼女は、だれよりもよく知っていることがある——あるいは少なくともそうだと思っている——ことからくる自信にあふれていた。一九年懸命に働いたあとで起こした事業は、だれから見ても文句なく成功していた。私は、何カ月もオフィスで専門家の話を聞いて知ったことよりも多くのことを、一日で、この印象的なセールスウーマンから学んだ。

私は、大きな開発銀行や商業銀行を通して、肥料のような資材のための貸付を提供するという提案について、世界銀行の同僚が意見を求めているのですが、と言った。

「ばかばかしい！」とハディは言った。「第一に、銀行は住んでいるところから遠すぎるし、第二に、銀行のことなんかだれも信用していない。それに、たいがいの銀行は私らみたいな農民と取引したいなんて思ってやしない。大きな農家だけありゃいいんだ。小農はうちみたいな小売のところにきて、作物を植えたり肥料をやったりするのに必要な金を借りる。現金がないから、収穫があるまで借金頼みで、金は後払いだ」

「でも、農民が返済することをどうしてあてにできるんですか」と私は訊いた。

「ここは狭い世界で、みんな顔見知りだからね。もっと金を持ってたら、もっと貸せる。うちを信用していいよ。だから、ね。あんたたちはハディにまかせりゃいいのさ。金はまちがいなく返させるから、あんたたちにも返せる」

「あなたが公正な取引をしているとどうしてわかるんですか」と私は訊いた。

「農民たちが何て言うか聞いてみればいい」と彼女は答えた。「自分の国を変えたいんだよ。あんな大きな銀行より、うちのほうがずっと役に立つってもんだ」

私は彼女を疑わなかった。少なくとも出発点になる。

この発想が理にかなっているのは、自分の懐が傷むことはないコンサルタントの援助ではなく、地元の人たちの強さを頼みにするからだ。すでに機能しているものの上に積み上げるチャンスなのだ。ほかの農民や地元の流通業者と話したあと、私たちは提案を書きあげ、農業省のプロジェクト調整委員会に提示する用意を整えた。提案は、地元農民の問題に対処するために、各地に貸付・流通システムを作る、というものだった。発想はシンプルで――私たちはうまくいくと信じていた。

一階の屋根のない玄関で、私たちは委員長の女性に会った。委員会は、彼女の殺風景な白いオフィスで開かれる。彼女は、けばけばしい黄色とブルーの巨大なドレスに包まれ、警官がするようなミラーサングラスで目を覆い、大きな机の向こうにすわっていた。欲にかられた人間のように見えた。

私が冒頭の発言を終えないうちに、委員長が割り込んできた。

「なぜ女性向けの小売ネットワークを築こうとするんです?」と彼女はぞんざいに訊いた。「貧困層のなかでも最貧層に属する女性を置き去りにすることになりますよ」

貧しい農民に届くためにこそ、民間部門を後押ししようとしているのだと私は説明した。貧農のために市場を機能させられる方法が見つかれば、彼らは、肥料や種子といったものへの投資を増やし、収穫があったときに返済できる。援助機関がものをくれるのを待つことはない。貧農に届くには、慈善を超えた発想が必要だと私は話した。農民自身が市場に関心を持っているのであり、何年も自分で生計を支えるのを支援する解決がふさわしい。

委員長は、地元の流通業者を通じて仕事をするのか、それとも銀行を一から作るのかという点を理解しなかった。彼女は貧しい人たちへの貸付をまったく信じていなかった。話は振り出しにもどった。

「事業をやっている女性に貸付をしても、最貧層の農民を助けることにはならない。事業をやっているなら、そんなに貧しいわけはないでしょう」

すでに事業をしている女性たちを支えれば、多くの人にとって有益だと私は説明しようとした。それに、私たちが話をしたビジネスウーマンはどんな基準からしても金持ちとは言えない、と私は言った。

「われわれの支援を必要としているのは、貧しい人たちであって、ビジネスウーマンではない。貧しい女性農民には、あなたがたの貸付を返済する余裕はない。もっとお金を手に入れて初めて、もっと豊かになるんです」

委員長の言葉の後半は議論しようがない。しかし私はこの循環論法からどうやって抜け出したらいいかわからなかった。私の言うことには聞く耳を持ってもらえず、委員長は貧しい人間がもっとお金を持てば、もっと金持ちになると繰り返すばかりだった。

「こうした無償提供プログラムの実績を少しご覧になってください」私はくいさがった。「故障した製粉機、二〇年も労力と資金を注ぎ込んだあげくの生産減少。これが正しいはずがないんです」独善的な態度が強すぎたかもしれない。怒りが増してくるのを感じていたからだ。「農民にとってうまくいくには、農民自身が所有するようにするしかないんです。自分が努力して、自分で生活をコントロールできて、それで自分の生活がよくなるのを見ることしかない。無為に行政を待つのではなく」

「あなたはわが国のことをご存じありません」彼女はぴしゃりと言った。

「そうです」私は同意した。「おっしゃるとおりです。でも農民の話を聞いてきました」

「では、あなたがガンビアのことを知らないというのはきわめてはっきりしていますね」

彼女は言い、書類を閉じた。会議は終わった。

農業省に同志がいたので、私たちは肥料プロジェクトを推進した。一五〇〇万ドルの提案を一〇〇万ドルに減額して、実験的に、自立した持続可能な肥料流通システムを築く資金援助にしようとしたのだが、結局却下された。一五〇〇万ドルの提案作りにあまりに多くの資金がすでに注ぎ込まれていて、一〇〇万ドルでは正当化できないらしかった。最終的な貸付の書類は見なかったが、どうすれば成功のチャンスがあるのかだれも説明できないにもかかわらず、元どおりのプログラムの多くが入れられたと思う。

世界銀行の仕事では欲求不満がたまったが、いい経験だった。すばらしい人たちに大勢出会えたし、資金提供の意志が地元経済にダメージを与えかねないプログラムにどうつながっていくか、より深く知ることができた。自分の信念も再確認できた。重要なのは、成功をめざすまっとうな意欲を持てるような構造を築くこと、ハディのようなほんとうのビジネスリーダーを見つけて、そうしたリーダーが自国民に貢献できるような道具立てを提供することだ。私はもっとしっかりした経営スキルを身につけようと強い気持ちを持って、スタンフォードに向かった。ビジネスを理解することは、変化のためのシステムを築く基礎になるという確信があった。

車でアメリカを横断する一人旅を経て、スタンフォード大学ビジネススクールの講堂にいると、まったく別の宇宙に降り立った気がした。多くの意味で、たしかにそうだった。キガリとくらべると白パンのようなパロアルトの町で、私は突然、同じ言語を話し、時間どおりにミーティングに現れ、自分が世界を変える力を持っていると信じている人たちに囲まれていることに気づいた。肩の力を抜くことができ、それまでの人生でこれ以上恵まれていると感じたことはなかった。

それでも私はアフリカの多彩な色、朝早く直火で料理する匂い、こちらからあちらへ移っていく紫色の雨の景色が懐かしかった。人々がお互いを抱きしめるシンプルなやり方。ビジネスの話に入る前に、家族はどうか、一日はどうだったか、健康はどうかといつも訊いてくれること。子供たちが小さなせんすをひらひらさせるように手を前後に振ってくれること。自分が知り合ったあんなにも多くのアフリカの人たちの楽観主義と粘り強さが懐かしかった。毎日のいろいろなものに美しさを見出せることが懐かしかった。ルワンダのぬかるんだ道さえ懐かしかった。友達のジネットが、穴だらけのでこぼこしたぬかるみ道をキガリ空港まで送ってくれるときに予言したとおりだ。

なかでも、自分が役に立っているという感覚が懐かしかった。

「人類学者になるはずだったのに、ベクトル分析とかブラック・ショールズ理論とか勉強しているなんて、何やってるんだろう」と私は友達にぼやいた。

世界を変えるのに必要なスキルを習いにきたんじゃないのかと友達は言った——少なくとも私はそう唱えつづけていた。開発途上地域には経営スキルが必要だ。善意の人間というだけでなく、どうやって会社を始め、作るかを知っている人間が必要だ。力と金を求める人間がルールを作るのはわかってきた。だが力だけでは、腐敗し、蝕まれる。「愛をともなわない力は」とマーティン・

ルーサー・キング牧師は最後の演説の一つで言った。「無謀で不正なものです」それからこうつづけた。「力をともなわない愛は、感傷的で無力です」

世界はどちらも必要としている――海外に滞在しているあいだに、このことを何度も繰り返し見てきた。私は、この融合を機能させる自信――そしてスキル――を得たかった。

問題は力と愛の結びつきをどう実現するかだ。スタンフォードでは教授も学生も力と金の話はするが、愛とか尊厳とか口に出すのは気恥ずかしく感じられていた。しかし、貧困層向けの多くのプログラムで私が目にしてきた共感《エンパシー》を、市場の力、厳しさ、規律と結びつける方法はあるはずだ。資本主義の未来は、当時の私にとって――そしていまではいっそう――、資本主義がどれほど創造的で寛容でありうるかにかかっていた。

学期初めには、教授が講義のあらましを説明する。ある講義で、グレーのスーツに中折れ帽の、長身で優雅な初老の男性が、立って話していた。若いころは運動選手だったように見えた。しなやかで、足取りは軽かった。話を聞かずにはいられなくさせるような、引力があった。

「なぜ文明は興り、滅びるのか」と彼は頭の上に片手でエレガントなアーチを描きながら言い、言葉を切った。

私はタージ・マハルや、さまざまな国で見てきたコントラストのことを考えた。そのことを彼と話したいと思った。

「なぜ三〇歳で成長することをやめ、ただ仕事とソファでテレビを見ることのあいだを行き来する人たちがいて、一方では、八〇代でも九〇代でもほとんど子供のように、活発で好奇心にあふれつづける人たちがいるのか」

彼はもう一度言葉を切り、私はくぎ付けになった。直接話しかけられている気がした。この人がだれかまったく知らなかったが、私の人生で役割を果たしてくれる人だとわかった。

その日の午後、私は研究室へ行き、ドアに名前を見つけた。ジョン・ガードナー名誉教授。ドアをノックすると、どうぞという声が聞こえた。ジョンは、帽子を脱いでジャケットのまま机に向かってすわり、論文を読んでいたが、私を見てそれを置いた。私は言葉に詰まりながら自己紹介し、講義がなぜ私の心に響いたのかを説明した。先生は、私がなりたかった種類の人間についてお話しになったんです。そうした問題についてもっとお話ししたいと思って。私と話していただける時間があるでしょうか。

部屋は静かで、彼はこの上なくやさしい目をしていた。

「ジャクリーン」彼は言った。「もちろんですよ。おかけなさい。でもまず、訊いておかないとね。左右の耳のイヤリングが違っているのに気がついていますか」

はい、と私は言った。驚いてもらえるかと思って。それはきっといいことですよね。

彼は笑い、私は腰かけた。十数年後に彼が亡くなるまで、私たちはずっと話しつづけた。

ジョンがリンドン・ジョンソン政権の保健教育福祉長官だったことを知ったのは、そのあとだった。最も有力な政府官僚の一人だった彼は、ジョンソン政権を去ったあと、五六歳で草の根市民団体〈コモン・コーズ〉を設立した。ジョン・ガードナーは、自分を新しくするということを知っていた。彼自身がそう生きていた。

そのほかに、複数の非営利団体を傘下に置く〈インディペンデント・セクター〉という機関も設立した。ワシントンDCの若者のなかにリーダーを育てる〈ホワイトハウス・フェローズ〉。市民参加を奨励する〈ナショナル・シビックリーグ〉。彼の偉大さは肩書きではなく、その生き方から来ていた。ビジョンと行動力、謙虚さと優雅さの稀に見る結びつきがあった。

ジョンはいつも学びつづけていた。ペンを手にして前に立ち、毎週一〇人のゼミ学生の発言のメモをとっていた姿を覚えている。それを見て私もいっそう集中し、注意深く話を聞くようになった。彼が書きつけているなら、私にとっても学ぶべきことがあるのだろう。ジョンはアメリカの公民権運動の話をした。変化を起こすには、社会運動がいかに内部と外部と両方の人間を必要とするか、また、違い——民族、宗教、階級、思想の違い——を乗り越えて互いに話し合うことを学ぶのがどれほど大切か。

講義のあと、私はよく何時間も研究室にすわっていた。個別研究もさせてもらい、リーダーシップについて、また個人的利益のためではない、より大きな共同体の利益のための機関設立について学んだ。彼はいつも話す時間を作ってくれた。重要な社会運動について、また、尊厳を持って生きることや一人ひとりをしかるべき敬意を持って扱うことの重要性について。彼は自身のあり方を通して教えてくれた。キャンパスで、元国務長官と話しているところを何度か見かけ、大切な話の邪魔をしないよう気づかれないうちに通り過ぎようとしても、ジョンは私を呼びとめ、抱きしめてあいさつしてくれた。彼の存在自体が世界をよりよい場所にしていた。

いちばんたびたび登場した話題は、共同体《コミュニティ》、その意味、どうやってそれを育み、築くか、ということだった。人間は相互関係のなかで繁栄するというのがジョンの考えだった。一人ひとりの個人が帰属意識と説明責任を感じる共同体こそが、個人的な成功と社会としての繁栄の鍵を握ると彼は考えていた。

ビジネススクールを終えたあとのことを考える段になったとき、選択肢は二つあった。ロックフェラー財団のフェローシップを受けて、アメリカ国内の低所得層のための起業開発戦略を探るか、それともチェコスロバキアに行って、ベルリンの壁崩壊のわずか一年後に解放されたばかりのこの国で、各種の小事業を起こそうとしている財団で働くか。私の放浪癖からして、新しい土地で歴史的な時期に働くことに傾いていた。

ジョンは反対に、ロックフェラー財団のフェローシップを受けるべきだと思っていた。

「国内でも国際的にも、フィランソロピーというのがどういうものかを見る、重要な、絶好の場を提供してくれるだろう」と彼は言った。「開発途上国での起業のほうは、もう経験がある。きみくらいの年ごろは、自分のなかに新しい引き出しを増やしておくべき時期だ。きみにはもう、今日では共同体が地理を超えることがわかっている。自分が多くの共同体に属していることもわかっている――きみはスタンフォードの人間で、女性で、アフリカのことを考える人間だ。でも、特に国際的な場面でほんとうに効果のある貢献がしたいなら、自分の国の自分自身の土壌にもっと強く根を張らなくてはいけない。きみにとって、この国のことも知るべきときだ。自分自身のことを知って初めて、ほかの人のことをほんとうに理解できる――自分が来た場所のことを知るのは、自分自身を知ることとの大切な一部だ」

「この国に関心を持っている人は十分大勢います」と私は言った。「私が貢献できるとしたら、グローバルな取り組みだと思うんです」

彼は頭を振った。

「人に興味を持ってもらうより、自分が興味を持つべきだ」――彼がこう言うのを数え切れないほど聞いた。「特にいま、海外で起きていることは、ここで起きていることに深く影響されている。そして逆もまた真なりだ」

ジョンのアドバイスに従って、私は一年間、ロックフェラー財団のウォーレン・ウィーバー・フェローシップを受け、アメリカの零細中小企業の取り組みを見て、それをバングラデシュやインドのマイクロファイナンスの領域で起きていることとくらべて過ごした。

人生を変える一年だった。アメリカ中西部の工場の床にすわり、サウスダコタでアメリカ先住民の特別保留地を訪ね、サンフランシスコの外の有機農場で働く元受刑者と話した。同じテーマが繰り返し現れた。あまりにしばしば見えない存在とされている人たちに、自立と選択肢があると思ってもらえるような、そういう施策に規律と厳しさを持たせるうえでは、ビジネスが有効だ。ジョンは正しかった。バングラデシュに住んでいようと、メイン州のバンゴアに住んでいようと関係ない。だれもが同じものを求めていた。世界中の低所得層は、多くの共通の制約に縛られていた。

ロックフェラー財団で、私はもう一人、人生の師に出会った。カリスマ理事長のピーター・ゴールドマーク。つねに大きな問題設定をするように促し、目先のことではなく一〇年先を見るよう、特にフィランソロピーがどう進化すべきかを思い描くよう後押ししてくれた。

ピーターは一九九〇年代初めにすでに、私たちが多くの警告を突き付けられていると感じていた。迫りくる深刻な危機は、根本的なイノベーションと共同歩調を通してしか回避できない。彼は、環境問題、特にエネルギー問題へのいっそうの取り組みを急がせた。核兵器拡散を危惧していた。ムスリム世界に対する理解を深める手助けをした。先見の明を持ち、最も困難な問題についても私たちの解決能力を深く信じ、民間フィランソロピーでイノベーションがおこなわれれば、公的領域の解決へ導く一助になると考えていた。

私がロックフェラー財団でウォーレン・ウィーバー・フェローシップを終えたとき、声のかかった仕事を受けるよう、ピーターは強くすすめた。新興の匿名信託財団がニューヨーク市でおこなう資金提供を支援するというものだ。二年間で一億ドル。夢のような仕事だった。一生働いてこんなに多くのお金を寄付する人たちがいる。深い影響を与えられる活動にかかわるチャンスが来たと思った。

しかし、財産を有効に使うのは、財産を築くよりずっとむずかしいというのがすぐにわかった。特に、決定権限が個人ではなく委員会にあるときには。そのうえ、フィランソロピーに関心を持つのは、変化を創り出すより、人に愛されることを望む人たちだった。後者はそれほどむずかしくないが、前者をなしとげるには一生かかると私は思った。

最初の三カ月で、理事会の最有力者が、フィランソロピーに、真剣な変化を創り出すより愛されることを求めているのがはっきりした。資金が無駄に使われているというのではない――資金の提供先はニューヨーク市の多くのしっかりした団体だった。だが私には、信託財団がニューヨークのほんとうのリーダーを育てる機会を逃しているように感じられた。ジョン・ガードナーとピーター・ゴールドマークを通して、フィランソロピーに世界を変える可能性があるのを学んできた私は、その変化の一翼を担いたいと思っていた。二人ともあえて大きく夢見ることを教えてくれた――匿名信託財団での経験は、多額の資金が必ずしも大きな夢や大きな成果につながるわけではないことを教えてくれた。

私はピーターに、フィランソロピー部門を離れて、低所得層を雇用するビジネスを始めようと思うと言った。フィランソロピーは、あまりにも説明責任を欠き、不満が募る。

彼は認めなかった。

「フィランソロピーにもっと説明責任が必要だと思うなら、寄付者の啓発を始めるべきだ。寄付者だって自分の資金が確実に影響力を持つようにしたいと思っている。この部門を強化してみもしないで、あきらめないでほしいんだ」

ピーターにこう言われたらやるしかない。

私はロックフェラー財団の資料室に何週間もこもり、過去に何がなされ、将来何ができるのかを考えた。ロックフェラー財団は、ジョン・D・ロックフェラーがスタンダード石油設立で手にした数億ドルで創設された。敬虔なバプテスト派の彼は、若いころから利益の一部を寄付していたが、時とともに、富と責任感が結びつき、フィランソロピーで多大な貢献をするようになった。シカゴ大学の創立を支援し、スペルマン大学（黒人女性のための最初の大学）に資金提供し、中国全土で医療研究センターの設置を支援した。

財団設立前からすでに、十二指腸虫の人への感染を根絶する手助けをしていた。二〇世紀初頭、子供たちは南部のどこでも、不衛生な環境ではびこる、この病気にかかっていた。ロックフェラーは自分が答えを持っているとは考えなかった。この分野で最も優れた人間たちを同行させ、十二指腸虫症が簡単に予防できる病気だということを知った。裸足でトイレに行くのをやめれば、感染の危険を劇的に減らせる。ロックフェラーのチームは、治療を受けられるようにすることに取り組むだけではなく、広く一般の意識改革が必要だと結論を出した。それはこの国の公衆衛生サービスの急速な広がりとともに可能になる。

チームは、ラジオやタウンホール・ミーティングを通してキャンペーンを開始した。ロックフェラーは影響力を駆使して、南部の知事たちを説得し、一一の州で公衆衛生担当官を置かせた。五年も経たないうちに、南部からこの病気は根絶され、公衆衛生を届けるシステムが確立された。アメリカだけでなく、世界でもモデルとなるものだ。

ピーターは、富裕層が急増していることに目を向けるようすすめてくれた――当時は、インターネットブームの前だった。ベビーブーム世代の親が世を去るとともに、数十兆ドルが一つの世代から次の世代に受け継がれると見積もられていた。また資本家は、ほんの一〇年前には聞いたこともなかったような金額を稼ぐようになっていた。

「自分の築いた財産を使って、何か重要な貢献をすることに関心がある人たちをどうしたら手助けできるか」とピーターは私に訊いた。「スキルを提供するだけでなく、個人が問題を理解し、自分も解決の一端を担っていると思えるような幅広い経験ができるようにするには、どういうプログラムを作ればいいか」

アメリカ中を何カ月もまわり、フィランソロピストたちが何を学びたいと望んでいるかを彼ら自身と話し合ったあと、私はロックフェラー財団でフィランソロピー研修をスタートさせることにした。寄付者のためのこの研修では、困難な問題に取り組むのに必要なスキル、知識、そしてネットワークを提供する。さまざまな問題に飛び込み、歴史的に見て何が機能してきたか、そして将来何が必要になるかを探る。

もちろん、始める前にジョン・ガードナーと話さなくてはならない。私はアドバイスを求めて、パロアルトにもどった。地元の喫茶店で、彼のゆったりと落ち着いた動き、こちらも居住まいを正したくなるほどの気配りを見てうれしかった。一緒にいるとき、ジョンは一〇〇％そこにいた。外見も行動も隠者とはほど遠くても、彼は私の求める精神的な静けさの世界にいた。研修についての夢と計画を話すと、彼は「よし」というふうにうなずき、重要な影響を与えられると思うと言った。それから一呼吸置いて、話しはじめた。

「フィランソロピストに求められるいちばん重要なスキルは、人々の声に耳を傾けることだと伝えるべきだ。耳を傾けなければ、問題を理解することができず、決して問題に取り組むことはできない。第二に、自分でプログラムを運営するのではなく、すでに機能しているものがつづくように支援すること。特に新興の富裕層にはこの問題がある。我こそはと思っているからね。金融部門であるのとまったく同じように、社会部門でも優れた人間に投資することを考えるべきなんだ。大いに役立つだろう」彼はほほえみ、付け加えた。「だが自我というのはなかなか手強い」

私はうなずき、ただ耳を傾けた。

「最後に」彼はつづけた。「フィランソロピストが見つけるべきは、人のエネルギーを引き出す変革だ。人は面倒を見られたいと思っていない――潜在能力を発揮するチャンスを与えられることが必要なんだ。長い目で見てだれのためにもならない依存を生み出すプロジェクトが多すぎる」

聖歌隊に説教なさっているみたいですと私が言うと、彼は笑った。

「それなら聖歌隊について考えなさい。共同体について考えること。人は互いに責任を持っていると感じる必要がある。でなければ、成功者が出ても、社会との結びつきを感じない人間になる」

彼は言葉を切って、私を見た。

「中流階級、労働者階級が社会にどう溶け込んでいるかを考えることだ。社会を動かす知的エリート――アナリストや数値データを扱う人間、それに記号や技術を操る人間たち――は、持たざる人々への共感を持っていないことが多い。持っていたとしても、最貧層に焦点をあて、下層中流層にはあてない。でも社会変革には、この層こそ決定的に重要だ」

今日の世界では、エリート層は、ますます国境を越えて互いの関係を歓迎するようになる一方、自国の低所得層とはあまり関係を持とうとしない。どうすれば、地元とも、また真にグローバルにも連携する共同体同士の結びつきを創り出せるかが、この世代の最大の課題の一つだ。

ジョンのアドバイスを受けた私は、一〇カ月以上にわたって開かれる四週間のコースを組み立てるため、全米で、さまざまな考えを持つ人、さまざまな活動をしている人と話をした。研修には、自ら学び、戦略的に貢献する意欲を示したフィランソロピストを八人から一〇人受け入れることにした。

初年度、参加者は全米から集まった。ボストン、バージニア、カリフォルニア、ニューヨーク。二八歳から五〇歳まで、みな勇猛果敢に新しい研修に取り組もうという人たちだ。研修では、住居問題法廷に通って貧しい借家人と家主双方の事情を理解することに取り組み、夜遅くまで議論を重ね、家を離れて何週間も過ごし、国外旅行もした。今日までに、世界各国から一五〇人が参加している。

またロックフェラーについて学び、それから、多くの富を持つ人間には社会的、文化的、経済的生活に貢献し、世界をよりよくする義務があると考えたもう一人のアメリカ人実業家、アンドリュー・カーネギーについても学んだ。彼はこう書いている。

「生前自由にできた何百万ドルもの富を残して世を去った人間は、死に際して涙を流されることはなく、敬意を払われることも、歌を歌われることもない」

アリストテレス、ソクラテス、マーティン・ルーサー・キング牧師、ガンジーについても読み、話し合った。どうすれば最もよい資金提供と投資ができるか、いかに品位を持ってノーと言うか、現場訪問をどうするか、非営利の予算をどう理解するか。ねらいは、一人ひとりに、問題についてしっかりした知識を持ってもらうこと、また、社会変革の最適な実現方法をめぐる戦略的思考と倫理的理解の枠組みを提供することだった。

国外研修はプログラムの核だった。インドでは、教育、ＨＩＶ感染予防、効率的環境保護に取り組む、最も革新的なプログラムを訪ねて行った。暑く、長い一日は、人を変える経験になった。五〇度近い気温のなか、カルカッタを出て二時間、バスはどこともわからないところで停まった。若者の運動と、運動を支援するフィランソロピーの役割を理解するため、優れたコミュニティ・オーガナイザーを訪ねる途中だった。あまりに暑くて、空気が目に見えそうだった。数百メートル向こうのぼんやりした地平線に沿って、サフランが長いリボンのように見えた。ガイドはその色鮮やかな線を指さし、歩きはじめた。

近づいていくと、ホーホーという声と歌声が聞こえてきた。オレンジや赤や黄色の服を着た女性たちが二列に並んで、私たちを迎えようと待っているのがだんだん見えてきた。私たちが通り抜けるとき、女性たちは踊り、ますます高らかに歌い、マリーゴールドを高々とまいてくれた。私の白い綿のブラウスに、明るいオレンジ色の縞が入り、肌と髪にまで染み込みそうに思えた。暑さと情熱、色と音、まるで幻覚のような感じがした。

村のなかで、私たちは女性たちと並んですわり、冷たいココナッツ・ウォーターを手渡してもらった――こんなにおいしかったものはない。女性たちは日向に立ち、権利と自由を求めて闘う活動を紹介してくれた。それが終わると、美しいヒンディ語の歌を一曲歌ってくれた。するとリーダーが私たちのほうを向いて、お返しに何か歌ってくれないかと言った。アメリカ人たちは顔を見合わせた。知らない人の前で歌を歌うことにだれも慣れていなかった。

「第一、みんなが知ってる歌なんてある？」とだれかが冗談めかして言った。

結局、「勝利をわれらに《We Shall Overcome》」〔アメリカ公民権運動においてテーマソングのように歌われた〕になった。ふさわしい歌に思われたし、少なくともみんな歌詞を知っていた。

私たちは歌いだした。最初は恥ずかしくておそるおそるだったが、歌詞の一言一言に力をもらった。突然、村の女性の何人かが立ち上がり、自国語で歌に加わった。まちがいなく歌詞を知っていたのだ。この断固とした歌詞の真ん中くらいまで来ると、もう全員が立って手をつなぎ、声の限りに、言語は入り混じっていたが心は一つになって歌った――五〇人のインド人女性がほほえみながら、そして八人のアメリカ人が涙を流しながら。

最初の研修の準備をするなかで、私は一九九四年、プノンペンを訪れた。ポル・ポトが社会をずたずたに引き裂いてから二〇年後。マハ・ゴサナンダという高齢の仏教僧に会いに行った。平和と和解のシンボルとして、彼は国のあちこちで――地雷が埋められている場所もあった――全国的な巡礼、平和行進《ダンマヤトラ》の伝統を復活させていた。彼は自分の暮らす寺で私に会うことを承諾してくれた。外は白く塗られ、清潔な床と開け放たれた窓がある、簡素な場所だった。若い僧たちが、寺のまわりで銃で遊んでいる少年たちを追い払うと、少年たちは笑って、私たちを撃つまねをした。

マハ・ゴサナンダは、二階の、風通しのいい大きな部屋で、ござの上に置かれた海老茶色の座布団にすわり、サフラン色の僧衣をまとって、待っていた。彼の前には私のためにござがもう一枚敷かれていた。私はお辞儀をしてあいさつし、正座してノートを開いた。彼の静かな強さを感じることができたが、私はせかせかと自己紹介して自分が何をしているかを説明し、お目にかかれてどれほど感謝しているかと言った。

駆け出しのジャーナリストにでもなった気がした。焦るばかりで、まったく勝手が違う。

彼はほほえみ、私に応えるようにゆっくりと会釈した。

「平和行進についてお話を聞かせてください。どうやって行進の先頭に立とうというお気持ちになれたのでしょう。途中で亡くなった方はありませんでしたか」私はほとんど息もつかずに訊いた。

彼は私に目をやったが、答えを急ぐふうはまったくなかった。両手をしっかりと組んで言った。

「一歩一歩が祈り、一歩一歩が瞑想です」

「ご自身の人生をこれほど犠牲にされて、これほど重要な精神的指導者でいらっしゃいますが」と私はつづけたが、彼の最初の答えをすっかり理解したのかどうかさえ、定かではなかった。「行進は四〇日以上かかるかもしれません。後方支援だけでも大変重い責務です。だれがお手伝いするのですか」「ご活動をお手伝いするためにまわりの者は何ができるでしょうか」「フィランソロピーの正しい役割とは何でしょうか」「平和行進のことはどのくらい知られているのでしょうか。行進のことを理解するのは、カンボジアの人たちにとってだけでなく、全世界にとっても大切だと私は思います。……」

「私たちは世界に対する共感とともに歩きます」と彼は答えた。

私のスタイルが、ほかの人との関係を築くのにこれほど空回りしたことはない。別のやり方が必要だった。

「マハ・ゴサナンダ」と私は言った。「私は、ご自身とご活動に深く感銘を受けてここに来ました。支援を提供してくれるかもしれない人たちに、どうやって紹介したらいいか考えたいと思っているのです。質問の仕方さえわからないのをお許しください」

こんどは彼は静かだった。彼は私を見て、私も彼を見た。ほかにどうしていいかわからず、私は下を向き、もう帰ってほしいと思われているのかと考えた。

数分が過ぎた。マハ・ゴサナンダはゆっくりと立ち上がった。私はこのとき、彼がどれほど高齢かがわかり、この人がポル・ポト政権時代の悪に耐えてきたことに、いっそう心を動かされた。

「もし知性だけを持って世界のなかを動くなら」彼はきっぱりとした、よく通る声で言った。「片足で歩くことになる」

両手は祈りの姿勢のまま、片足を上げ、ゆっくり慎重に三回跳んだ。そして同じようにゆっくり慎重に足を下ろした。長く息を吸い、もう一度口を開いた。

「もし共感だけを持って世界のなかを動くなら」彼はさっきと違うほうの足を上げた。「片足で歩くことになる」もう一度、三回跳んだ。

「だが、もし知性と共感とをともに持って世界のなかを動くなら、知恵を得る」

彼はゆっくり落ち着いて、長い歩幅で三歩歩いた。最後に会釈をし、前の座布団にすわった。

「ありがとうございます」と私は言って、お辞儀した。

彼はやさしくほほえんだ。言うべきことはもう何もなかった。
ゆっくりと、両足の下に地面を感じながら、私は寺から日差しのなかへ出た。

第9章　道についたブルーのペンキ

真理への道で犯すまちがいは二つだけある。
最後まで行かないこと、そして歩き出さないことだ。

――釈迦

一九九四年、寒々としたニューヨークの真冬のある日、私はルワンダ時代の旧友ダン・トゥールから電話をもらった。ダンは当時、ユニセフのタンザニア事務所副所長だった。

「一カ月こっちに来て、マイクロファイナンス・プログラムの審査をしてくれないか。ユニセフの支援で政府が全国に設けたプログラムが、うまくいっているかどうかはっきりしないんだ。来られるかな？　もし来られるなら、なるべく早いほうがいいんだけど」

またダンと一緒に仕事をして、役に立ったり学んだりできるのはうれしかった。灰色のニューヨークの代わりに鮮やかな色彩が待っているというなら、話は決まりだ。

タンザニアの海岸に面した首都ダルエスサラームに向かう小さな飛行機の窓からトルコブルーの海を眺め、ヤシの木の緑の頭が風に揺れているのを見た。着陸すると、空気は蒸し暑かった。建物は植民地主義と、海岸からほんの少し離れた謎めいたザンジバル島を経てやってきたアラブ商人との交易の歴史を反映していた。

ユニセフ事務所で、ダンと私は小さなキッチンにすわってマンゴーを食べながら、私の任務について話し合った。このプログラムは、ルワンダでやったマイクロファイナンスの仕事とケニアで調べた女性グループ向けの資金提供の両方の性格を持つものだった。ダンの説明によると、グループ参加者が収入を得るのを支援するために貸付がおこなわれたが、期限どおりに返済している人がいるのか、いるとしたらだれなのかはっきりしないという。

タンザニアの――崇敬されている――初代大統領で社会主義者のジュリアス・ニエレレは、国中の村で適切な医療がおこなわれることをめざして、広く〝土地の村有化《ヴィリジゼーション》〟計画を作った。ニエレレのリーダーシップは、独立後の時期にアフリカ人に誇りを持たせ、世界の指導者から尊敬を受けるのに大きく貢献した。ルワンダでもニエレレの哲学を論じる人が多かった。

社会主義は挫折したが、村レベルの行政インフラはまだ残っていた。残念ながら、貸付プログラムを単なる資金提供とすれば、長期的な持続可能性を損ねかねないというのが私の心配だった。ダンも異論はなく、私が批判的、建設的な視点を持ち込んでプログラムを検討し、前進するための勧告をユニセフに提示するよう期待していた。

タンザニア各地で、樹木の生い茂る山々に囲まれた小さな村々を訪ねた私は、このすばらしい景色のなかに、世界の最貧層に属する人たちが住んでいることに驚いた。タンザニアはケニアと同様、豊かで多様な国だ。美しい海岸線、広大なサバンナ、山々、湖、そしてずっとつづく深い森。何週間もこの国のすみずみまで行き、農村女性や行政関係者と話した私は、この国の美しさに驚き、また人々のなかに見たやさしさに力づけられた。

同時に、ユニセフが資金を出して政府が実施したこのプログラムの無残な結果に気がめいった。貸付を返済している人はほとんどなく、貧農や仕立職人で成功した人がいるという証拠もほとんど見られなかった。しっかり運営しようとする動機がなく、ビジネスやファイナンスのほんとうの経験のある行政関係者には一人も会わなかった。

ダルエスサラームにもどった私はダンと何時間も会い、自分が何を見たか、先のことをどう思っているかについて話し合った。ダンは注意深く虚心坦懐に耳を傾け、最終的に、私の言っていることとは何も驚くには当たらないと感じたらしい。プログラムに終止符を打つべきだという私の勧告に大筋で賛成してくれた。ユニセフがマイクロファイナンスに取り組みたいなら、マイクロファイナンス団体に投資すべきであり、貧困層への貸付システムを持たない行政に頼るべきではない。私は報告書に「善意の代償」という題をつけ、海岸にあるダンの大きな家にいるあいだに一週間で書き上げるつもりだった。

〝スワヒリ風〟に建てられたダンの家は、簡素な白い壁と高い梁の天井で、部屋は背の高い重い木のドアで仕切られていた。明るい色の木を敷いた歩道が、人の手の入っていない砂浜まで伸び、その向こうはインド洋のきらめく青い水だ。ピンクの砂が、照りつける太陽の下でちらちら光る。部屋の窓の外では、漁師が船を岸に引き揚げ、ダウ船が優雅に水の上を滑っていくのが見えた。ムスリムの断食月ラマダンの時期で、私は、厳しい暑さのなか、日中ずっと食べ物も水もなしで仕事をするにはどれほど規律が要ることかと考えた。

自分が見たもののことを考えているうちに、女性の経済的自立をめざすプログラムに一つのパターンが見られることに気づきはじめた。特に農村地域で女性が必要としているのは、まず仕事、そして子供のための医療や教育といったサービスが向上し、手の届く値段で受けられることだ。だからタンザニアは第一に、雇用を提供する会社や工場への投資を増やす必要があり、第二にきわめて重要なサービスを貧困層に届ける、よりよい方法を見つける必要があった。ファイナンスがこうしたサービスの一つであるのはまちがいない。ただ行政が主たる貸し手になるべきではなかった。タンザニアでもどこでもだ。行政は自立した持続可能なプロジェクトが根づくように、適切な動機を与え、インフラを整備するべきだった。そうすれば、営利であれ非営利であれ、民間企業が貸付などの必要なサービスをおこなうことができただろう。何もかも行政に委託したため、タンザニアのプログラムのような従来型の援助の取り組みはまったく的外れになった。

何時間か書いたあと、私は走りに行くことにした。ビーチにだれもいないときは一人で走らないと、ダンに——アメリカの友達にも——約束してはいたのだが。これまで一人で走った経験では、メキシコで銃を突きつけられ、ブラジルで強盗に遭い、マレーシアでひったくりに遭い、ケニアでは暴行されそうになった。けれどもビーチには人もいたし、午後の三時ごろだった。片道一五分だけ走って、家から絶対に離れすぎないつもりだった。

木の歩道の端まで歩き、左右を見て午後の静かな美しさを味わった。走りながら肌に日差しを感じ、潮の香りをかぎ、ウォークマンでボブ・ディランの「モザンビーク」を聴き、そして服を着たまま水際にいる母親と水かけしている幼い子供たちを見て、陶然とした。

だが世界は、すべてこともなく感じられる静かな瞬間にこそ、突然、違った様相を呈する。

引き返そうとしたとき、視界の隅で、三人の男がビーチを歩いてくるのが見えた。用心深い足取りからして、私がねらわれていたのはまちがいなかった。赤い帽子をかぶった一人に「おい、待ちな」と言われた瞬間、私は駆けだした。次の瞬間には、叫びながら三人の男と格闘していた。男たちは私のかぶっていたニューヨークヤンキースの野球帽とウォークマンをもぎとった。私はどうにか銀のブレスレットを泥棒の一人から取り返して握りしめ、足が動くかぎり走った。

ダンの家の歩道に着くまで走りつづけた。家に入って、汗でぐっしょりぬれたTシャツをはぎ取り、まるで体を傷つけるものであるかのように、汗を腕と胸から払い落した。バスルームの鏡で、あざになった顔と腫れた目を見た。冷静になるよう自分に言い聞かせ、居間に入って、すわって書き物をし、一時間後、泣きじゃくりはじめた。泣き声を聞いたダンの庭師が、綿ガーゼと抗生物質の軟膏を持ってやってきて、母親のように世話してくれた。彼の気遣いで、私の涙はますますとめどなく流れた。

あとでダンやみなに話すとき、私はいちばんデリケートな気持ちを追い払った。若い男たちを女性の襲撃に駆りたてた経済事情の話をするほうが、私の身に何が起こったかもしれなかったかと考えるよりずっと簡単だった。ダンはこの反応を直感的に理解してくれた。彼もリスクをいとわない人だった。

リスクをいとわないことと無謀であることのあいだに微妙な境界線があるのはわかっていたが、私は人生を生き切りたいと願っていた。真っ昼間、人のいるビーチを走るのは当たり前のことで、そんなシンプルなことが禁止されるのは認めたくなかった。今日でも私は、一人旅をする女性の規範と闘っている。もっとも若い人を連れているいまでは、彼女たちには自分自身に対してよりも厳しくはなったが。

その夜はベッドに入るのが怖かった。もう目を開けていられなくなるまで仕事をし、倒れ込むように眠った。午前三時ごろ、警報器の音でベッドから跳び起きた。部屋を出て、ダンの部屋のドアをドンドンたたいた。二人で居間に入ると、ダンのステレオとCD、テレビ、家具がいくつか、それに私のコンピュータが盗まれていた。おそらく、ビーチで襲ってきたのと同じ男たちが私のあとをつけ、盗みにきたのだ。家のなかにかなりの時間いたにちがいないので、警備員が買収されている可能性が高かった。

それから朝まで、活気のない警察署にいて、盗まれたものすべての記録をとったが、どれももう二度と見ることはないのはわかっていた。ダンは警備員を即刻解雇して、同じ日に、国内最高の警備会社から武装警備員を雇った——正解だった。というのも、二日後の晩、強盗たちがまたやって来て、外の門に穴をあけたからだ。ただ家には近づけなかった。

一週間で報告書を書き上げた私は、ダンの家の従業員にファンタとお菓子を買いに街まで出かけた。ユニセフの運転手が品物と一緒に家まで送り届けてくれたが、運転手が帰ったあと、財布とパスポートを買い物した店のどこかに忘れてきたことに気づいた。自分の不注意がまったく信じられず、不満と怒りでパニックになりかけた。帰国を控えていたのだ。前の週の襲撃の記憶がよみがえってきた。ダンの家には電話がなく、自分の車もなく、ダンが仕事から帰るのを待つしかなかった。待てば待つほど、帰国のための頼みの綱を失くす可能性が高くなるのはわかっていた。

庭師と私は歩いて地区の家々を一軒ずつまわり、電話を借りられないか訊いた。ようやく、店まで乗せて行ってくれるという、すてきなカップルが見つかった。数時間がたっていた。店から店へ飛んでいきながら、気が急いた。最後にパン屋に入ると、女性がほほえみながら、財布とパスポートを手渡してくれて、取りに来るのが遅いと思っていたと言った。私は彼女をぎゅっと抱きしめて、チップを渡し、ケーキをもう一つ買って、おかげでますます人が信じられるようになったと笑って言った。——どの文化でも、社会のどの層でも、善と悪は隣り合って存在している。

翌日ニューヨークにもどり、ロックフェラー財団の仕事にもどった。フィランソロピー研修に取り組み、世界を変えたいと考えているすばらしい人たちと会い、財団の歴史から学んだ。

研修は、国際援助や慈善で何がうまくいかなかったのかを見きわめる必要があり、特にアフリカで成功例を見つける必要があった。タンザニアのプログラムのお粗末な成果を見れば、失敗がいかに低い期待を強化するかがわかる。私が会った多くの女性たちは、ビジネスについて尋ねると、従順に肩をすくめた。自分たちが成功できるなどと、最初から女性たち自身が信じていなかったかのように。

アフリカは——どこも同じだが——成功者を必要としている。私がタンザニアで審査したようなプログラムは、少ないことに焦点を絞って効率よくやれば、大きな貢献ができる。プログラムが貧困層の役に立とうと思うなら、人々に上をめざし、自分を信じるチャンスを与えること、そして目的を達成するために自ら責任を持ってもらうことを、もっとしっかりやっていくべきだ。

一九九四年四月の春の朝、ロックフェラー財団に出勤する地下鉄のなかで、私はニューヨーク・タイムズの一面に目をやり、ルワンダ虐殺を伝える見出しを見て凍りついた。

見知らぬ乗客のあいだで、アフリカを思って静かに涙を流したが、事態がどれほど悪化するのか知る由もなかった。私の知っている人たち、そしてルワンダという国が心配だった。アフリカの小国が一面で取り上げられるとすれば、何か恐ろしいことが起こっているにちがいない。

週ごとに、ルワンダからのニュースは深刻化する一方だった。マチェーテ、鋲のついたこん棒など、手当たりしだいのもので殺し合いがつづいた。古くからの隣人同士が殺し合った。人間のすることとは思えないような話だが、こうした話は前にドイツでもカンボジアでもあった。テレビで、外国人が列を作って飛行機に乗りこむのを見た。ルワンダ人を恐怖のなかに残し、未知の運命に直面させて。「外国人はやってくるが決してとどまることはない」と私に言ったルワンダ人女性の記憶が、頭から離れなかった――いまでも離れない。自分がいたらどうしていただろうと考え、はっきり答えられないことを私は恥じた。

夢のなかで、折り重なった死体の下で身動きできず、気づいてもらおうと叫んでいた。嵐のなかの木の葉のように震えて目が覚めた。この惨事を理解しようと格闘しているうちに、ともに働いていた女性の多くがフツ族かツチ族か知りもしなかったことに気づいた。

一九九四年四月一四日の日記にこう書いている。ルワンダとブルンジの大統領を乗せた飛行機が撃ち落とされ、虐殺が始まった八日後だ。

――ルワンダは、荒れ狂う理不尽な殺戮の無秩序な血の海に陥った。二万人以上が命を落とした。マチェーテか槍で殺された人がほとんどだ。殺人者は、目を見て、叫びを聞き、金属が骨と髄と腱に当たるのを感じる。キガリのような街では、殺人者は犠牲者と顔見知りだ。通りで会い、市場であいさつし、冗談を交わしてきた。自分と関係のある人を殺すこともある――夫が妻を、兄弟が姉妹を殺した。女性たちも殺していた。自分が知っていた――あるいは、少なくとも知っていると思っていた――街で起きた大虐殺についてどう考えればいいのかわからない。

友達に意見を訊かれる。〝二一世紀はおろか、二〇世紀にだって入ろうとしない国〟とどうして私たちがそもそもかかわりを持たなくてはいけないのかと詰め寄られる。あなたの仕事のすべてはいったいどうなったの、と訊かれる。私には返す答えがない。ただ、もっと注意を払っていれば、避けられたはずだということがわかっているだけだ。

耳を傾けてさえいたら。

虐殺が始まった日、ルワンダ軍が一〇人の国連平和維持軍兵士《ブルー・ヘルメッツ》を拘束した。平和維持軍の兵士は武装していたが、武器の使用を許可されていなかった。ルワンダ軍は若い兵士たちを去勢し、手足を切断し、殺害して、自らの凶暴さを全世界に示した。一〇人の金髪碧眼の人間が手足を切断されるのを見れば、欧米諸国が動けなくなるということを、ルワンダの〝フツ・パワー〟政権は、ソマリアの惨事のあと、学んだのだ。力がないと目される側は強者の心理を理解しているが、強者の側は相手のことを何もわかっていないことがあまりに多い。

西側が即座に、強力かつ慎重な報復をおこなって、紛争の初期に何人かの戦士を殺害していたら、何十万人もの人の命が助かったかもしれない。そうはせず、官僚たちは延々と議論をつづけ、人口八〇〇万人の国で、一〇〇日で八〇万人が殺されるに至った。ツチ族の七五%が殺害された地域もあった。終息が近づいて初めて、アメリカ政府は、これが戦争ではなくジェノサイド（虐殺）だと認めた。そのときはもう遅すぎた。

七月にジェノサイドが終わり、私は難民キャンプで働きたいと思った。リリアンとプルーデンスが暮らしているのを知ったからだ。ダンは再建に取り組むユニセフを率いるためタンザニアからルワンダに異動になり、私がもどりたいと言えば雇ってくれるのはわかっていた。行くべきかどうか、母と私は激しく言い争った。母には、私が自分をいちばん生かせる仕事に取り組むべきだという思いが強かったが、私は〝いちばん生かせる〟などというのは、緊急事態を前にしては傲慢だと考えていた。母は、フィランソロピー研修の運営という責任をロックフェラー財団から引き受けた以上、私にはそれを尊重する必要があると言い、ルワンダで起きたことを見れば、貧困問題の解決についての私の考え方——と行動——がもう少し賢明になってもいいはずだと強調した。人にはそれぞれ自分を生かす方法があって、私はもっと長期的な視野から必要とされているのだと母は言った。最後には私も行くのを断念したが、それが正しかったのかどうか、いまでも自問している。

フィランソロピーに世界に変化をもたらす潜在力があるのかを、ジェノサイドの恐怖を思いながら、考えることになった。ルワンダは、変化をめざす仕事がどれほど重大か、どれほど開発——とフィランソロピー——のすべての側面に説明責任を確立しなくてはならないかを思い起こさせてくれた。メディアで〝二度と起こしてはならない〟という言葉を聞くたびに、私はいたたまれなかった。すべての人が社会のなかで利益を確保されていると感じられるような、もっと強力な世界経済の構築を支援しないかぎり、こうした言葉は空疎だと感じた。

もしルワンダ人の大半が、自分の努力で生活を変えることができ、子供を学校に通わせたり、子供の健康を守ったり、将来の計画を立てたりするだけの収入を得ることができると考えていたら、道徳的に腐敗した政治家たちが、ジェノサイドを誘発するほど深く、人々の心に恐怖を吹き込むのはずっとむずかしかっただろう。

貧困層に彼らが持つ権利のある機会をどうやって提供するか考えるとき、いちばん期待できるのはフィランソロピーによる民間事業と変革だと、私は考えた。

フィランソロピー研修を監督していた何年かのあいだに、私は優れた人たちに会い、同僚や友達になった。フィランソロピーが急速に変化しつつある時期だった――かつていくつかの古株の財団に支配されていたフィランソロピーは、まとまった財産を築いて慈善事業にいっそうの参加と説明責任を求める革新的な人たちを中心にした、成長分野になりつつあった。研修メンバーの何人かはのちに、アキュメン・ファンドの設立と構築にも協力してくれ、その創造性とネットワークで、世界を変えようとする共同の取り組みに貢献してくれた。

私がフィランソロピー研修の運営を後任に引き継いでいたとき、ロックフェラー財団理事長のピーター・ゴールドマークと、優秀でエレガントな副理事長アンジェラ・グローバー・ブラックウェルが、新しい課題への取り組みを持ちかけてきた。

ロサンゼルス暴動〔一九九二年四月に人種問題を背景に発生〕によって、アメリカの弱点であり、一九九〇年代に広がりつつあった、人種、思想、階級の違いが、露わになっていた。アンジェラとピーターは、アメリカが、グローバル社会のなかでいっそうの多様性を持つ民主主義として再生する必要があると考えていた。

アンジェラは私に〝少数派《マイノリティ》リーダーシップ〟の話をした。

「アメリカには、多様性を歓迎するリーダーが必要です」と彼女は言った。「アメリカ自体、人口構成が変わりつつあり、世界でこれまでとは違うリーダーとしての役割を果たすチャンスです。女性や非白人は、多様性をリードするうえで有利でしょう。定義上のけ者《アウトサイダー》ですから」

私は同意したが、〝少数派リーダーシップ〟という言葉についてもう少し説明を頼んだ。彼女は答えた。

「支配者側は、ルールが機能すると思いこんでいる。ルールはいつだって、自分たちには公平に思えますから。一方、自分をアウトサイダーだと思っている人間は、成功するには、支配者側の文化を習わなくてはいけない。ほかの人たちがどうやって物事を機能させ、決定を下しているかに合わせられる、というのは、次世代のリーダーにとって必要な、決定的に重要なスキルです」

私はまたルワンダのことを考えた。この小国が西側の心理をどれほどよく理解して、ベルギー人国連平和維持軍兵士を去勢することで、その心理に働きかけたか。ルワンダのリーダーは、数カ月前にソマリアのモガディシュの道路で米軍兵士が引きずられたことに対する米国民の反応から、平和維持軍兵士の殺害がアメリカの気力をくじくことを知っていた。西側は、ルワンダの文化に何の注意も払ってこなかった。

アンジェラの話は直感的にわかったが、どうやってそれを実現するのか見当がつかなかった。

ピーターとアンジェラは、階級、人種、宗教、思想の違いを越えて多様性を代表する、若い優れたアメリカ人リーダーを探して、結びつけ、啓発することを私に求めていた。これは人を変えるものになる、と二人は言った。ロックフェラー財団が予算を提供し、私がチームを率いて実現する。

この仕事に私を思い浮かべてくれたのはありがたかったが、まさにまちがった人間が選ばれたという気もした。リーダーシップについて私が何を知っているでしょうか、と私は彼らに訊いた。

黒のタートルネックとスカートで、普段よりいっそう堂々として見えるアンジェラは、ほほえんで、もちろん知っていることがあるでしょうと言った。

「私たちが必要としている新しいタイプのリーダーシップのことですよ。あなたは耳を傾けることを知っている。違いを乗り越えて協力し、大きな課題に取り組むことを恐れない、ということがわかっていなければ、あなたがやったようなことはやれない。もしわからないことがあれば、学べばいい。この新しいプログラムが必要なんです。応援しますから。引き受けてください」

ジョン・ガードナーは、若いときに大切なことは、ときにはいいリーダーを見つけて従うことだと言っていた。ここに私が深く尊敬する二人の人がいる。自分が何をすることになるか理解していたとはいえなかったが、二人を信じて承諾し――もう振り返らなかった。

アンジェラは、私が多様なチームを組むのを手伝ってくれた。チームには、アウトワードバウンド協会〔冒険教育と自然体験学習機関〕の講師で、ロックフェラー財団の同僚ジェシー・キングがいた。それからリサ・サリバンもいた。リサは、児童保護基金の設立者マリアン・ライト・エーデルマンと仕事をしたことのある、草の根活動家だった。どこから見てもアメリカ人の原型であるリサは、すばらしい才能がありパワフルで、イエール大学の政治学の学位を持っていた。黒人で同性愛者で、トラック運転手のような体つき。いつもマスカラをして、おしゃれなイヤリングをつけ、ポケット・ビリヤードではどんな不良少年もこてんぱんにやっつけて、同時に自分の味方にしてしまう。彼女のような人には会ったことがなかった。

初対面のとき、リサと私は、プログラムの目的とその達成方法を話し合いながら、互いに警戒した目つきで相手のことを探っていた。基本線で意見が一致したので、お互い驚いた。プログラムは行動志向であること。問題の議論をするだけでなく、解決に取り組むこと。読んで考えること。私は、高名な児童心理学者ロバート・コールズの下でハーバードでティーチングフェローをしたり、アスペン・インスティテュート〔リーダー育成機関。古典を通じた研修プログラムで知られる〕で管理職プログラムに参加したことがあり、どちらの経験からも、価値観や原則をめぐって話し合うきっかけとして、文学や偉大な哲学的、政治学的作品に触れることが役に立つのを学んだ。世界には哲人王が必要だとプラトンが言うとおり、リーダーを育てるすべての部門で、行動と思索を結びつけることが決定的に重要だと感じていた。

何百もの推薦者から、毎年二四人、あらゆる層の活動家やリーダーを選ぶ。コミュニティ・オーガナイザー、人権活動家、社会起業家、合衆国海兵隊の戦闘機のパイロットまで。みなとても優れた人だった。

リタ・ブライトにも会えた。アフリカ系アメリカ人のすばらしいコミュニティ・リーダーで、ワシントンDCの出身だった。一〇人兄弟だったリタは、兄弟を何人も麻薬と酒で失くした。彼女は、ワシントンの低所得地区のことを理解し、そこの若者たちの尊敬を得て、よく奇跡を起こしていた。あるときは、ワシントンDC有数の危険な地区で、少年たちに麻薬のことを恥ずかしく思わせるよう、母親たちに麻薬売買のおこなわれる街角に立ってもらった。また地域のコインランドリーも始めていた。起業の力と、神は自ら助ける者を助くという哲学を固く信じていた。

「もちろん」と、小事業について話すとき彼女は付け加えた。「だれでも何か始めるには手助けが要る。研修や、地域の事業の初期投資にだって援助金を使うのは、何も恥ずかしいことじゃない。歩く方法を提供すればいいの。そうしたら彼らはやがて走るようになるし、踊るところを見られるかもしれない。しまいには飛ぶ人だっているわ」

次世代《N》リーダー《G》シップ《L》の二四人のグループが南アフリカを訪ねたとき、リタは、自分たちの豚の餌代にも事欠く、貧しい農民グループと会った。農民たちの苦境と彼らの抱く希望の両方に心を動かされたリタは、支援のためにいくばくかのお金を約束し、毎週二回昼ご飯を食べずに、できる範囲で少しずつお金を渡すのだとあっさり説明した。

「いまほど自分が金持ちだと思ったことはないわ。貧しさがほんとうにどんな顔をしているかを見たあとでは」と彼女はつづけた。彼女の眼は、単なる収入の低さより、打ち砕かれた心の貧しさのほうがどれほどずっと残酷かを、直接に深く知っていることを伝えていた。

こうした出会いに恵まれたとはいえ、私はありとあらゆる失敗をした。初年度は、二四人のフェローがある活動家グループの議論に巻き込まれるにまかせてしまった。活動家たちは自分と違えばどんな考え方でも、言葉で攻撃した。それぞれの分野できわめて才能ある人たちだったが、建設的な問題解決を提示することはめったになく、皮肉なことに、このプログラムで私たちが養成するまいとした、まさにそういうタイプの人間だった。原則と事実にもとづいて議論するより、意見を投げつけるほうが好きなリーダーたち。

なかでも最大の失敗は、自分に誠実でなかったことだ。やはり初年度、一人の若いアフリカ系アメリカ人の男性が、フェローの前で、私には研修を適切に指導することは絶対にできない、白人で特権に恵まれ、ロックフェラー財団などとつながりがあるからだと食ってかかってきた。彼は財団が世界に大きな害を与えたと思っていた。私は正面から対峙する代わりに自己弁護しようとした。大学の学費を自分で出したとか、社会に出るために必死で働いたとか。私が若者の言葉の攻撃を受けるがままで、こちらも敬意を払いつつ相手にも敬意を求める姿勢を示せずにいるうちに、二四人のフェローが距離をおいていくのが手に取るように感じ取れた。

最大の過ちはありもしない自分を守ろうしたことだった、とわかるまでに何カ月もかかった。

ある意味で若者は正しかった——私は特権に恵まれていた。世界最高の学府に行き、愛情深い家庭で育ち、白い肌のおかげでかなりの機会にも恵まれた。問題は特権に恵まれているかどうかではなく、その特権のせいでプログラムをきちんと運営できなくなるかということだった。私は応じるべき攻撃をまちがえていた——しかもあんなお粗末な応じ方で。

私は若者に、スポンサーである財団を軽蔑しているなら、なぜプログラムにいるのかと訊くべきだった。彼の態度は、一日中親の悪口を言いながら、すねかじりをする子供と同じだ。財団との関係のおかげで、彼は信用もネットワークやコネも得ていたのだから。彼と向き合わなかったことは、プログラムにも私自身にとってもよくなかった。

二本のシャンペンに不平等を見て思い悩んだ若いころとはもう違っていたとはいえ、特権との付き合い方という、この繰り返し現れる問題は、ますますむずかしい問いを投げかけていた。人が特権を得るのはただ出自とか生まれだけでなく、躾《しつけ》や外見、運動能力、教育によるということもわかってきた。一年生のときの修道女の先生から教わった〝多くを与えられた人間は多くを求められる〟ということと、人は〝自分自身に誠実で〟いなければならないというシェークスピアの知恵とが結びつく必要があるのも学んだ。これに、謙虚さ、共感、好奇心、勇気と、そして勤勉をいつでも付け加えれば、リーダーシップへの真の道がやっと見えてくる。もちろん、ユーモアはいつもプラスだ。

プログラムで出会った優れたリーダーの一人に、イングリッド・ワシナワトクもいた。ウィスコンシン州メノミニ族出身の彼女は、パレスチナ人の夫を持ち、世界中の先住民の声となっていた。

体も心も強靭な彼女は、幅広の丸顔で、ほとんどいつもジーンズをはき、アメリカ先住民の伝説や偉大な先住民族長の哲学を語るのが好きだった。私たちは、経済の主流から取り残された先住民族のために市場が果たす役割について、一年間ずっと話しつづけた。

イングリッドの話には何時間でも耳を傾けることができたが、対話は永遠に完結できなくなった。次世代リーダーシップの二番目のグループが南アフリカ行きの準備をしていたとき、イングリッドは、二人の同僚——ハワイのラヘエネ・グレイと環境活動家のテレンス・フレイタス——と、コロンビアのウワ族とともに働いていた。三人は、アメリカの石油企業に脅かされている、ある先住民の村が学校制度をスタートさせるのを支援していた。帰国のため空港へ向かう途中で、反乱軍に車を止められ、三人とも拷問されて殺害された。

私はタンザニアで強盗に遭ったことを思い出し、イングリッドも、完璧な日だと考えていた次の瞬間に暗転したのだろうかと考えた。彼女がだれで、何を背負っていたのかを知らない、反乱軍の一〇代の若者のことを考えた。知らせを聞いたとき、次世代リーダーシップのグループは南アフリカにいた。何日かあとで、私たちはデズモンド・ツツ大主教に会って、アパルトヘイト調停委員会《TRC》の仕事のことを話した。大主教は言った。

「私たちはみな、神の子です。人はときに善良でないことがあっても、善良でありたいと願っているということを覚えておきなさい。イングリッドの精神はいまもあなたがたのなかに生きている。あなたがたは彼女の仕事を受け継いでいかなくてはならない。それが命であり、愛です」

それ以来、グループとして集まるときには、大きな尊敬を受けた友人の思い出に敬意を表して、だれもすわらない椅子を用意することにしている。

ツツ大主教の言葉を聞き、イングリッドや、知り合ったほかのリーダーたちの仕事のことを思うと、共通の人間性に目を向けるという姿勢が再確認できた。だがプログラムは、多様な人間を集めただけでは生産的な対話の醸成には十分ではないということも教えてくれた。いちばん強力なのは、やりがいのある共通の仕事、共通の問題に取り組むことだ。世界の問題はますます共有されている。アメリカ先住民の女性が、国際的な石油企業に追い詰められた先住民のグループとともに働いたために、コロンビアの反乱軍に殺されたのだ。イングリッドの生と死は、支持すべき遺産を残してくれた。すべての人は、金持ちでも貧しくても、どんな国、宗教、背景であっても、みな姉妹であり、兄弟だと認めること。ここからすべてが始まらなくてはならない。

この時期に出会い、懐かしく思う人たちのなかでも、リサ・サリバンは特別だ。次世代リーダーシッププログラムの準備の初期、リサと私はミシシッピ河口デルタ地帯を訪れることにした。そこからフェローを採用しようとしていたからだ。当時互いのことをほとんど知らず、リサは、私を本物のアメリカ南部への旅の同伴者にしてもいいものか、迷っていると言ってきていた。南部は〝自分たち〟の故郷だと彼女が考えている場所だった。私は言動に気をつけると約束した。

涼しい秋の日、ジャクソン空港に着いた私は、スカートとハイヒールといういでたちだった。リサはジーンズにスニーカーに野球帽。完璧だ。

リサと私は一週間、教育者、教会指導者、政策立案者、受刑者、ビジネスマンを訪ねた。公立学校の九五％が黒人である一方、私立学校の九五％が白人であることを知って私は驚きを隠せなかった――私の認識不足はリサを怒らせた。私は私で、リサのビジネス観がワンパターンのリベラル派的反応だと感じ、彼女にそう言った。

私たちが互いにどれほど相手を必要としているか、わからせてくれたのは、ミシシッピ州初の黒人女性市長ウニタ・ブラックウェル（アンジェラと同姓なのは偶然だ）だった。リサは、私の知るかぎりだれよりも人を組織できたし、私は機関の設立の仕方を知っていた。私たちは世界観を共有していた。すべての人に自分の最高の目的を実現するチャンスがある世界。

「リーダーになるのは」とブラックウェル市長は言った。「一生かかる仕事です――そしてたいてい、いちばん自分に似ていない人こそ、いちばん必要な人です」

リサと私が最もショックを受けたのは、ギャンブル産業が低所得層に与えた影響だった。一九九〇年、ミシシッピ州は南部で初めて、ギャンブルを合法化した。雇用の供給源、州の税収源としてカジノを認めたわけだ。だが賃金は低く、一方で、地元の地域社会にギャンブルが与えた悪影響は大きかった。カジノでリサと私は、ほとんどが低所得層の人たちが、機械の前にすわって、つましい稼ぎを文字どおり投げ捨てるのを見た。州のあちこちで訪ねたどのカジノでも見た。

ナマズの処理工場では、野放しの民間部門が、雇用創出の名の下に貧困層に何をしうるのか、この目で見た。ミシシッピ・デルタにある四〇〇のナマズ処理工場のうち、一つを除いてすべて白人が所有し、一方、従業員の九九％は黒人女性だった。女性たちは最低賃金で、氷のように冷たい、血の混じった水のなかに何時間も立ちっぱなしで、ナマズを切り身にする。昼の休憩はほとんどなく、シャワーもない。一九八〇年代後半までは、従業員が砕氷機に巻き込まれて、手足を切断したり死亡したりすることはめずらしくなかった。重度の手根管《しゅこんかん》圧迫症候群のため、仕事を辞めざるをえない人も多かった。

私たちが大きな工場に近づくと、リサは私を押しやって、金属の門のところにいる警備員に届け出をさせた。

「学生だって言うのよ」とリサは言った。「そうでないと、スパイだと思われる。ナマズについて論文を書いている学生だって言うの」

「冗談でしょ」と私は言った。

けれども、何しに来た、と厳しい顔の警備員に訊かれた私は、従順に答えた。「学生です」

静かな午後遅く、私たちが正面の事務所に入ると、白いキャップをかぶった制服の女性が近づいてきた。手伝いを申し出た彼女にリサは、「ナマズ工場の研究をしているんです」と言った。「去年あたり労働条件がどう変わったか知りたいし、工場そのものも見てみたいんです」リサは女性の名前を訊かなかったし、女性も言わなかった。

生産ラインを訪ねる許可はあるかと女性に訊かれて、リサは首を振った。女性は黙って、ついてくるようにと合図した。厚ぼったい両手を体の前で組み、口をすぼめたままだった。リサは彼女に、デルタ地帯で児童保護基金とともに活動した話をし、自分の好きな食べ物のことやなぜミシシッピが大好きなのかを話した。ようやく、女性が態度を和らげた。

「いまはだいぶましになったよ」女性は、一、二分黙ったあとで言った。

「どうして？」とリサは訊いた。

「ラインが安全になったし、休憩が取れる。それに前ほど時間が長くない。けがも前ほどじゃなくなった」

「何があったんです？」とリサは突っ込んだ。

女性はテーブルの上に体を伸ばし、私たちを見て、人差し指で大きくUの字を書いて見せた。「組合《ユニオン》」ささやくように彼女は、若い東部人がどうやってミシシッピにやってきて、組合の力について話したかを語った。

労働者たちはすべてを賭けた、と彼女は言った。

「首になった者もいる。あたしらは、そうなりゃ、たちまち食べていけなくなる。でも助け合って、やりつづけた。それで、やりとげたんだ」

ミシシッピ州はアメリカで最も貧しい州の一つだ。当時、二〇代の黒人男性の少なくとも三人に一人は、犯罪のためなんらかの監督下におかれていた。黒人男子生徒の高校卒業率は、目を覆うばかりに低く、公共医療制度はまったく整っていなかった。これがアメリカのもう一つの面だ。ハリケーンカトリーナがなければ、ほかのアメリカ人がそれを知ることはなかった。

デルタ地帯はまた、資本主義が最も立場の弱い人たちをどれほどたやすく操り、抑圧するかを思い出させてくれた。市場志向《マーケット・オリエンテッド》の解決策には、しっかりした公共政策がともない、倫理観を持つリーダーの指導がなくてはならない。公共事業の契約をだれが請け負い、だれが得をしてだれが損しているのか、また私たちの税金が、一握りの人間に恩恵を与えるのではなく、多くの人たちのために最大限できることをしているかどうか、もっと問う必要がある。次世代リーダーシッププログラムの原則を私は誇りに思っていたが、この原則をもっと多くのリーダーに拡大していくにはどうすればいいのだろうか。

次世代リーダーシッププログラムを二年間運営したあと、リサも私も新しい機関の設立へ歩み出した。私のはグローバルな問題に、彼女のはワシントンDCにおける若者の問題に取り組むものだ。

夜遅く事務所から電話をかけあい、長時間労働と孤独を慰めあった。世界を変えようとすると、ときには個人的な代償を払うことになると話したとき、リサは、自分が好きだったスイート・ハニー・イン・ザ・ロックの曲を思い出させてくれた。「私たちが待ちつづけてきたのは私たち自身《We Are the Ones We've Been Waiting For》」「だれかほかの人が物事を変えてくれるのをただ待つわけにはいかない」と彼女はよく言っていた。

私が、無理はせずリラックスして、エネルギーを蓄える時間を持ってねと彼女に言った一週間後、彼女は喘息の発作で世を去った。あれほどの勇気と心、知性、スタミナを併せ持った人、マハ・ゴサナンダが教えたとおりの知恵を持った人を世界がこれほど必要としているときに、早すぎる死だった。

リサを知り、次世代リーダーシップのフェローとともに南アフリカやミシシッピを訪れた私は、ルワンダのことを思い、もどろうという気持ちになった。リーダーシップというものが、ビジョンを持つこと、ほかの人の立場に身をおく道徳的想像力《モラル・イマジネーション》を持つことだとしたら、自分が住んで働いたことがあるのに、おそらくすべてわかったことはなかった場所で何が起きたのか、理解しようと努力する必要がある。もどって、私の知っていた女性たちに何が起きたのか知らなければならない。

一九九七年、私はキガリにもどることにした。違いを乗り越える困難さを身をもって知った場所。結局この国は、人々が互いを恐れたために破壊されたのだった。

ＪＦＫ空港で飛行機に乗るとき、私は、キガリでは木も嘆き、花もみなしぼんでいるものと予想していた。ジェノサイドのあとのルワンダは、永久に灰色で憂鬱に見える場所だと想像していた。その豊かな土壌の上で、三カ月のあいだに八〇万人が命を落としたのだった。

だが私はまちがっていた。母なる自然は傷一つ残していなかった。外の世界は何も変わっていなかった。人々が呼吸する空気そのもののなかに記憶がまだ残っていたが、地球は大量殺人をあっという間に過去のものにしていた。もちろん、人が作った構造物は影響を受けていた――国のあちこちで、教会や家々が破壊されていた。建物には一面に銃弾の跡が残り、機関銃を持った制服の少年たちがどの角にも立っていた。以前なら木のフェンスで十分だったところに、高いレンガの壁があり、上には有刺鉄線が張られていた。しかしそれは、ときには鋭い金属を彩るパステル色の朝の光にほとんど比喩のように包まれていた。光に満ちた空は、以前と同じように青かった。

まっすぐユニセフに向かい、友達である運転手のボニファスに会った。彼はずっと老け、疲れて見えた。

「戦争のあと、神に出会いましたよ」と彼は言った。「それで酒をすっかりやめたんです。お互いにどんなひどいことをしあったか、忘れようと酒を飲みすぎて、死にかけました」小さな聖書が助手席におかれ、バックミラーからロザリオ〔十字架のついた数珠〕が下がっていた。

ベーカリーに連れて行ってほしいと頼むと、彼は反対した。

「何もかも変わってしまいましたからね」

二人とも黙ってニャミランボへ向かうあいだ、ボニファスやほかの運転手のことを自分がどれほど大切に思っているかと考えた。もうみなこの世にいない――ジェノサイドとAIDSのせいだ。縞模様のモスクを通り過ぎた。モスクはこの地区の道標だった。ムスリムはジェノサイドに加わらなかった唯一の集団で、以来、イスラム教への改宗者がかなり増えていた。だが宗教は、失望を招く悲劇的な役割も果たしていた。何千、何万という人が安全を求めて教会に逃げ込んだが、そこは聖域ではなく、殺戮の場になった。現代のユダになった牧師や修道女たち。以前はあれほど宗教の恩恵を受けていた民衆にとって、神の家も聖堂も聖なる場所ではないことが明らかになった。

何もかもひっくり返った世界で、私の知っているルワンダの何が残っているのか、私は見に来た。モスクを見ただけで、慰められた。ドゥテリンベレが生き残ったことは知っていたが、ベーカリーはどこだろう。ボニファスと私はなじみ深い通りを歩いて、仕立屋とビデオ屋を過ぎ、ついにボニファスが、道についたブルーのペンキを指さした。

私はドアをノックした。最初はおずおずと。だれも答えない。もう一度、こんどは少し大きな音でノックしたが、まだ答えはなかった。

ほとんどあきらめかけたとき、ドアがわずかに開いて、やせた手が現れた。赤いスカーフを頭に巻いた、若い、鳥のような女性が、暗がりからゆっくり現れた。

私はフランス語で自己紹介した。女性はただ私を見ていた。

私はもう一度繰り返した――ふたたび沈黙。

「英語しか話せないんです」と女性はようやく口ごもりながら言った。ウガンダからの難民だという。おそらくジェノサイドのあとここに来て、空いていた家に住みついたにちがいない。私が家を取り返しに来たのではないかと恐れているのだ。

女性は、ここにベーカリーがあったことは聞いたことがないと言った。

自国語で話すのはなぜか落ち着かなかった。「どのくらいここにおいでですか」と訊いた。

「二年です」と女性は答えた。「私の家でミルクを売っているんです」

私の家？　ジェノサイドのあとベーカリーにだれもいないのを見て、女性が無断で住んでいるのはまちがいなかった。こうしたことはキガリ中で起きていて、カガメ大統領がこの問題に取り組もうとしているのは知っていた。ただ、今回はあまりにも自分自身に直結していた。私は女性の所有者然とした口調が気に入らなかったが、彼女もすべてを失くしたのかもしれず、ただ生き延びようとしているだけだということもわかっていた。

「近所の人たちをご存知ですか。前からこの辺に住んでいた人はいませんか」

女性は頭を振って、私が礼を言う間もなくドアを閉めた。

私は黙ってそこに立っていた。

ベーカリーで残ったのは、道についたブルーのペンキだけだった。緑であるべきだった、ブルーのペンキ。ほんの短いあいだだったが、ここに小さな喜びの場所があった。女性たちが一歩踏み出して希望を持ち、自分自身の言葉で決める勇気を持った場所。ベーカリーはなくなり、働いていた女性たちのほとんどもいなくなった。私は、記憶をめぐるユダヤ人の観念を思った。忘れられないように物語を語るのはだれなのか。

ベーカリーは破壊されたが、そこから学んだことは生きつづけ、ほかの仕事に込められる――もちろん私の仕事に。

一瞬、ブルーのペンキの一片が、もっとやりたい、と私に思わせた。ジェノサイドのあとで目にしたものへの答えである私の祈りは、やがて生まれる新しい機関のなかに姿を現すことになる。

道についたブルーのペンキをじっと眺めているとき、頭を混乱させていたのは、私が知り、何年もともに働いた女性たち――オノラータ、プルーデンス、アニエス、リリアン――が、ジェノサイドのなかであまりに劇的に違った役割を果たしたという事実だった。犠牲者として、傍観者として、そして実行犯として。私は彼女たちの物語を理解したいと思い、一九九七年から二〇〇〇年にかけて四回、女性たちを訪ねた。彼女たちから聞いた話は、どのような危機であれ人道危機というものについての私の考え方を変えた。ジェノサイドでも、ＨＩＶ・ＡＩＤＳの感染でも、慢性的飢餓による破壊でも。今日まで、その話は私のなかで生きている。

第10章　報いと復活

絶望すると、私は思い出す。歴史を通じて、真実と愛の道がつねに勝利を収めてきたことを。暴君と殺人者は、ずっと長いあいだ、無敵に見えるかもしれない。しかし彼らは最後には必ず倒れる。考えてください——必ずだ。

——ガンジー

ベーカリーが破壊されたのを知ったあと、私はドゥテリンベレの設立を支援してくれた女性たちの運命を知るのが怖かった。オノラータ、リリアン、プルーデンス、アニエス、アニー。最初は、知人たちがどうなったかをとにかく知るために、一週間だけ訪問した。殺されたり投獄されたりしたと聞いて、自分で確かめる必要が出てきた。

彼女たちがジェノサイドのあいだに、考えうるあらゆる役割を果たしたとわかると、ただ理解しようとするためだけに、何年でももどってこようと決めた。でも、永久に理解できないのではないかと思っている。

二回目にもどったとき、まず会いに行ったのは、オノラータだった。ベロニクの昔からの右腕で、私があれほど多くの女性グループを訪ねるのを手伝ってくれ、最初にブルー・ベーカリーに紹介してくれたオノラータ。

「神様があなたをまた送ってくれたのね」

オノラータはほとんど悲鳴のように言った。白の綿のブラウスに紺のスカートで、熱帯風の柄のレモンイエローのスカーフが頭を包んでいた。今回のオノラータは、ジェノサイドの二年後に訪ねたときとは違っていた。あのときは二人とも立ちつくして涙を流し、よく生きていたとお互いにすがりついた。彼女はやつれて疲れきり、沈みこみ、希望の言葉を一言も発せず、ただ絶望していた。薄暗いオフィスの暗がりから、ほとんど存在感もなく幽霊のように現れて、私のほうへ歩いてきたのを覚えていた。

今回は、エネルギーと明るさがすばらしく吹き抜けるようだった。太陽の光のように輝く目。彼女がどれほど美しいかを見て、私は思わずほほえんだ。

オノラータの小さなピンクの家は、ニャミランボで彼女がいた地区にあり、風に揺れる巨大なユーカリの木が、通りをはさんだ向かい側に建っていた。ベーカリーがあったところからそう遠くない。私たちは、彼女の家の、小さく清潔で簡素な居間にすわった。壁は薄緑がかった青で、小さな木のテーブルの前にビニール張りのカウチが置かれ、プリント絵柄のシーツがかかったシングルベッドも置かれていた。マンゴー、バナナ、パッションフルーツの入った大きな鉢と花を活けた花瓶がメインテーブルを飾っていた——命と回復のしるしに。もう一つのテーブルには、茨の冠をつけた色白で青い眼のキリストの大きな絵と、プラスチックの聖母マリア、そしていかなるときも神を信頼する必要を説いた祈りの言葉が枠に入って置かれていた。

オノラータの生活のすべてに神がいた。彼女は、すべての善きものを神に帰し、口を開くたびに主に感謝した。私は彼女の信仰に敬意を抱いたが、その深い信仰とともに口に出さない疑いがいくらかなりともあるのではないかと考えた。ジェノサイドのあと、慈悲深い神がこのような暴虐を許すはずがないと考えたルワンダ人は大勢いた。しかし、少しでもためらいがあったとしても、彼女はそれを見せなかった。そして、私が信仰を共有していようがいまいが、彼女が強い信仰から驚くほどの勇気を得ているのは否定しようがなかった。

「ベーカリーの女性たちのほとんどは殺された」と彼女は言った。「いまは、女性グループの支援にたくさん時間を使っているの。私も多くの女性と同じ、未亡人になった。私たちはお互いに寄り添っている。こうした貧しい女性たちとともに働くことは、私に大きな強さを与えてくれる――ほんとうに多くの女性たちが、自分の生活をすべて失ってもどってきたの」

　私は、ともに働いていたときに彼女が教えてくれたことすべてに感謝した。

「いい時代だったわね」オノラータの目に涙が浮かんだ。「何でもできると信じていた」

あのころは、女性たちが外の世界に目を開いて、広い世界のなかで自分の生活を見ていた。一九八六年から、ほかの現実とほかの人たちについても知るようになった。持っているほんの少しのものを、共通の利益のために分かち合った。だれがどの民族の出身かなんて気にせずに。

「あなたがこの国を離れたころから問題が始まったの」と彼女は言った。

　一九九〇年、ポール・カガメの率いる、小規模だが実戦的な反乱軍、ルワンダ愛国戦線《RPF》が、ウガンダからルワンダに入った。彼らが掲げていた任務は、ルワンダ大統領を排除し、国外に逃れていたツチ族に市民権を取りもどすことだった。同じころ、国際社会は、ルワンダに民主改革を求めていた。

こうして恐怖が始まった。そして恐怖とともに、情報操作のキャンペーンと嘘が始まった。ルワンダの指導者が、すでに不安定だった市民のなかに、さらに防衛的な感情――と偏執性《パラノイア》――を吹き込む操作を始めたのだ。

それから五年間、一つの質問が繰り返された。

「フツ族か、ツチ族か」

二つのグループの緊張が高まるにつれて、憎しみが募り、日常生活に浸透していった。

私はオノラータがどの民族か知ったことはないが、あえて訊かれれば、フツ族ではないかと推測しただろう。理由といえば、小柄で、幅広の鼻というフツ族のステレオタイプに合っているというだけだ。実は、外見的な特徴は、民族性についてほとんど何も示すものではない。私はオノラータの母がツチ族だということは知っていた――だがルワンダでは、所属民族は父方から受け継ぐ。だからもしフツ族の家族で息子たちが何世代もツチ族の女性と結婚したら、子供はフツ族の血が一六分の一しか流れていなくても、フツ族とみなされる。私はまた、オノラータの家族や親族の多く――母方のほとんど全員――がジェノサイドで殺されたことも知っていた。彼女の愛する夫も、彼女と瓜二つの双子の姉も殺されていた。

彼女と家族が標的にされたことは明らかだったが、オノラータも私も、彼女がどの民族に属するかわざわざ話したことはなかった。そもそも自分たちがどういう人間かを話したことがなかった。ルワンダ人で、女性で、ソーシャルワーカーで、母親であるオノラータ。そういう話を彼女としたかった。

だが、その代わりに私が頼んだのは、彼女の話を聞かせてもらうことだった。私の手を握って、深く息を吸い、彼女は三時間、ほとんど三人称で話した。彼女にとっておそらくそれだけが、こうした言葉を口にするのに耐えられる方法だったのだろう。

子供のとき、オノラータには三人の大切な女性がいた。双子のアヌンツィアータは、〝同じ木の別の枝〟で、心の友、拠りどころだった。

「いちばん長く離れていたのは、生まれるあいだの一五分だったのよ」

二人は子供時代の多くの時間を、母のコレットを探すことに費やしたが、見つからなかった。最高の美しさで知られ、娘たちが幼いとき、おそらく一九六〇年代の大虐殺のあいだに家族を棄てた母。もしかしたら、彼女をいつも冷たく扱った、娘たちの義理の母親から逃れるためだったのかもしれない。コレットが家を出たあと、義理の母親は二人を虐待し、使用人のように働かせて、愛情を少しも示さなかった。

「神様に祈ったものだった」オノラータは私に言った。「お母さんがどこにいるかお教えくださいって。たとえ木や石に残る跡でしか見つけられなくても」

オノラータと双子の姉にとって、喪失と贖いは一生のテーマだった。

成人した二人は、母がザイールにいて村で静かに暮し、ほかに子供はいないのを知った。同じころオノラータは、テオドールという名の若いエンジニア、生涯の伴侶に出会った。若いカップルは、母のコレットをルワンダに呼ぶ方法を見つけ、結婚し、四人の子をもうけた。娘三人と息子が一人。アヌンツィアータは、テオドールの親友の一人と結婚し、キガリから二時間のブタレに引越してきた。そのころも、二人は毎週のように会っていた。やがてテオドールが行政で中堅の地位になると家族は官舎へ移り、オノラータの母は、二人がそれまで住んでいたニャミランボの家に引越してくることができた。母はそこに若い女性を寄宿させた。家族を求めるオノラータの思いと絆がようやく実現した。

「テオドールはいつまでも私を愛すると約束してくれた」と彼女は涙を流して思い出を語った。「短い生涯を通じて、その言葉に一瞬も嘘はなかった」

一九九四年、ルワンダで緊張が高まると、オノラータとテオドールは国外脱出を考えたが、家族全員にビザを確保することができず、出国できなかった。四月一六日、ジェノサイドが始まって一〇日後、民兵組織《インテラハムウェ》がオノラータの地区に、前触れもなく暴力的に進軍してきた。彼女とテオドールは子供たちを集め、隣人たちとともにすぐさま南に向かい、ブタレ州をめざした。ルワンダで唯一、まだ引き裂かれていない場所だった。国で最も教育水準が高く、ツチ族が多数派を占め——そしてアヌンツィアータがいた。ニャミランボの母の家まで行くには道が危険すぎ、母を残して行くと思うとつらかったが、どうすることもできなかった。

国中で役人たちが、ラジオから絶えず流れる、偏執的な言葉と説教の洪水で庶民を駆り立てていた。ジェノサイド政府のメッセージはいつも同じだった。

「ツチ族は、権力を取りもどし、フツ族を従属させるためにルワンダに侵攻してきた。それゆえ、フツ族は〝殺る〟か〝殺られるか〟の瀬戸際にある」

市民は不安になり、おびえ、リーダーの言うことに耳を貸した。〝やぶを取り払う時〟だとラジオが告げると、普通のルワンダ市民が隣人の殺害に及んだ。地元当局の拍手喝采を受けながら。民衆をツチ族殺害に駆り立てるこうした命令にもかかわらず、ブタレの知事、ジャン＝バティスト・ハビャリマナは、暴力の洪水を食い止めていた。行政サービスを維持し、食料と燃料の大量備蓄を命じ、疲れを知らずに各地域で会合を開いて、市民は法によって保護されていると保証し、家から出ないように言った。ラジオを聞くときは、非常に気をつけて聞くよう市民に強く求め、ルワンダに〝古くからの民族間の憎悪〟はないことを、繰り返し人々に思い出させた。

ハビャリマナ知事を希望の光として、何千、何万ものツチ族がブタレをめざした。オノラータ一家も大勢の人とともに、奇跡的に、夜、車で森を抜けることができ、四月一七日の朝、ブタレに着いた。

同じ日に、大統領が公式訪問団とともに到着した。訪問団には、ドゥテリンベレ設立を支援してくれた三人の議員の一人、かつての同僚のアニエスがいた。アニエスの行動とオノラータの運命は永遠に結びつけられることになった。大統領は即座に知事を解任し、すぐさまオフィスを去るように命令した。あとになるまで、私は、ハビャリマナがアニエスの夫の名付け子だとは知らなかった。

疲れきった前知事は一人で議場を出て行き、そのあと、通りの群衆に語りかけた。前知事は、怒りと流血の海に沈むまで、暴力をやめようと訴えることを決してやめなかった。

政府の構想は、ルワンダ人一人ひとりに、集団としての罪の意識を植え付け、ツチ族を一人残らず、そして穏健派フツ族も抹殺することだった。少しずつ空を覆っていく黒雲のように、政府は役人を弱いほうから取り込み、抵抗すれば殺害した。ハビャリマナの後釜になったシルバン・ンサビマナは、めかし屋の小者という評判の農学者で、知事の地位など望んでいなかったと表明したが、就任式にはスーツを新調した。

ハビャリマナの解任が殺人装置を始動させた。四月一八日、バーナディーン女子修道会に身を隠していた一万人以上が殺された。オノラータとアヌンツィアータの一家は恐怖がどこにでも潜んでいることを知り、四日間アヌンツィアータの家に隠れて、動けなかった。

四月二二日の夕方、不吉な予感をさせるオレンジ色の太陽が沈むころ、オノラータとアヌンツィアータの一家は米と豆の食事のテーブルについた。情景には緊張が高まり、耐えがたい見せかけの平常に満ちていた。

突然、銃声、そして叫び声、さらに銃声が聞こえた。

兵士たちがドアからどっと入ってきた。バナナの葉を首のまわりにぶらさげた若い兵士たちは、大人も子供も外に引きずり出した。四〇人近い人がいた。男性は道の片側に、女性と子供たちは反対側に立つように言われた。

「そのときが来たとわかったの」オノラータはささやいた。「私たちは兵士たちの真ん前で懺悔《ざんげ》の祈りを捧げて、私は聖母マリアに祈って、私たちをお助けくださいとお願いした。それからもう一度懺悔の祈りを捧げて、子供たちも私と一緒に祈ったの」

私は臨終の秘跡の一部であるこの祈りの冒頭の言葉を思った。〝神よ、あなたを傷つけたことを心からお詫びします〟――そして、オノラータがそれを殺人者の前で唱えるのを思い描いた。

兵士の一人が怒鳴った。「あんたの神様ってのは、いまどこにいるんだ?」

「恵みあふれる聖マリア、主はあなたとともにおられます」

若い指揮官がほかの兵士に殺害を命じ、兵士たちは一人ひとりの男性の額の真ん中を一発撃った。妻と子供たちから二メートルも離れていないところで。テオドールは地面に崩れ落ち、細身の体が泥道に折れ曲がった。だれも逃げようとしなかった。叫び声を上げた男性は一人もいなかった。男性はだれひとり、生き残ることはなかった。

女性と子供たちは泣き叫び、懇願し、殺さないでほしいと懇願した。

指揮官の兵士が向きを変えて、急ごしらえの分隊に女性と子供の殺害を命令した。

「そのとき、精霊の存在を感じた」とオノラータは言って、目を伏せた。「私は、地面に伏せてとみんなに叫んだの。兵士たちは、みんな死んだと思うまで、撃って、撃って、撃ちつづけた。それから生きている人がいるか確かめずに去って行った。私たちの持ち物は取っていかなかった。何も持っていないのを知っていたんでしょう」

雨が叩きつけるように降って、遺体を濡らし、通りを血に染めた。折り重なった死体の下で、オノラータは自分が死んだと思っていた。数時間と思われるあいだ、だれも動かなかった。どこからともなく、だれかまだ生きているのと訊く、幼い、高い声が聞こえた。衝撃のなかにいたオノラータは、答える言葉を一言も発せられなかった。別の子供が甲高い声を上げた。

「だれか生きている人がいたら、あたしたちを助けて」

娘がオノラータの体を揺さぶって髪を引っ張り、泣きながら言った。

「お母さん、お母さん」

オノラータは、姉のアヌンツィアータが隣りに横たわり、二発の銃弾を受けて虫の息になっているのを見つめることしかできなかった。

ほかの大人はみな死んでいた。

一七人の子供たちが生きていた。二人は重傷だった。オノラータの一三歳の娘は胸を撃たれ、もう一人は親友の息子で腿を撃たれていた。だが子供たちを救うことを考えられるようになる前に、オノラータは、最期を迎えようとしている姉に寄り添う必要があった。

姉妹はともに祈った。

「父よ、彼らをお赦しください。彼らは何をしているのかわからずにいるのです〔ルカによる福音書第二三章三四節〕」

オノラータは子供たちに一緒に祈るように言った。みんなでこの祈りを三回捧げた。

振り返ってオノラータは言った。「大人のなかで、私がいちばん母親らしくなく、勇気もなかった——神はまちがった人間を生き残らせたもうた。でも、私は一七人の子供を委ねられた。それで、私たちの運命を御手に委ねますと神に祈ったの」

祈りから、オノラータはそれまで一度も知らなかった強さを得た。

どこへ逃げればいいのか。教会はもう安全ではなかった。安心できる場所と考えられていた礼拝堂や聖堂に何千、何万という人たちが避難場所を求めていたが、牧師や修道女は信徒たちを引き渡して死なせた。子供たちを連れて、オノラータはアヌンツィアータの家につまずきながらもどった。なかは、紙や食べ物、椅子やマットレスが散乱していた。オノラータがアヌンツィアータのところにもどったとき、彼女は息をひきとっていた。

明け方、国境なき医師団の関係者が、虐殺の起きた現場で、双子の姉を抱き、ひざまずいて泣いているオノラータを見つけた。彼女はけがをしていた二人の子供をブタレ病院へ連れて行った。陸軍移動外科病院が開かれていた。その日一日中、オノラータは恐怖に襲われながら、病院と、まだ子供たちが隠れていたアヌンツィアータの家を往復した。

その日の終わるころ、何が起きたかを地区の人たちが知り、昔からの知り合いが病院にオノラータを探しに来て、二〇ドルを手渡した。手持ちの金はそれだけだった。ほかの友人たちは、子供たちを連れて行って一緒に隠れようと申し出た。オノラータが子供たちに食べ物を買う足しにと、見知らぬ人たちまでができるかぎり分けてくれた。援助機関はアフリカ人のことを、物をもらうのに必死だと形容するが、私はオノラータとこのときの人助けのやり方を思う。狂った残虐な世界で、その寛大さは失われていなかった。

六週間、大半の時間をオノラータは病院で過ごした。ほかの子供たちは街の外へ送り出すことができ、ほっとした。

「兵士たちが病院へ来て、子供たちを見て言った。『このちびどもはごきぶりの子《イニェンジ》だ』って」

病院にやって来て、オノラータやほかの生存者に、薬や食べ物を買うようにと、分かち合えるかぎりのお金を渡したルワンダ人たちもいた。オノラータも、ほかの患者のためにできることをして、彼らを慰め、ともに祈った。

六月になると、オノラータはほかの場所に移ることを考えられるほど危険が減ったと感じた。シャンググに近い、フランス掌握下の〝トルコ石地帯〟にある難民キャンプへ向かった。生い茂る森のなかだ。森はその驚くべき生物多様性で、地球上で最もすばらしい場所の一つになっている。一四種のアフリカ霊長類の生息地であり、鳥だけでも二八〇種、植生が豊かなニュングウェの森は、平和なときには別世界だ。友達とキャンプしたとき、丈の高い木の天蓋の向こうに星を見ながら、私は眠りに落ち、明け方、大勢のコロブス猿に囲まれて、鳴き交わす大きな声で目を覚ました。サルたちの模様のある顔が好奇心満々で私たちを見つめていた。いまではそれは、昔々の話のように思われる。

それから難民キャンプで暮らし、また別のキャンプへ移るうちに、オノラータはノイローゼ気味になった。子供たちの状態もそれに拍車をかけた。一〇代の子供たちは、喪失、戦争、そして当たり前だと思っていた境界がなくなった心的外傷《トラウマ》に苦しんでいた。何も信じられず、秩序の意識も安心感も持てなかった。娘たちはミニスカートをはき、ラジオをがんがん鳴らして反抗し、オノラータと口をききたがらなかった。思春期の典型的な行動だが、オノラータの精神状態からすれば、ますますどうしていいかわからなくなった。

「なんで賢く、思慮深くならなきゃならないのよ」オノラータが娘たちを落ち着かせようと手を差し伸べると、娘たちは言い返した。「お母さんは賢かったんじゃないの？　だれにでも親切だったんじゃないの？　それでも犬扱いされたじゃないの。それでもお父さんは殺されたじゃないの」

話を聞いてくれたのは、カナダ人修道女の小さなグループだけだった。修道女たちはオノラータを身近にいさせた。生涯で初めて、彼女は〝寄り添ってもらう〟ことになった。

「私はいつも貧しい女性たちや夫を亡くした女性たちに寄り添ってきた。突然、だれかに寄り添ってもらうことが必要になったの」

私たちの共通の人間性の基礎には愛がある。アフリカには、〝あなたがいるから私がいる〟という意味の言葉もある。インドのヒンドゥー教徒は、互いに〝ナマステ〟、つまり〝あなたに頭を下げます〟とあいさつする。この言葉はまた、私のなかの神があなたのなかの神を認めたということだと解釈する精神的指導者たちもいる。

戦争は人間のなかの最も善きものと悪しきものをあぶり出す。ジェノサイドも同じだ。人々は隣人を〝ごきぶり〟と呼び、人間以下の扱いをして、互いに殺し合った。しかし普通のルワンダ人はまた、命の危険を冒して互いを助け合った。ときには――しばしば――同じ人が両方をやった。

友人たちがオノラータを経済的に支えていた。ベルギー人の牧師は、〝父親〟代わりになるからと、一家を養うことを申し出た。牧師は、子供たちが、ルワンダにふたたび足を踏み入れようとしないことに気づき、一方オノラータが母の生死を確かめにもどらなくてはならないことも知っていた。それで、彼女の子供たちを国外の全寮制の学校へ送るための資金集めを手伝った。

子供たちを送り出す日、オノラータはほとんど話すことができなかった。国外のほうが安全で健康に過ごせるのはわかっていたが、自分は母親が生きているかを確かめ、残してきた人たちを助けるためにもどるしかなく、板ばさみになっていた。

……彼女は言葉を切って、深く息を吸った。私は彼女を見た。疲れきって悲しげだったが、目には平安と落ち着きが見えた。彼女がこれほどの苦しみに耐えてなお、美しいほほえみでここにすわっていることができるなら、特権に恵まれた私に、いったい何ができるだろう。彼女にその強さをどこで得たのか尋ねれば、神に帰すのはわかっていた。だが、私はまた、彼女の隣りにすわっているすばらしい女性に負っていることも知っていた――母のコレットだ。

ジェノサイドが始まったとき、コレットはニャミランボで、オノラータとテオドールの小さなピンクの家に設けた、若い女性のための寄宿舎に、一〇人のツチ族の少女と一緒にいた。孤立していた少女たちとこの年配女性は、格好の餌食だった。マチェーテを持った怒れる若者たちが家を囲んでいるとき、コレットは、聖書の言葉をずっと唱えて、少女たちにもつづいて言わせ、窓の外の恐ろしいことを見ないよう強く言った。コレットをいちばん動揺させたのは、犬が通りをさまよって隣人の死体を食べる光景だった。

私は、一九八八年にドゥテリンベレで働いていたとき、ある晩、車で家に帰る途中に、野犬の群れに襲われたことを思い出した。真夜中、群れがすべての方向から車に飛びかかって、なかに入ろうとしはじめた。一頭がボンネットに飛びつき、その恐ろしい顔が見えた。私はスピードをあげて逃げたが、野犬の凶暴さがまだ頭にこびりついていた。コレットは、自分も少女たちも貪り食われるような目に決して遭わないようにという思いだけで、ほとんど動かされていた。

「すべての人は、きちんと埋葬される権利があるの」と彼女はあとでオノラータに話した。「死は逃れられないものです。でも私は自分の尊厳を明け渡したりしない」

雨だれ、石を穿《うが》つという。コレットと少女たちは、三カ月間、家にとどまった。小さな庭でできるものだけで、ろくに食べ物を口にせず、家を囲む木のフェンスを薪にした。毎日のように掠奪者たちが門にやってきて、娘たちの命は助けてやるからと口約束してあざけった。翌日は、同じ若者たちが、少女たちを殺してやる、〝形のいい鼻〟を削ぎ落して、〝長い脚〟をぶったぎってやると脅した。毎日コレットは自分の椅子にすわって、聖書を読み、動こうとしなかった。やがて兵士たちは、神がコレットを守っていると信じはじめた――そして彼女と一〇人の少女たちは、どうにか生き延びたのだった。

この母にして、この娘あり。ジェノサイドのあとすぐ、コレットは夫を亡くした女性たちの支援を始めた。オノラータはもどってくると、母と一緒に、持っていたものを失くした女性たちに寄り添った。

コレットとオノラータと孤児たちが住むピンクの家に、オノラータの義理の母親も身を寄せるようになっていた。かつてオノラータがひどい仕打ちを受けた女性だ。オノラータは、ジェノサイドのあいだに神と約束したと打ち明けた。もし命を助けてくださるなら、この女性の面倒を見ます。「時間が解決してくれるものよ」とオノラータは私に言った。「私がどれほどよくしてくれたかと、義理の母が人に話すのを聞いたことがある。もし私が彼女の面倒を見ることになると知っていたら、私とアヌンツィアータにもっとやさしくしておくんだったと友達に言ったこともあった。でも先のことはわからないもの。ねえ」

火は鉄を鍛える。

「戦争の前は」オノラータは私に言った。「私は何の心配もなく満足していた。ほんとうの理由がわからないまま仕事をしていた。ほかの人の役に立つこと、不満を言わずに運命を受け入れることに、神の真の力を見たの。神が私にメッセージを送っていることがわかってきた。この世で困難を抱えていても、光り輝いていなくてはならない。自分も問題を抱えていても、夫を亡くしたこうした女性たちを慰めなさい。——最後には、善は悪に勝つ。見返りを期待せずに、善をなして、ほかの人の役に立つのが私たちの課題なの。普遍的な愛を育てる人たちは、この世に大きな財産を持っていると思うようになった。ほかの人の役に立つことで、真っ暗闇の場所に光を見つけられるの」

オノラータを通して私は、復活《レザレクション》というものがこの世の、まさにここで起こっているのがわかった。私は彼女と同じ心と粘り強さを、世界のあちこちにいる女性たちに見てきた。何も持たないのに、ほとんど想像もつかない品位と尊厳を持って、大きな喪失に耐えている女性たち。オノラータは、私にとっていつまでも、最も偉大な師の一人だ。彼女の話は、ほとんどどんなことにでも耐えうる、人間の心のすばらしい力を思い出させてくれた。そして、人の役に立つことが持つ力、目的を持った人生を生きること、そして希望の火を決して絶やさないことも教えてくれた。

オノラータは、自分が支援している未亡人のグループを訪ねるのについてきてほしいと言った。

「みんな癒されるために、あなたに話を聞いてもらう必要があるの」

「聞いてもらう」という考え方は初めてだったが、私はすぐに、証言すること、話をすることを通して痛みを伝えるということが力を持つのを知ることになった。女性たちの真実の話に耳を傾け、受け入れることによって、私は彼女たちの癒しにほんのわずかな役割を果たすという名誉に恵まれた。

オノラータと二人で、小さな部屋で四人の女性に会った。フツ族もツチ族もいて、夫は死んだか投獄されていた。みな一人暮らしだった。オノラータと同じように、どの女性も三時間かけて話をした。オノラータと同じように、どの女性も品位に満ちていた。

一二時間近くのあいだ、私たちは一緒にすわって話し、お茶しか口にしなかった。どの女性も、恐怖と悲劇と想像しうる最も深い悲しみに満ちた経験を語った。私は頭ががんがんし、自分のなかの感情をどうしたらいいかわからなかった。

最後に私は、民族の違いを越えて、どうしてともにすわって互いの話を聞くことができるのかと尋ねた。怒りがわいてきませんでしたか。みなさんご存じなんでしょう。一人の人のご主人がもう一人の人のご主人や息子さんを殺したかもしれない。どこに赦しを見出す余地があるんですか。

一人の女性が静かに答えた。

「お互いの話を聞いて、お互いの目を見ると、苦しみが見えるんです。私たちを結びつけるのはこの苦しみです。私たちがみな人間だということを思い出させてくれるのは、この苦しみです」

彼女の言葉が心に響いた。女性たちの人間性を知って、私自身も強められるのを感じた。

だれも苦しみを逃れられなかった。どのルワンダ人も、恐ろしい行為を見た――あるいはした――だけでなく、みなだれかを失くし、そのために自分自身の心の一部も失くしていた。リリアンのように、標的にされることもなく、暴力に加担したこともないフツ族も、やはり恥と罪の意識の闇にいる。しかし、これほど多くの普通のルワンダ人が、すばらしい勇気と心を示したことは、国の将来の見通しを明るくするものだ。


ジェノサイドのあと、初めてリリアンに会ったとき、抑鬱に押しつぶされそうに見えた。オノラータも想像を絶する苦しみを経験したが、かつての自分の家で暮らし、生存者のグループに参加して、すでに内面の平和を得、それは年ごとに強まっていた。

リリアンはスラムに小さな家を借りていた。一家が難民キャンプからもどってみると、ルワンダ解放戦線の兵士たちが自宅を占領していたのだ。オノラータの家が光に満ちていたのと対照的に、リリアンが借りていた家は、ぞっとするほど暗かった。家の中心はつつましい居間で、幅二メートル半、奥行き三メートルほどしかなく、小さな木のテーブルのまわりにベンチが一つと、椅子が三脚ある。コンクリートの壁には、地図の川筋のように一面にひびが入り、みにくい不自然な緑に塗られていた。シンプルなセメントの床は、ところどころひどく壊れて、泥がしみ出していた。茨の冠をかぶった、色白のキリスト像が壁にかかり、別の壁には、プラスチックのロザリオがテープで止められていた。裸電球が一つだけ、頭の上に下がり、空気が悪くて息が詰まった。

リリアンの夫のジュリアンは医師で、ジェノサイドのあいだほとんど、街の病院で働きつづけていた。双子を妊娠していたリリアンは、通りを歩くのが恐ろしく、家に残って、五歳になる息子のオーガスタンの世話をしていた。親友とその夫と幼い子供を、危険が大きくなりすぎるまで何週間も家にかくまっていた。若い一家は逃げた（夫は殺されたが、妻と子供は生き延びた）。

一九九四年の六月の終わりごろ、ルワンダ解放戦線が首都を支配下に置いた。ほとんどのフツ族と同じように、リリアン一家も車でゴマをめざし、すぐにゴマには一〇〇万人の難民が集まった。最初の夜、一家はギセニに着いた。ジュリアンが何年も病院で働いたことがあるところだ。予定日より八週間早く、リリアンのお産が始まった。

真夜中に双子が生まれた。朝までに一人は死んだ。もう一人は九〇〇グラムにも満たず、あまりに弱々しくて、産湯をつかわせることもできないほどだった。殺戮のさなか、二人は子供を葬り、短い生を悼んだ。川に投げ込まれたり、マチェーテやこん棒で打ちのめされたりした、数え切れない子供たちには受けられようもない弔いだった。

一家は、ルワンダ解放戦線がギセニを支配下におくまで、三週間近く病院に滞在し、それからゴマへ逃げた。幸運なことに、巨大な難民キャンプの外にホテルを見つけることができた。少なくとも、持ち金を使い果たすまでの数週間は。毎日コレラで数千人の死者が出て、リリアンは生まれたばかりの子をキャンプに連れて行くのを恐れたが、結局ほかにどうしようもなかった。リリアンとジュリアンは、一〇カ月近く待ったあと、娘にバレリーと名をつけた。キニヤルワンダ語で真珠を意味する名前もつけた。二人にとって、これ以上大切なものはなかったからだ。

一家は二年間、難民キャンプにいた。なんとか耐えられた。村のような体制がほとんど一晩のうちにでき、学校や診療所、さらに秩序と共同体意識をもたらす急造の通りまであったからだ。家族が肩を寄せ合った。二人が大急ぎでキガリを離れたときに、リリアンはなんとか写真を持ち出していた。

「何度も何度も写真を見て、ここの人生だけが人生じゃないということを忘れないようにしたの」

それでも、民兵組織はキャンプを恐怖と残忍さで支配した。

「私たちのすぐ後ろに小さな家が四軒あって、若い男性グループが住んでいた。一六歳から二五歳くらいで、みんな軍隊にいたことがあって、独身だった。それで私たちは、何か恐ろしいことがまた起こるんじゃないかと恐れながら暮らすことになった」

一九九六年一一月、リリアン一家は、静かに整然と列を作ってルワンダにもどる、一〇〇万人の人たちのなかにいた。ほとんどの人たちは、次に起こることを恐れていた——もう自分には見知らぬ場所になってしまったところで、何が待ち受けているのか。難民は、持ち物をすべてスーツケースやかごに入れて運んだ。ジェノサイドに巻き込まれた一〇〇万人の一般市民が、一文無しで、何週間も、ときには何カ月も歩いて、招かれざる国へ帰る。何万人もがもうもどることはなく、そのなかにはリリアンの母もいた。

一日目、リリアンも七歳の息子も、二歳の娘も水と砂糖だけで、二〇時間近く歩いた。キガリの自宅のことをずっと頭に描きながら、歩き通した。自宅がまだあるようにと祈りながら。彼女とジュリアンは、ジェノサイドの六カ月前にその家を買い、ローンの三分の一をすでに支払っていた。家は、家庭と安定——すべての象徴だった。

キガリに着くと、まっすぐ家へ向かった。そこで何を見ることになるか思いもよらずに。家に着く前に友達に会い、引き返すように言われた。兵士たちは家を取りもどそうとする人たちを殺している。待ったほうがいい」
「ウガンダから来た一人の兵士が住んでいる。

ほかにどこに言ったらいいのか考えもつかなかった。食べ物も飲み物も、その晩泊まるところもなく、彼女は子供たちと、車で四時間かかるギセニまで、来た道を引き返した。ギセニは故郷ではないが、ジュリアンが前に働いていた病院で仕事を見つけられるかもしれない――別の家を見つけられるチャンスもそのほうが大きい。

しかし自分の家を取りもどそうと思いつめたリリアンは、わずか数カ月ギセニにとどまっただけで、キガリの自宅にもどることに決めた。重大なリスクを冒すことになるのはわかっていた。けれどもリリアンには法的権利――所有権を示す証拠――があり、カガメ大統領は、法的権利のある家は返還されると約束していた。彼女はそれに賭けた。

キガリへもどった代償は大きかった。リリアンと子供たちは、スラムに引越すしかなかった。ジュリアンは当面ギセニに残ることになった。臨時の住まいはあまりにひどく、ついにリリアンは、昔の自分の家に住んでいる兵士と交渉する勇気を奮い起こした。よく知っている家までゆっくり歩いて行き、門をノックし、作業服を着た威圧的な兵士の前に立った。深く息を吸い、めった切りにされて死んだ女性たちのことは考えないようにして、自分の話をした。

兵士は聞いていた。

彼は立ち退きは拒んだが、家賃を払うことに同意した――ローン返済には足りなかったが、始まりとしては悪くない。彼女は兵士に礼を言い、それから家に帰って神に感謝した。

何も起こらなかった。兵士は一度も一フランたりとも支払わず、立ち退きもしなかった。さらに訪れて、さらに交渉した。何も変わらない。リリアンとジュリアンは、スラムに家を借りながら自宅のためのローンを払いつづけることができないところまできた。彼女は毎週兵士を訪ねるようになり、行くたびに立ち退きを頼んだ。

ある朝、リリアンが行くと、家は空っぽだった。兵士は姿を消していた。打ち付けていないものはすべて持ち去られていた――家具、カーテン、壁の絵も一枚残らず。空っぽの汚い家はほとんど耐えられないような臭いがしたが、家を出てから五年後に、彼女は自宅を取りもどした。

スラムで初めてリリアンに会って一年後、二人があれほど大切にしていた家に彼女を訪ねた。家は明るく、風通しがよく、寝室が三つあった――一つは彼女とジュリアンの、もう一つは子供たちの、そして三つめは、彼女の姉とその子供の寝室だった。リリアンは、神と交わした約束を守るため四つめの部屋を礼拝堂にしていた。部屋には祭壇と聖書、家族が夜の感謝の祈りを捧げるときに膝を乗せるクッションがいくつかおいてあった。

彼女の家を不法占拠していた兵士は近くに移り、リリアンの子供たちがときどき、彼の子供たちと遊んでいるという。

「他人に対する怒りを持ちつづける理由はない」と彼女は私に言った。「私たちのなかには小さな衝突で死んだ人が多すぎた。いまは癒しの時なの。それに自分の家があって、感謝している。恨みを持つ必要なんてないでしょう?」

彼女は自分の話をしながら、難民キャンプではみんなひどい暮らしをしていたから、みんな平等だったと強調した。

「この国にはやるべきことがほんとにたくさんある」と彼女は言った。「癒しも復興も、まだまだこれから」

オノラータやリリアンのような女性たちは、もしも世界が両手を広げて彼女たちを迎え入れさえすれば世界をも変えられるような辛抱強さと夢見る力を、彼女たちなりの方法で毎日示してくれている。

第11章　沈黙の代償

結局、私たちが覚えているのは、敵の言葉ではなく友人の沈黙だろう。
――マーティン・ルーサー・キング牧師

オノラータの物語が再生の物語だとすれば、アニエスの物語は人の弱さと、闇に沈んでいく物語だ。アニエスは若かった法学生時代からリーダーになるように育てられてきた。人生のほとんどのあいだ、最初は裁判官として、次はアフリカ大陸で最初期の女性議員の一人として、社会的公正の問題に取り組んだ。ジェノサイドのわずか数カ月前、彼女は穏健思想を持つ政党の結成に奔走していた。その政党はすべての民族集団を包括するものになるはずだった。しかし、私には知る由もない理由で、彼女はジェノサイドという犯罪の中心人物として告発を受け、投獄されてキャリアを終えることになった。

私はアニエスの物語を理解したいと思った。社会的公正をめぐって、知りあい、ともに働いてきた仲だった。アニエスは優れた能力を備えた女性で、女性運動のパイオニアであり、アフリカ女性のロールモデルだった。ドゥテリンベレ時代、高潔さに疑問を持ったことがあったとはいえ、このような大量殺人をおこなう残忍な政権のリーダーになりえるというのは、私にはどうにも納得がいかなかった。彼女が大量殺人装置の一部になることがあるのなら、悪の力はめずらしいものではなくどこにでも潜んでいることになる。ハンナ・アーレントの『イェルサレムのアイヒマン――悪の陳腐さについての報告』（みすず書房）を読んだことがあったが、一つの民族集団を丸ごと抹殺する組織的行動を率いるのに手を貸した人間を、自分が実際に知ることになるとは夢にも思わなかった。

私はジェノサイドのあと二度、アニエスを訪ねた。二度とも、厚い壁に囲まれたキガリ中央刑務所に。一九三〇年代にベルギー人植民者によって建てられた刑務所は、要塞のような赤レンガの建物で、緑の金属のドアがついている。街外れの、幹線道路から九〇〇メートルほど離れた、丘の上にあり、赤レンガは産業革命時代の古い工場を思わせた。

刑務所の前から道を歩いて少し遠くまで来れば、緑の畑が青々とした谷まで下り、ゆるやかにうねって、それから上って柔らかな丘になり、輝く空が広がるのが見える。その景色は自由と可能性をうかがわせるものだ。当初、収容定員二〇〇〇人で建てられた中央刑務所には、ジェノサイドの五年後、その四倍以上が収監されていた。男性七八〇〇人、女性六〇〇人。トイレはほとんどなく、受刑者は日に一度、水っぽい食事が与えられるだけだった。一度に全員が横になれるだけのスペースがないので、順番に眠っていると言われた。女性も男性も六年間もこうして眠ってきていた。

私は金曜日――面会日――に刑務所に着いた。何千人もの人――ほとんど女性と子供――が、刑務所にいる身内のための食べ物を入れたかごを持って、街のあちこちや近隣地域から来ていた。五、六時間も歩いてきた人もいた。みな、受刑者との面会を許可されるまで、外の中庭で待たなければならなかった。受刑者は、面会者の持ってくる食べ物で命をつないでいた。食べ物を準備して刑務所まで来ることがどれほど大変か、面会者の疲れた、やつれた顔からうかがわれた。色とりどりの服を着た女性たちは、しばしば背中に赤ん坊を背負っていたが、うつろな目で、身動きせずに待っていた。ひび割れた土の上に静かにすわって子供たちをあやしている人や、静かな声で言葉を交わしている人もいた。

こうした女性たちの集団と、なかにいる男性たちとの分断が、この国の最も深刻な社会的断層だった。毎週金曜日、一五万人以上の女性と子供が、ルワンダのあちこちの刑務所にいる、約一二万人の受刑者に食べ物を届けに行く。夫が何年も刑に服している女性たちは、多くの点で未亡人に似て、収入を得たり畑を耕したりする手助けをしてくれる人がだれもいないまま、なんとか家族を養おうとしていた。戦争ですでに荒廃した国で、このような生産性の損失は大きかった。

面会に行った日、だれもいない刑務所の中庭から三〇メートルほど離れた所に、二本の棒に太いロープを結びつけた急ごしらえの柵が設けられ、私たちはみな、その手前で待たされた。青い服を着た三人の看守が、ピンクの服を着た男性受刑者を二人連れていた。受刑者の一人は、緑のハイトップスニーカーをはいて、赤いベレー帽をかぶり、もう一人は黄色のサンダルをはいて、ビニールに包まれた、ピカピカの新品のマチェーテを三本持っていた。五人は昔なじみのように笑っていた。

看守の一人が私のところに来て、所長室に連れて行き、さらに、ピンクのカーテンのかかった窓がある小部屋まで連れて行った。私はそこに一人で立って、中庭の反対側にある大きな緑のドアを見ながら、その向こうにあるもののことを考えた。

一〇分後、アニエスが現れた。

頭は剃られていたが、アニエスは、ジェノサイド政権の有力者、元法務相のようには見えず、若い娘のように見えた。収監されて三年、最初の二年は監禁だった。標準的な囚人服を着ていた——清潔なピンクの綿の半袖ワンピースで前にボタンがある。

彼女が、両腕を振り、頭を左右に振りながら私のほうへ歩いてくるのを見た。大人の女性ではなく小さな女の子のように見えた。そばかすのある頬と柔らかな茶色の目がいっそう子供っぽく、残酷なことなどますますできそうもなく見えた。

ドゥテリンベレの女性たちのなかでは、アニエスのことをいちばん知らなかったし、彼女を完全に信用したこともなかった。それはこの日も変わらなかった。

「ジャクリーン！」私を見るとアニエスは感情のこもった声で叫んだ。「ちょうどあなたのことを考えていたのよ」

彼女は私の肩を抱き、両頬に大げさにキスをした。

「あなたが来るって知らなかった」と彼女は、私たちが偶然に出会った長年の知り合いででもあるかのように言った。「来てくれてありがとう。あなたのことを考えていたわ」

彼女が考えていたのがどうして私のことなのか想像もできず、居心地の悪さで胃がひっくり返る気がした。陪審による裁判はまだ受けていなかったが、ジェノサイドが始まったころ、〝フツ・パワー〟政権が組閣されたとき、彼女は法務相に就任していた。アニエスが激烈な扇動演説をして、男性にはツチ族の殺害を、女性には、夫が残忍な殺人行為にますます精を出すように励ますことを呼びかけた、と多くの人たちが言っていた。

私はアニエスが怖かった。彼女の本質に近づきすぎることさえ怖かった。それが私にも擦りこまれるのではないかという気がした。ある集会で彼女が群衆に向かって叫び、「抹殺を始めたなら、だれひとり、何一つ、見逃されるものはない。それなのに、ここでは、年寄り女を何人か殺しただけで、もう満足している」と言ったということを私は読んでいた。これが、たった五年前に、熱意を持って前進し、ともによりよいルワンダを築こうと女性たちに呼びかけたのと、ほんとうに同じ人なのか。

女性が世界を支配したら、平和のチャンスがようやく訪れると考えている人はたくさんいる。それはほんとうかもしれないが、アニエスを見れば、権力は男も女も分け隔てなく腐敗させると改めて思う。権力を象徴するものが好きだった彼女は、結局のところ、高潔さも、自ら築いた善きものも、すべて虚飾と引き換えにしたのだった。

アニエスの関与についてどんな話を読んでいたとしても、一つの機関を設立するためにともに働いた仲だということに変わりはなかった。アニエスを訪ねた理由は、いろいろあった。彼女にとっては意味があるかどうかわからなかったが、少なくとも彼女に好意を示したかったし、味方になるつもりはなかったが、彼女のことを理解したかった。

面会の最初のぎこちない数分は、とりとめのない話をした。家族はどうしているか。結婚したか。いつも私が最初に訊かれることだ。

あれこれ考えたあげく、私はチョコレートの小箱を持ってきていた。彼女は一つつまんで口に入れて輝くようにほほえみ、また幸せに満ちあふれた小さな女の子のように見えた。彼女の頭のなかに何が住んでいるのか、彼女が自分自身にどんな拷問を課しているのか、と私は考えた。外からは何もうかがえなかった。

アニエスは話しながら、木のロザリオの数珠を指でいじっていた。私は、もうほんとうに長いこと持っていないが、小さかったころ、どんなにロザリオが好きだったかという話を彼女にした。アニエスは修道女から教育を受け、その信頼を寄せてもらったことが、学業と仕事の成功に大きな役割を果たしていた。母校から大学に進学した最初の女生徒の一人で、ルワンダの最初の女性裁判官、女性議員の一人になった。

「信じてくれる人がいると、いろんなことが変わるのよ」と彼女は私に言った。

私が刑務所での彼女の生活とルワンダの一般情勢に話を移すと、彼女は二〇分の演説をぶった。若々しい顔が消え、ゆがんだ怒りの仮面に変わった。唇をきつく結んで、完璧な歯並びを見せ、三白眼になるほど大きく目を見開いて、話した。彼女が、絶えずロザリオの数珠をいじりながら、まちがった告発と戦争の悲劇についてぶちあげているあいだ、私はほとんど何も言わなかった。

アニエスによれば、ハビャリマナ大統領暗殺の非難を受けるべきはルワンダ解放戦線《RPF》だという。ルワンダ解放戦線は、フツ族殺人部隊を敗走させた、ツチ族の軍隊だ。一九九四年四月六日、ルワンダ、ブルンジ両国の大統領を乗せた飛行機が何者かに撃墜されて二人とも死亡し、それがジェノサイドの引き金になった。撃墜がだれの仕業か、だれにもわかっていない。

「ルワンダ解放戦線は極悪非道なことをしたのに」アニエスは私に言った。「世界は一面しか見ない」と彼女は息を吸った。「ジャクリーン、あなたは西洋から来たから、ほんとうに何が起きたのかは絶対わからない。ルワンダではお互いによく知っている。物事がどう動くかもわかってる。双方とも殺したの。数えてみれば、フツ族のほうがツチ族よりずっと大勢殺されたことがわかる。四月の最後の数週間に、国中でルワンダ解放戦線に殺された人たちを知ってる。いま、世界はフツ族を悪者にすれば都合がいいのよ。だからツチ族は何の非難も受けない」

アニエスはツチ族をユダヤ人になぞらえた――権力欲。

「ユダヤ人は何百万人もの命を失い、その事実を世界に突きつけた。だからいつも力を持っている。ここでも同じこと。ツチ族はいまでは大きな力を持ち、世界はずっと彼らの側につくでしょう。こんなに大勢殺されたのが、ツチ族にとってかえってよかったのかもしれない。だから私は、だれが大統領を暗殺したかを暴いて、この恐ろしい殺し合いに対する非難をだれに向けるべきかはっきりさせてやる。権力に飢えている人間というのはね、信じられないことをやるものよ」

私は、――一緒にした仕事でいちばんよく憶えていることは何かと彼女に訊いた。

「個人的にいちばん印象に残っているのは、女性たち。彼女たちは、いつもやっていること以上の何かができるのを知った。それまでは、畑に行くことと、夫がいくら持って帰ってくるか一日中待つことしかできなかった。でもあの日、働けば夫より多いくらいの収入を家に入れられると知って、やってみようとみんな強く思った。それが印象深かった」彼女はそう振り返った。「大勢でドゥテリンベレにやってきたわね」

私たちが力を合わせてどれほど懸命に働いたか、彼女は思い出させてくれた。

「個人的には」と彼女はまた言った。「私は、仕事と政治的責任を両立させなくてはならなかった。夜の一〇時まで会議をやったわね。でも私たちは文句を言わなかった。だれからも給料をもらおうと思っていなかったし、出したお金がもどってくるとさえ思わなかった」

ドゥテリンベレの設立に向けて、アニエスがどの女性にも負けずに懸命に働いたのはほんとうだ。

彼女が辞任を求められたのが汚職のためだったことなど蒸し返すつもりはなかった。

彼女はつづけた。「ドゥテリンベレを作り上げたのは、運よく学校に行けて、学位をとって、仕事も持って、そして自分ほど運がよくなかった姉妹のために何かをしたいと思っていた女性たちだった。私たちは、学校に行けなかった女性を助けたかった。国は貧しくなる一方だった。家族の面倒を見なくてはならない女性の家長が増えていた。彼女たちの自助努力を支援するために、何かしなければならなかった。最初は、それが私たちの強さだった」

外がいきなり騒然として、彼女の言葉をさえぎった。家族との面会を待っていた女性たちがようやく刑務所内に入るのを許されたのだ。まず、少なくとも三〇〇人の受刑者がみなピンクの服を着て中庭に現れ、ぎゅうぎゅうに詰めて明るい緑色のベンチにすわった。それぞれ、濃い緑のビニール袋を持っている。看守の鋭いホイッスルの音で、静物画のようだった向こう側が激しく動き出した。三〇〇人の女性と大勢の子供たちがばたばたと中庭を横切る。手にした袋やかごで体を左右に揺らしながら、男性の前のベンチにすわる。三、四分ほど、できるかぎりの大声で、断片的な情報をやり取りする。互いに触れることは許されていない。その音たるやすさまじかった。

「どうだ?」「元気か?」「何かあったか?」「この子が具合が悪いのよ」「あの娘は結婚したところなの」「お母さんが亡くなって……」

女性たちがみなすわったかと思うと、看守が警棒でベンチを軽く叩き、もう一度ホイッスルを吹いた。現れたときと同じような早さで、女性たちはまた、いっせいにさっと向こうへ行った。この面会が歯磨きと同じような日常の一つになっているかのように。

受刑者は足を引きずるように、大きな金属のドアを通ってもどっていった。一人ひとりが、その週の食べ物の詰まった緑のビニール袋を手にして。数分後、すべてが繰り返された。三〇〇人の男性と三〇〇人の女性が一週間分の食べ物をかごから緑のビニール袋に大急ぎで移す。三〇〇の物語が、絶望的な騒音のなかで、どうしようもなく叫び交わされる。そして、木の棒の音がした途端、女性も男性も寄せ集めの兵隊のように引き上げる。

アニエスと私は、この狂騒をぬって話をつづけた。

彼女の話を聞いているうちに、アニエスがジェノサイドでまったく違った道を歩んでいた可能性もあったという気がしてきた。実行犯ではなく英雄になっていた可能性。アニエスは何年も、アニー・ムグワネザと一緒に働いていた。私たちのグループにいたベルギー女性だ。アニエスとアニーは、一九九〇年代初めに自由党を結成したグループにいた。自由党は、広い基盤を持つ穏健派団体で、統一されたルワンダを求めていた。

当時、西側はルワンダに複数政党制による選挙をおこなわせようとしていた。だが、まず市民教育の基礎を築き、積極的な〝市民〟であることの意味を理解することなしに、民主主義を押し付けることはできない――世界が依然として学びつづけている教訓だ。ほとんどのリーダーは、この機会を利用して、民主主義の原則ではなく、権力獲得という目的にもとづいた政党を結成した。ルワンダでは、強いられた空虚な民主主義がもう一本の火のついたマッチとして、火薬樽に放り込まれたのだ。

初め、アニエスとアニーは多様性と穏健主義の原則にもとづく政党を結成しようとした。一時は、ツチ族の率いるルワンダ解放戦線との連携をはっきり視野に入れていた。しかし、やがて極右派が離党したとき、アニエスも党を離れ、過激派の〝フツ・パワー〟に加わった。アニエスが正確にはいつどうやってこの決断をしたのか、私にはわかりようもない。ただ、主義のために命をかける代わりに、権力そのものに従っていったと思うしかない。

アニー・ムグワネザは、多様性を保った統一ルワンダを求めて最も積極的に声を上げていた一人だった。過激派が勝つには彼女を黙らせる必要があった。四月六日、ジェノサイドの最初の夜、民兵組織《インテラハムウェ》がアニーと夫、五人の子供のうち四人を殺した。何百人ものフツ族穏健派とツチ族知識人もこの夜死亡した。過激派にとっては、穏健派ほど危険なものはない。

友人の死のことを尋ねると、アニエスは私の質問を無視した。私のいろいろな質問とはほとんど関係のない、言葉の渦に巻き込まれているように見えた。

「たとえばアメリカのこと」彼女は言った。「黒人もヒスパニックも多数派ではない。もしいつか彼らが権力を握って、ほかの人たちを抑圧しはじめたら、問題だってことがあなたにもわかるわ。闘う黒人がいつか権力を握るなんて、あなたが想像できるかどうか知らないけど。あなたがたがそれを受け入れられるとは思わない」

「権力を持った人間がほかの人を必ず抑圧するとあなたは決めてかかってる」と私は言った。

彼女はただ無表情に私を見た。彼女には恐れと偏執性《パラノイア》があった。凝り固まったホッブズ流の世界観で社会を眺め、権力に固執しようとした、限られたエリート層の不安を端的に示していた。ゼロ・サム・ゲームでは力が支配する。

アニエスは、自分のルワンダ観を一言で示した。

「権力を手にし、手放したくない者は、それを失わないために必要な手段は何でも使う。権力を手にしたい者も、それを手にするためにはどんな手段も使う」

話を聞いているうちに私は、彼女から学べることがもうあまりないのに気づいた。アニエスは、悪の手先になるために自分のいちばん大切な原則を明け渡すという選択をしたことで、この上なく大きな代償を払ったように見えた。私がアメリカで運営していたリーダー養成プログラムは、人の倫理的指針を確かなものにし、自分のなかにだれも奪い去れないものを築くことをめざしていた。ルワンダ滞在中に、アニエスと一緒に働いたことのある女性たちと話をしたが、ほぼ全員が、彼女は親切で頭がよく、温かかったと言った。あまりにも歯車が狂ってしまったこと、アニエスが自分の道を見失ったことに、みな打ちのめされていた。

「アニエスは、自分で働いて生活をよくしなければいけない、とまわりの人たちを鼓舞してくれた、強い女性だった」と彼女の旧友は私に言った。「政界に入るべきじゃなかった。人が権力にとらわれるのはあそこなんだから」

「何が計画されていたのか彼女が知っていたということさえ思いもよらない」ともう一人は言った。「政治をやっていると、機械の一部になるのよ」

私は彼女たちの話を驚きをもって聞いた。アニエスが政府で最高の地位の一つに就いていたという事実にもかかわらず、計画されていたことを知らなかったと、彼女たちは信じることができるのか。当時、何が起きていたかを法務相が知らなかったのなら、だれが知っていたのか、と私は訊いた。たいてい、彼女たちはただ頭を振るだけだった。

看守がもどってきて、アニエスを連れていくとき、彼女はもう一度私を抱きしめた。彼女がどうやってブタレまで大統領に同行したのかと私は考えた。そのあと堰《せき》を切ったように殺戮が始まり、オノラータから家族を奪ったのだ。

私は、私たちがつかのま、ともになした善を思った。女性の経済的公正のための闘い。私は同じ言葉を何度も何度も頭のなかで繰り返した。なぜアニエスはこれほど道を外れてしまったのか。

私はアニエスがピンクの服と剃った頭で立ち去るのを見送った。彼女はあまりにか弱く見え、相変わらず数珠をいじりながら、ひっきりなしに振り返って私に手を振った。私はそこに立って、息の詰まるような悲しみで胸がいっぱいだった。

私のなかには、いま聞いたばかりのことをどこかへ押しやって、永遠に理解不能に見える状況から完全に逃げ出してしまいたいと思う気持ちがあった。しかしアニエスは、私が以前は見ようとしなかったものを内面化するのを手伝ってくれた。モンスターはたしかに存在する。けれども、私が想像していたような形ではなかった。まさか、頭を剃り、長いまつげと柔らかな目をして、ピンクの制服を着た一人の女性とは想像もしていなかった。しかも社会的公正をめざす機関をともに作った女性なのだ。

アニエスは、十数年も刑務所に収監され、現在ルワンダで裁判を受けている。長い道のりが、アニエスという女性をさらに歪めるのはまちがいない。ジェノサイドで指導的立場にいた閣僚たちに対する裁判の遅れが、ルワンダの一般市民の心を少しずつ傷つけ、最終的には深い傷を負わせるにちがいないからだ。

西側は現代の凶行に対して、古い部族間の憎悪をめぐって起きたとか、国際援助が道を外れたとか、政治腐敗とか、安易な回答を求める。現実の世界には何の役にも立たないことだ。たしかに実行犯は自らの行為の責任を問われなければならず、犠牲者が癒されるには正義がおこなわれる必要がある——この国の一人ひとりが犠牲者だ。同時に、私たちの世界の課題は、単に処罰の方法を決めることではなく、こうした恐ろしい事態をどうやって防ぐかにある。こうした事態は、私たちの心の奥深くにある、〝他者〟への恐怖からしか起こりえない。金持ちは自分たちがシステムを超越していると考え、貧困層は完全に排除されていると感じているような世界は、こうした恐怖をかき立てる。

私は、ほかの人の立場に身をおく勇気とビジョンを持ち、人が自分で自分を救う方法を見つけたいと決心した。人間はみな平等に創られたという思想をすべての人に実現する仕事の一端を担いたかった――世界は当時でさえ小さくなりつつあった。アニエスはどこかで、恐れと権力への欲望にかられて、私たちの共有する人間性の概念をわきに押しやったにちがいない。しかし私には決してわかることはないだろう。

アニエスの変わりようは受け入れがたいものだった。一方プルーデンスの物語は、私を混乱させ、自省させた。

プルーデンスは、ルワンダ北部の故郷ビュンバの近くで投獄されていた。アニエスと同じ、第一級犯罪の疑いだった。ジェノサイドの中心的実行犯とされていたということだ。だが、プルーデンスの話の最も複雑な側面は、彼女が犠牲者でも実行犯でもないかもしれないということだった。

カトリックには、罪を犯す罪と不作為の罪がある。私は、何が起きていたかをプルーデンスが知っていたと思っている。もちろん、国連職員も含めて、何か手を打てるもっと大きな力を持っていた人間たちも知っていたことに変わりはないが。

運転手のレオナールと私は、ある朝早くキガリを出発した。

兵士を満載したジープとウガンダのバナナをあふれんばかりに積んだトラックがまっすぐ私たちのほうへ向かってきて、最後の最後でよけ、命拾いをした。やせた体の両側に一メートル近くもはみ出した、丈の高い草の太い束を積んだ自転車の少年たちが、狭い道の両側を、傾きながら走っていく。裸足の少年たちで棒で追われたヤギが、頭に大きな薪の束をのせた、明るい色の服の堂々とした女性たちの横を駆け抜ける。灰色の霧が、黄色の太陽の光と混じりあい、千の丘を持つこの国の豊かな美しい朝は輝きを増していた。

レオナールは、あちこちへこんだ日産車を、いつもと同じ、気むずかしい陰気な様子で走らせていた。彼も家族を亡くしていた。もうすぐビュンバというとき、古い日産車は突然故障し、レオナールがどれほど頑張っても、エンジンがかからなくなった。

彼は車をおりて、前に回り、年取った手を外科医のように車のおなかに突っ込んだ。どこからともなく――ルワンダではいつものことで、まったくだれもいない場所にいても、一分後には人垣に囲まれている――二人の子供が車に近づいてきて、私のすわっていたところの窓に顔を押しつけた。二人とも髪を短く剃っていた。女の子の丸い黒い眼は、厚いまつげで縁どられていた。男の子が来ていた古いTシャツは首まわりがだらんとのびていた。車のドアを開けると、二人の体の細さがよくわかった。

二人は一言も言わなかった。じっと見られた私はその目を見返した。

「こんにちは」と私は言った。

恥ずかしそうに、小さな女の子が私のあいさつを繰り返した。

この二人も、この国の四〇万人と言われる孤児のうちに入るのか。

「ジャクリーンって言うのよ」私は言った。

二人の沈黙は、どのようにせがまれるよりも心に迫った。

私は三〇〇フランずつ渡した――たった一ドル。二人はお金を受け取って走りだし、丘の木立ちのなかに消えた。何年も前に、私の青いセーターを着た少年がどうやって走り去ったかを思い出した。


私たちは互いに結びついているが、その結びつきは、ときにはもろい。

あと十数キロのビュンバまでガソリンスタンドはなかった。レオナールが黙々と車を直しているあいだ、私は、だれも通らない道の真ん中に行って立った。突然交通が途絶え、驚いて少し怖くなっていた。特に北西部では、うろつく強盗がまだ大きな力を持っていた。ユニセフが緊急用に無線機を支給してくれたのを思い出してほっとしたが、電池が切れていた。

丘を縫ってつづく長い道を見ながら　私は突然自分の小ささを感じた。動かない無線機を持って立ったまま、私は祈りを唱えて待った。

二〇分か三〇分たって、白いジープがガタガタとやってきた。私は大きく両手を振りながら追いかけた。乗っていたのは二人の援助関係者で、私をビュンバまで送り、刑務所まで行けるよう手助けしようと申し出てくれた。ジープから見ていると、右手にはこんもりとした丘があり、何列も何列もつづく、何千もの、おなじみの国連の青いビニールテントに覆われているのに気づいた。上から下まで、青い切手を貼られたキャンバスのようだ。二万人のフツ族が、家にもどるのをいまだに恐れて、そこに住んでいた。水の不足、病気の蔓延、不適切な食べ物、トイレの欠如、そして死臭に耐えながら。ルワンダ解放戦線はこの地域で何千人も殺害していた。戦争犯罪はいまもこの国の傷の一部だ。空気のなかに疲労感が感じ取れた。

ビュンバ中央刑務所に着いたのは正午過ぎだった。収容定員一〇〇人の古い建物に、一〇〇〇人以上が収監されていた。門を抜けると、なかには汗くさい男性の一団がいた。高いフェンスで囲まれた刑務所が、目の前に広がっていた。真ん中にレンガの建物がいくつかあった。ピンクの半ズボンをはいた男性たちが、エンジンを修理し、金属を成形してものを作り、しゃべっていた。だれがいちばん多く懸垂ができるか競い合っているグループもいた。コバルト色の空に輝く明るい太陽の下で、棒にぶら下がっているこの少年たちは、受刑者というより絵葉書のように思えた。

ほんの一瞬、私は自分がどこにいるかを忘れた――横を通った二人の男に焼きつけるような目で見られて、背筋がぞっとするまでは。大量殺人の罪を問われた男たちがひしめいている刑務所のなかに、警備も武器もなく、一人でいる。私は逃げ出したくなった。

急いで所長室へ向かった。壁に沿って、綿あめ色のスカートをはいた、裸足の女性たちが一列に並んですわり、針仕事をしていた。一枚の紙から作られた、切り抜き人形を思わせる女性たちは、祖母、隣りのおばさん、看護婦、姉妹の顔をしていた。

プルーデンスに最後に会ってから一〇年が過ぎていた。プルーデンスはアニエスとともに、ルワンダ初の女性議員の一人だったが、それよりも私にとっては師だった。ルワンダで過ごした最後の日、痛いほどきつく抱きしめ合った。ビジネススクールへの推薦状も書いてくれた。入学を認められたかどうかまだ知らなかった私に、祝福の言葉をかけ、きっと入れると自信を持って送り出してくれた。合格を知らせると、淡いブルーのエアメール封筒に入って、賛辞と心遣いの詰まったすばらしい祝いの手紙が届いた。

私を憶えてくれているだろうか。何百人もの男性のあいだで私は、いま、想像もつかない犯罪で死刑囚監房にいる古い友人を待ちながら思った。プルーデンスも、アニエスと同じように、ジェノサイド計画の疑いをかけられていた。ただ、プルーデンスは積極的な役割を果たしていないと考えている人が多かった。何もかもひっくり返った世界では、知ることはむずかしい。

プルーデンスは、緋色と緑がかった黄色とトルコブルーの明るい色の絹のスカーフを、剃った頭からなびかせて、刑務所の向こう側から歩いてきた。私の記憶している彼女より小柄で、それでも不思議に魅力的に見えた。囚人服を着ていても、彼女は際立っていた。

首をかしげ、日差しが目に入らないように片手でさえぎり、私のほうを目を細めて見ながら歩いてきた。私だとわかると、彼女は走り寄って私を抱きしめ、私も自分の緊張を隠そうとして、彼女を強く抱きしめた。

「わざわざ会いに来てくれるなんて信じられないわ」彼女は言った。「そして私は刑務所のなか。ほんとうにひさしぶりね。あなたのことをしょっちゅう考えているのに、あなただってわからなかったなんて」

がらんとした暗い所長室で、互いの膝が触れるほど近く、木の椅子にすわり、私はまだプルーデンスに何が起きたのか知りたい気持ちと、関係を断ち切りたい衝動とに引き裂かれていた——恥ずかしさと反感が入り混じっていた。私がプルーデンスの手を取ると、彼女は泣きだした。私たちは互いを見た。見きわめるためであり、思い出すためでもあった。

彼女は二年近く収監されていた——逮捕されたが告発は受けていなかった。彼女は、刑務所の環境のことを話し、女性たちがどうやってコンクリートの床の上にトランプのように折り重なって寝るかを説明した。八〇人から九〇人の女性にトイレが二つしかなかった。「ここで生き延びるには、ほんとに人間離れしたエネルギーがなくてはね」と彼女は言った。「すしづめなの。寝るときも体が触れ合っている。たとえばいまはみんなインフルエンザにかかってる。私はかかっていないのよ。病気になってはだめと自分に言い聞かせているからだと思う。自分自身のエネルギーと神様のおかげで、生き延びるの」

プルーデンスは、ジェノサイドの前は、議会の議長——アメリカで下院議長に当たる——という高い地位にあった。アニエスとは違って、自分の権限は、一九九三年のアルシャ協定以後は限られたものだったと彼女は言った。アルシャ協定とは、ルワンダ政府とルワンダ解放戦線のあいだに交わされた、権力分担の合意にもとづく平和協定だ。総選挙が実施できるまで、移行政府がおかれたが、もちろん選挙は一度もおこなわれなかった。

プルーデンスが何かを知っているにちがいないと想像していたものの、私が理解していたことはほんのわずかだった。私は彼女がなぜ、内部告発しなかったのかと考えたが、権力に近い人間ならだれにでもある利害関係と危険をほとんど認識できていなかった。ほんとうに何かを知っていたとしても、もし政策に異を唱えれば、自分が最初に殺される人間の一人になることが彼女にはわかっていたにちがいない。

知っていることと加担することの境界はどこにあるのか。プルーデンスは自分に罪があるとは思っていなかった。実際彼女は、ほかのみなに交じって難民キャンプでの二年の暮らしから家に帰ろうとしてもどってきたのだと言った。みなが自分の無実を理解してくれると思いこんでいた。アニエスのほうは、ほかの政府閣僚とともにザンビアに逃亡し、そこでルワンダ政府に身柄を拘束されたのだった。プルーデンスは、一九九六年一一月、ちょうどビュンバの自宅にもどろうとしたところを逮捕され、投獄された。独房に入れられたが、告発は受けなかった。少しあとで、この地方刑務所に移された。

私の記憶では、彼女はやさしい人だった。ほんとうにやさしかった。彼女は混乱のあいだ、ツチ族の家政婦をかくまっていた話をした。それでも彼女は、ジェノサイドという犯罪で、告発こそ受けていないが、嫌疑をかけられている。

このどっちつかずの感覚の毒が回ったかのように、頭がくらくらした。

「どうやってここに来たの」私はほとんど聞き取れない声で訊いた。

彼女は頭を振って、知らなかったのだと言った。

「ほかの難民の人たちと一緒に歩いてもどって来たの。私は無実で、家に帰るところだった。逮捕されるなんて思ってもみなかった」彼女はそう繰り返した。

「ルワンダは嵐に巻き込まれた」とプルーデンスは言った。「いまとなれば、いちばん損をしたのはこの国そのもの」

彼女は、無実なのに刑務所で日々を送る女性が経験する屈辱について話をつづけた。私はただ聞いていた。彼女が部分的にしか正しくないとしても、無実の罪で嫌疑をかけられ、何年も恐ろしい刑務所に送られた人たちの屈辱が、不信感の溝を深めたのはまちがいない。

のちに友達の一人が涙でつかえながら、自分も二年を過ごした難民キャンプからもどってくるプルーデンスを見たときの気持ちを話してくれた。

「彼女を正視できなかった。髪を束ねもせず、私たちがみなそうしていたように、何もかも頭にのせて運んでた。プルーデンスは、一度も平凡だったことはなかった――いつもすばらしかった。乞食女のように見える彼女を見て、胸がはりさける気がしたわ。みんなしていたことだけど、あれほど尊敬を受けていた人がそうしているのを見るのはずっとずっとつらい」

私が訪ねたときはすでに、ルワンダの復興で女性たちが大きな役割を果たしはじめていた。事業を始め、家を建て、ルワンダでもほかのアフリカ諸国でもかつてなかったほどの人数が議員に選ばれた。ただ、女性のためにあれほどすばらしい一歩を踏み出した、この国の最初の女性議員三人が、悲劇的な歴史で終わったというのは、悲しい真実だった。

一九九一年から一九九四年までのあいだに、ルワンダ解放戦線の兵士が、北部でプルーデンスの兄弟の二人を殺害したと報じられていた。私たちは、この小さな国の、不安定な北部の歴史のことを話し合った。大勢のツチ族が一世代にわたって家を離れてそこに住み、もどりたがっていた。ルワンダ解放戦線の運動と戦争犯罪の話は、ルワンダのフツ族のあいだに、深い恐怖を生み出していた。政治家はこれを利用して恐怖を憎悪に変え、普通の人々を殺人者にした。

「恐ろしい時代だった」と彼女は言った。

私が彼女の関与を問いただすと、彼女は体を後ろへ引いて、自分は無実だともう一度言った。

「軍みたいに詰問するのね」

彼女がそう私を責めたのは正しかった。私はただ理解したかったのだが、詰問していたことにかわりはない。恐れと、アイデンティティと、政治と保身の物語にがんじがらめになった気がした。共通の人間性を認識し、恐怖そのものを克服しないかぎり、二度と起こってはならないことがいかにたやすく起こってしまうかわかった。

私たちのあいだに距離ができた。一〇年もの不在のあとで刑務所に現れて、矢継ぎ早に質問を浴びせ、彼女の人生に踏み込んだ自分は何者か。彼女が私を信頼しない理由がよくわかった。しかし、私がアニエスとプルーデンスと話して求めたものは、信頼とはほとんど関係がなかった。むしろ、ほんとうを言えば、自分の世界観をいくらか秩序のある状態に保っておくために、二人からはっきりしたことを聞こうとしていたのだと思う。

別れを告げると、彼女は来てくれてありがとうと言い、友達はだれも来ていないと言った。

「たぶん怖がっているのよ」と私が言うと、彼女は弱々しいほほえみを浮かべた。

キガリにもどる途中、あまりに気分が悪くなり、もどしそうだから車を停めてくれと運転手に頼まなければならなかった。あの刑務所の小部屋で、何かはっきりした答えが見つかるかもしれないなどとどうして思ったのだろう。二人の女性から私への贈り物は、人間という存在に混沌とした闇の部分があることを受け入れることだったのかもしれない。

一年後、プルーデンスは、一度も裁判に出頭することなく、無罪を宣告されて釈放された。私は、こんどは自宅に彼女を訪ねた。彼女は歓迎のあいさつと長く温かい抱擁で私を迎えてくれ、それから青い金属のドアからなかへ入って、果樹と花の咲いた低木の茂みの多い、刈り込まれた庭を通り過ぎた。かつて重要な地位にいたこの元政府閣僚は、その日、市場ですれ違う女性のように見えた。黒のパンツに、上はゆるくフィットするストライプの服。髪は、何百もの小さく編んだお下げが、ほとんど肩まで届いていた。

私たちはお茶を飲んで、冗談を交わした。どうやって釈放されることになったのかと尋ねると、彼女は静かに答えた。

「私に対する告発は一度も何もなかったのよ」

刑務所で二年を過ごしたあと、生活を取りもどすのは、思っていたよりむずかしいと彼女は言った。劣悪な刑務所の食べ物に慣れていたし、あんなに多くの夜を、両側の女性にはさまれて、床に横になって過ごしたあとでは、ベッドで寝るのはむずかしかった。

「あまり動かずに、昼も夜も房にすわって、ほとんど体が動かなくなってしまっていた。両足ともひどくむくんでいた。夜中に何度も目が覚めて、自分はどこにいるんだろうと思うの。床に寝ているんじゃないっていうことを忘れて」

しかしいま、彼女は自由になった――告発を受けずに釈放されたのだから、少なくとも法的には。彼女の目にはまだ、あのなじみ深い輝きがあった。

「それにね」彼女は言った。「懸命に祈って、心から信じれば、奇跡は起こる」


プルーデンスにとって翌年は大変な年だったが、時とともに、また社会に貢献するようになった。彼女自身の粘り強さのなせるわざであり、依然として驚くべき癒しのプロセスにあった国が受け入れたからでもあった。

もしプルーデンスがただ傍観していただけで、それが彼女の罪だったなら、ただ傍観していた私たちはどうなのか。国際社会が介入すればジェノサイドを止められた可能性があった。私たちの世界がますます結びつきを強めているいま、すでに整っている機会をすべての人に行き渡らせる、よりよい解決法を見つけなくてはならない。

モンスターはつねにいる。私たち一人ひとりのなかにいる。だが、そこには天使も住んでいる。どうやってモンスターを退治し、天使を育むかを知ることほど大切な課題はない。

第12章　機関が鍵を握る

神は、困難に屈せず励みつづける者に手を差し伸べたもう。
――コーラン

ルワンダ虐殺で起きたことを見るとき、絶望して、人間の本性は悪だと結論することもできる――しかし、虐殺のさなかにも失われなかったものに目を向けることもできる。人間の精神のすばらしい力、最も暗い日々にさえ尊厳を保った人たちがいたこと、ルワンダの悲劇のあいだもそのとも、するべきことだからというだけで互いに助け合った人が大勢いたこと。いまルワンダに、発展をとげる真のチャンスがあるのは、希望と再生の可能性が開け、苦悩が報われ、楽観主義さえあるからだ。

ルワンダでの出来事がなぜこれほど深く心を動かすのか。それは、自分たちのなかに言い表せないほどの残酷さが潜んでいることがあらわになったからだけではない。力を持つ側が持たない側を基本的な機会から排除することを正当化する社会は、健全ではありえないということを、いつまでも忘れないようにしてくれるからだ。ジェノサイドは、私たち人間のもろさを思い起こさせる。だが同時に、正しいことをする動機を提供することには大きな意味があるという信念を、改めて強めてくれる。自分がどうあるべきか、共同体の一員、また市民としてどういうふるまいをするべきかを問い直させてくれる。こうした信念や姿勢を保っていくうえで鍵を握るのが機関の存在だ。

私たちは、マイクロファイナンス機関ドゥテリンベレを設立した。もしルワンダが発展をめざすなら、女性を経済から排除するわけにはいかないというのが出発点だった。貸付や市場、ある程度のビジネスの研修の機会を与えられさえすれば、女性は自分で状況を改善できるというのが、設立メンバーのルワンダ女性たちの思いだった。初めはまちがいもたくさんしたし多くの欠点もあったが、機関は設立グループがいなくなってもつづき、ルワンダ女性の手でルワンダ女性のために運営された。従来の企業なら避けたがるリスクを冒すことも辞さなかった。振り返れば、別のやり方ができたと思うことは多々あるが、ドゥテリンベレが二〇年たっても、これほど多くの人生にインパクトを与えているのを見るのは、いまも深い達成感を与えてくれる。

一九九四年、ジェノサイドの数カ月後のキガリ。至るところで家が略奪され、多くは焼け落ちていた。ほとんどどの学校でも建物でも、コンピュータ回線と電話線はずたずたにされ、公的なインフラは完全に破壊されていた。呆然とする生存者が集団ショックと慰めようのない悲しみに打ちのめされて通りを歩き、フツ族を中心に一〇〇万人以上の国民が、リリアン一家のようにザイールの難民キャンプで暮らしていた。

圧倒的な混乱に拍車をかけるように、国外に逃れ住んでいたツチ族が、以前の虐殺のため三〇年以上も国外にいた人たちも含め、ルワンダにもどってきた。カガメ新大統領とルワンダ解放戦線の大半の兵士をはじめ、ほとんどずっとウガンダで暮らしてきた人は、キニヤルワンダ語と英語を話し、植民地時代からルワンダの公用語だったフランス語を話さない。国全体を一から作り、再建し、国としてのアイデンティティを取りもどす必要があった。

ドゥテリンベレのオフィスが入っていた建物は荒らされ、家具も設備も破壊されたが、意志堅固なメンバーたちが力を合わせて、国の再生の一端を担った。会計記録はほとんどどこかに行ってしまい、貸付書類は通りや近所の家々に散乱していた。一歩一歩、借り手の女性たちは、散らばった書類を回収して、ゆっくりとドゥテリンベレを再建しはじめた。

私は二〇〇七年にその努力の成果を、自分の目で見る機会があった。そのころ、ルワンダはまたもや、フィランソロピストと国際援助専門家の関心の的になっていた。私は、この国について熱をこめて語る金持ちたちと、かみあわない会話を交わした。彼らはルワンダの六%の経済成長率を〝経済の奇跡〟と呼び、依然として紛争の余波のなかにある国としてはほとんど不可能なことがなしとげられたと論じた。ルワンダは〝理想的な投資機会〟であり、国民がジェノサイドを乗り越えた〝民主〟国家だというのだ。

たしかにこの国は、平和を維持しつつすばらしい成長をとげ、世界の模範となる、女性へのコミットメントを示していた。現在、ルワンダはどの国よりも女性議員の割合が多い。プルーデンス、コンスタンス、アニエスが最初の女性議員だったときには、夢にも思わなかったことだ。さらに、実業家の四〇%以上を女性が占める。またカガメ大統領は、市民はみなルワンダ人であり、民族によって定義されるべきではないと訴えてきた。希望――そして誇り――を持てるものは大いにあった。

同時に、〝ルワンダ人はジェノサイドの痛みを乗り越えた〟という話を聞くたびに、私は怒りで毛が逆立った。そういう人に訊きたかった――実際に訊いたこともある。わが子が無残に殺されて、殺人犯の隣りに住まなくてはならなかったら、一〇年で〝乗り越える〟ことができますか、と。私はまた、成長の恩恵をだれが受けているのか、ほんとうに平等があるのか、もっと曇りのない目で見きわめたいと思った。

二〇年のあいだに私は変わった。私にも、こうしたフィランソロピストと同じことを言い、自分の考えが正しいと思っていたころがあった。長期的な成果をあげるには向き合わずにすませられない国内の対立に目を向けず、無批判な目しか持てなかった。ジェノサイドは、一つの国が援助に頼りすぎる危険をさらけ出し、政府の力が限られた人間の手に集中しすぎることや説明責任を欠くシステムに頼ることの危険を映し出し、厳しい実際主義《プラグマティズム》を欠く理想主義の欠陥を示した。キガリにもどっていくとき、私はもっと謙虚になり、より深いレベルで耳を傾けようと思っていた。

夕方のフライトで到着するとすぐ、私はキガリ特有の香り、焼いたキャッサバの甘く焦げた匂いに迎えられ、気がかりとそこはかとない悲しみを感じた。これほど矛盾に引き裂かれた国にもどったという複雑な気持ちが、一つの香りによって呼び起された。

税関の外で、旧友のリリアンが大勢の人に交じって立って待っていてくれた。クリーム色のスーツとよく合うパンプスをはき、洗練された編み込み髪の彼女はとてもフォーマルに見え、そのほほえみは明るく輝いていた。ギュッと抱きしめて、惜しみなく心から気持ちを表してくれた。彼女の横に立っていたのは、夫のジュリアンと一八歳の息子のオーガスタン、双子のうち生き残ったバレリー。バレリーはいままでは手の焼ける、美人の一〇代の少女になっていた。突然、私はもどってきたのを実感した。充実感を感じ、できるかぎりのものを見て吸収しようと思った。ただリリアンの解放された精神の隣りにいるだけで幸せだった。

「ジャクリーン歓迎委員会の面々です」と彼女は笑った。

その夜、私たちは昔のように、シシカバブとチリソース添え焼きバナナで夕食をとった。リリアンは街の変わりようを、快活に説明してくれた。高層ビル、高級レストラン、豪勢なカプチーノカフェまであるという。私は二〇年前、インスタントコーヒーと粉末ミルクのお世話になっていたのを思い出して笑った。

隣りのテーブルでは、男性グループの議論が熱を帯びていたが、声が高くなったかと思うと突然抑えた調子になる。人々は依然として、公の場で政治の話をすることを安全とは感じていないようだ。その夜、私はキガリの街と人に対する親しみを感じ、一方で、恐怖と不信感はやはりこの国の構造に組み込まれていると感じつつ眠りに落ちた。

翌朝の光が、建設ラッシュを照らしだした。キガリのビジネス街だけでなく、新しい郊外でも。郊外では、閣僚や一部の大成功した実業家のための大きな家がにょきにょきと建っていた。ヘルメットをかぶった少年たちが何百人も、バイク・タクシーを走らせ、一回五〇セントで街のあちこちに人々を送り届けていた。別の若者の一団は、携帯電話用のカードを売っていた——そうやってかつてははるか遠い場所だったここを世界と結びつけている。キガリは動き出していた。この地域のほかの国より何歩も前に進んでいた。国家的危機にもかかわらず、あるいは部分的には、国家的危機の結果というべきか。変化は目をみはるほどだった。

それでも、私は、キガリが外見上は変わっていないという驚きに打たれ、道沿いのほとんどの建物や店、銀行やロータリーが昔どおりであることに居心地のよさを感じていた。坂道にはまだユーカリとブーゲンビリアが咲き、きちんとしたレンガ造りの家を囲む塀がつづいていた。そこここの角にいる兵士と大統領官邸のある通りに設けられたバリケードもまた、何もかも変わったわけではないということを思わせた。

昼食をとったカフェで、何十年もこの国にいるという西洋人に会った。私は自分が目にした、信じられない進歩のことを話した。

「そうです。いろいろと進んでいますよ」疲れた目とゴマ塩頭の男性は答えた。「ルワンダ人はそういうことは得意です。でも開発の恩恵のほとんどを一方の側だけが受けているという意識が強まっています。もう一方の側は、のけ者にされていると恨んでいる。とてつもない金持ちになる人間がいるから、余計にそう思えるんでしょう。建設された家を見ましたか。大邸宅もある。ほとんどみな、政府官僚の所有です」

「ところで」私は尋ねた。「なぜそんなに長くこの国にいるんですか」

「これだけ長くいますとね」と彼はため息をついた。「ここが自分の家になりましてね。離れるつもりはありません」

「あなたはなぜもどっていらっしゃったんです?」と彼は私に訊いた。

「友達に会うために」とだけ言って私はその場を辞した。

私はジェノサイドの一三年後、最初の設立から二〇年後にドゥテリンベレの女性たちがどうなったか知りたかった。六年前の最後の訪問以来、たまに連絡をとるだけだった。この六年、私はアキュメン・ファンド設立にかかりきりだった。新しい機関の設立には、以前のドゥテリンベレでの経験に負うところがあった。しかし最後の訪問以来、ＣＥＯが何人か替わり、ドゥテリンベレとの強い結びつきはなくなっていた。

　車がドゥテリンベレに向かうあいだ、こんなに長いこと、こんなわずかな接触しかしなかった者がどう迎えられるだろうと考えていた。第一、憶えてくれているだろうか。そんなことはどうでもいいと自分に言い聞かせたものの、すっかり忘れられていなければいいがと考えた。


　ドゥテリンベレの外で待つ人たちの長い列を見てわくわくした。建物は白くてきれいで、おなじみのロゴがドアの上の看板についているのを見て、私はにんまりした。

　待っている人たちは見るからに貧しそうだった。女性も男性も交じっていたが、私がいたころは見なかったことだ。男性はドゥテリンベレが始めていた営利貸付組合に来ているのだろうと私は思い、機関というものが多くの人の手と尽力を経てどうやって変わり、繁栄するかを考えて、思わず顔がゆるんだ。なかに入って新しい経営者と話す前に、列で待っている、腰に赤と黄色の布を巻いた年配の女性に近づいた。

「どうしてここにおいでになったんですか？」と私は訊いた。

「お金を返しに」と彼女は言った。まわりの人たちもうなずいた。彼女の次にいた人は、二〇〇〇フラン――約四ドル――を手にして、貯金するところだった。なかに入ると、もっと大勢の人がいて、三人の窓口係が対応していた。

　ドゥテリンベレの新しいCEOダティバは、肩の長さのまっすぐな髪にスマートなパンツスーツ姿だった。私を歓迎してくれ、オフィスの一人ひとりに紹介してくれた。彼女が教えてくれたように、営利貸付組合の入っているセクションと非営利のマイクロファイナンス機関のセクションに分かれ、合わせて五万人の顧客がいた。それから彼女は満足そうに、二〇周年記念式典の写真を見せてくれた。ルワンダのファーストレディをはじめとする高官も列席し、数人の女性議員とドゥテリンベレの設立メンバーも何人かいた。

ダティバに温かく迎えられたことに感謝して、私はドゥテリンベレがどれほど遠くまで来ることができたか祝福した。スムーズな道のりでなかったことはわかっていた。ここまでの年月のあいだには、深刻な財政上の問題も、職員の雇用の課題もいくつもあった。

「そうです」と彼女は言った。「でも私たちはそれを乗り切って、もっと成功する時代が来るのを楽しみにしています」

三階の図書室は小さな部屋で、木の本棚が壁に沿って置かれ、真ん中に会議用の椅子がある。ダティバは私が書いた研修マニュアルを見つけた。この国の現状を反映するために最近改訂したという。私は旧版のページをめくって若いころの自分を見つけ、真面目くさった金融の説明を読んだ。たとえば流動負債と固定負債の違い。たいていは市場で野菜を売る、大半が文字も読めない顧客のために、自分がこんな細かいことまでほんとうにやっていたとは。ウォール街式貸付研修で貧しい女性たちをずいぶん大変な目に遭わせましたねとダティバに謝った。

そんな話をして二人で笑っていると、気さくな感じの年配の女性が図書室に入ってきた。白髪混じりのまっすぐな黒髪で、黒と黄色と緑の伝統的な綿の長いワンピースを着ていた。アン・マリー。ジェノサイド後、最初期の経営陣の一人で、研修と計画の全活動の責任者をつとめ、その日の私の案内役だった。彼女の活動的なスタイルとほほえみが好きになった。

ルワンダで生まれ育ったのかと訊くと、彼女は片方の眉を上げてほほえんだ。

「あら、もう人を色分けしようとしてる。ルワンダを知ってるってことね」

私がルール違反をしたかのように、彼女は言った。私はおとなしく、この国はまだとても複雑に見えるし、ただ少しでもいろいろなことを知ろうと思っただけだ、と答えた。

「複雑……そうね」と彼女は言った。「たしかにね。ルワンダの文化的な文脈と現実を無視せずに、複雑さを理解しているのは大切なことです。でもいまはもっと希望があるし、何か大切なことができると感じてる。私たちにとってチャンスです。一つの国民として、お互いに共生する手助けをしなくては。私たちはそうしようとしている」

ルワンダ人の両親のもとで、コンゴ共和国で生まれ育ったアン・マリーは、ジェノサイドの一カ月後からルワンダに住んでいた。一九九四年にこの国に来たときのことを話してくれた。

「当時キガリは混乱のなかにあって、私は、自分が誇りを持って働ける機関を探していたの」彼女は私に言った。「協同組合の経験があって、女性が力を合わせるということを信じていた。母がいつも言っていた。『組合があれば、私たちは強い』って。ドゥテリンベレのロゴにある、一緒に銀行へ向かう女性たちを初めて見たとき、母のことを考えた」

私はディユー・ドネが、ジネットと私と一緒にロゴを創った日を思い出した。彼がどれほど笑ったか。ロゴの女性たちがルワンダ女性よりも私みたいに歩いていると言ったプルーデンスに、彼は同感だと言った。抑圧に打ち勝つ、あるいはただ生き延びるためだけの、こんなにも多くの闘いのことを私は思った。組合があれば私たちは強い――私たちみなが。アン・マリーはつづけた。

「みんなで協力した。大きな苦しみを抱えていない人はいなかった。でも犯罪はなかったし、怒りの声が上がることもなかった。みんなで助け合った」

ドゥテリンベレを再建した女性メンバーと借り手は、まずユニセフに支援を求めに行き、復興ローンを提供するための少額の資金提供を受けた。復興ローンの提供相手は、四、五人の生存者の女性からなる連帯《ソリダリティ》グループだった。連帯グループは女性一人当たり五〇ドルまで、無利子で借りることができる。全員が返済すれば、また借りられる。ドゥテリンベレのチームは、生活を再建しようとしている借り手の女性たちに〝寄り添い〟、事業のアイデアを出し、ときには、女性たちの手を取って、ほんとうにつらい日々を耐えるのを支援した。

こうした初期の借り手の一人が、いまはキガリで定評のあるレストランを所有するシャルロットだ。背が高く、均整のとれた体つきに高い頬骨を持ち、黒い髪は長いお下げにきちんとまとめられて背中に垂れている。よく合うモノトーンの上着とスカートで、ばかげたことは許さないプロらしさを漂わせていた。

アン・マリーが私をドゥテリンベレの創設者の一人だと紹介すると、シャルロットはルワンダ人らしい温かさであいさつしてくれた。頬に三回の熱いキス、そのたびにキスの方向で抱き合い、それから連帯を示す握手をすれば完了だ。一日中レストランのキッチンを出入りしているにちがいないが、彼女は洗いたての香りを漂わせ、髪もきっちりピンで留めていた。彼女にかかわる何もかもが、整然とよく手入れされているように思えた。私たちは裏のテラスで、白いプラスチックのテーブルを前にすわって、コーヒーを飲みながら話した。

彼女の物語は、四リットルのミルクで始まった。

「ジェノサイドのあと、背中に背負った服以外、ほんとうに何もなかった」と彼女は私に言った。

「おなかがすいて死にそうで、娘も私も、隠れていた空き家のまわりで草を食べた。でもキガリにいた友達が私が困っているのを聞いて、会いに来て、四リットルのミルクをくれたの。一杯を娘に飲ませて、残りは、街にできていた近くのキャバレーで売った。自分のやるべきことがわかってきた」

ジェノサイドの一年前、シャルロットは、自分が夫からHIVに感染したこと、四人の子供のうち少なくとも三人に妊娠中に感染させたことを知った。夫と三人の子供は、一九九三年にAIDSで死亡した。

「私は怖がりなの。勇気があるほうじゃない」と彼女は涙をあふれさせながら言った。「あのころは、自分も死ぬということしか考えられなかった」

彼女は言葉を切って、息を整え、そして言った。

「私はツチ族で、あのころは憎しみが強かった。生きたいなんてどうして思えたでしょう？」

私には言葉もなかった。

「ほんとは、闘いが始まったとき」と彼女はつづけた。「AIDSより銃弾で死ぬほうがましだと思ったの。銃を持った男たちが来るのを見たとき、通りへ出て、殺してくれって頼んだの。そしたら、男たちは弾を無駄にしたくないって言ったの。私がどうせ死ぬとわかってたから……。娘は夫と同じフツ族だから私より安全で、義理の家族のところにいたの。私は殺されるはずだった。マチェーテを見たら隠れたけれど、銃を見たときはそうしなかった」

その最初の四リットルで稼いだ三ドルで、シャルロットはまたミルクを買い、そしてまた翌日の分を買い、自分と娘が生活できるだけ稼いだ。キガリ中央刑務所に友達の夫を訪ねたとき、ドゥテリンベレの女性の一人に出会い、復興ローンのことを聞いた。翌日、彼女は四人の女性と一緒に連帯グループを作って、もっとたくさんのミルク、コップをいくつかとテーブルを一つ買うために五〇ドルの貸付を受けた。とうとう事業を始めたわけだ。

彼女はミルクを道路脇のスタンドで売った。ローンを返済してはまた借り、このサイクルを数回繰り返して、小さなカフェを営むまでになった。やがてドゥテリンベレを卒業して営利貸付組合に移り、それから、自分のレストランが入っている、協同組合所有のビルの株を買おうと商業銀行へ行った。ドゥテリンベレは事業計画と励ましで彼女を支援した。残りは彼女が自分でやった。

にぎわっているシャルロットの屋外レストランは、キガリの端にある中心的な産業市場の一つを見下ろすビルの二階にある。男性も女性も赤いパラソル付きの白いプラスチックのテーブルについて、話したり笑ったり、ファンタをすすったりビールを飲んだり、サモサを食べたりしている。キッチンではブルーの綿のジャケットを着た十数人の男性が、肉や野菜の入った湯気の立つ深鍋をかきまぜ、ジャガイモを揚げ、野菜を切り、皿を洗っていた。

シャルロットは、大げさな身ぶりと満足げな表情で、キッチンを見せてくれた。シェフが、世界中どこの食堂でも見るような、壁にあいた窓を通してウェイターから注文を受けている。一日二五〇食を出すシャルロットのレストランは、階段を下りて通りまで行列ができるほど集客力があった。レストランの繁盛ぶりに加えて、サイドビジネスとしてケータリングもやっていた。事業を広げつづけるのは、自分に〝安心感〟を与えるためだと彼女は言った。

安心というのはどういう意味かと訊くと、自分は哲学者ではないけれど、と言った。

「健康を維持するには時間がかかるんです」

抗レトロウイルス薬はルワンダでは無料だが、無料プログラムではインドのジェネリック薬しかなく、体に合わない。レストランからの収入のおかげでヨーロッパの薬が買えるが――それは彼女がかなり高収入を維持しなければならないということを意味した。

事業を拡張するためにいつもローンを求めたが、銀行はＨＩＶ陽性の借り手にはめったに貸付をせず、一五〇％の担保を要求するという。

「だから担保を見つけて、生命保険を掛けて、かかりつけの医者から一〇年間健康だったという文書を出してもらいました」

結局、彼女は事業拡張のために三万ドル以上を借りた。シャルロットは施しを待ったりしなかった。

彼女の規律と抱負と大胆さにすっかり驚いた私は、自分のことを怖がりだと言ったんじゃなかったのとからかった。シャルロットは、隙間のある歯並びを見せて笑った。

「たしかに、恐怖を知って、死にたいと思ったけど、いまは強くて、自分の事業があって、将来の希望もある。それでも私はあらゆる種類の偏見を知ってきました。ツチ族だという理由で憎まれ、フツ族と結婚したことで余計に憎まれた。ＨＩＶ陽性だからと憎まれ、女だからと決めつけられた。だれが自分を受け入れてくれるかなんて、何の意味がありますか。だれよりも、私が自分自身を認めなくては」

「私は哲学者じゃないし」と彼女はつづけた。「シンプルな夢があるだけです。もう二度と物乞いをせずに年をとりたい。そしてあんな恐ろしい暴力を二度と見ずに生きていきたい」

テーブルの向かい側にすわって、これほど生命力に満ちた彼女の目をのぞき込み、私たちが互いに互いの尊厳を支え合っていることを考えた。盛大に泣きだしたい気がした。うれしかったのだ。

人間の最も残酷な行為のいくつかに立ち会うと同時に、最も勇気ある、寛大な、美しい行為にも立ち会った、この複雑な国に自分がもどってきたことが。

私は彼女が乗り越えてきたものに驚き、いったい何人のシャルロットがいるのだろうと考えた。ドゥテリンベレの成功物語にいくつも出会えるのはわかっていたが、極貧層が自力で生活を向上させられるよう小型ローンを用意するという戦略は、もっと広い視野でみれば、どのような影響を与えたのだろうか。シャルロットは正真正銘の起業家で、ジェノサイドの心的外傷《トラウマ》が彼女をさらに強くしていた。しかしほんとうの起業家が人口に占める割合はわずかだ。ほとんどの人は、次々にリスクを冒したり、不透明な未来を想像したりしたがらない。マイクロファイナンスは解決策の重要な一部だが、唯一の解決ではない。

私の疑問は、数日後、もっと多くの借り手に会って解けた――こうした女性たちのほとんどが成功していた。

アルフォンシーヌは、がっちりした体つきと強烈な個性の持ち主で、ギタラマ郊外の農場で暮らし、ヨーロッパ産の牛、豚、鶏を育て、モロコシ、バナナ、トマト、ナスを栽培している。夫を亡くしたあと、一九九六年に小型ローンを受けてアヒルを飼いはじめたが、市場で買い手がつかなかった。損はしたものの、ともかくローンは返済し、また借りてほかの農産物を生産しはじめた。今日、アルフォンシーヌは、村で有数の金持ちになった。いまは、起業の仕方をほかの女性たちに教え、研修することにかなりの時間を費やしていて、とても幸運だと思っていると話してくれた。

アスンプタは、見るからに都会的なイメージの、強い率直な女性だ。難民キャンプからもどったときは家も物もなく、スキルもほとんどなかったが、面倒見のいい、穏やかな夫が一緒だった。叔父の一人が子供服数枚を買う金を貸してくれ、彼女はその服をリフォームして売り、数フランの利益を得た。時とともに、ドゥテリンベレの貸付と経営支援を受けつつ事業を拡張した。今日では、月に二度、売り物の一部を買い付けにドバイに行っている。

アスンプタは得意げに、小さな店の外に停めてある、買ったばかりのSUV車を見せてくれた。「あの貸付がなかったら、このどれも無理だった」と彼女は言った。「昔はもっと楽だった」彼女は私に言った。「でもいまは、私みたいに中産階級にようやく入ったばかりの人間には、とてもストレスが多い。それでも私たちは運がいいほう。貧しい人たちは前より大変になって、貧しくなる一方のように感じてる。古くからのお客さんが、子供服にもう手が届かなくなっている。そういう人たちを助けるために、もっと何かしなくちゃいけないと心配しているの」

私はベロニクの居間で、あんなにもたくさんの大きな夢のことを話し合った日を振り返った。生まれて初めて夫のサインなしで銀行口座を開く勇気を持った女性たちが、いまでは銀行を経営する側になり、政財界で重要な地位についている。初めて女性が父親から土地を相続できるようになった。夢見ていただけだった変化が、少なくとも一部は実現した。

それでも、どうしたら極貧層がもっと機会を手にできるだろう。私が訪ねた借り手のなかにも、まだかごを作って、将来的にも貧困から抜け出せないのが目に見えている程度の利益で、慈善事業に売っている人たちがいた。

フェアトレード・コーヒーのプロジェクトがルワンダの貧困問題への唯一の答えであるかのよう

に誇らしげに話す人たちにも会った。しかし変化がそんなに簡単だったためしがないことは、歴史が教えてくれている。

最近、あるフェアトレード推進派のスピーチを聞いた。

「一杯のコーヒーを飲むことであなたも世界を変えられるのです」

こうしたシンプルなスローガンは販売促進にはもってこいだが、お手軽な見かけの約束に人々の目をそらさせてしまう。貧困はあまりに複雑で、万能薬のような取り組みで答えが出るようなものではない。そしてもし、この複雑さと前進する道筋とをはっきり示す場所があるとしたら、それはルワンダにほかならない。

技術は変化を加速させる大きな要因の一つだ。私が二〇年前にルワンダに行ったとき、この内陸の小国にはラジオ局が一つあるだけで、テレビはなく、唯一の新聞は週刊だった。考え方の交流はほんのわずかで、人々は視野が狭かった。最近はどこへ行っても、コンピュータやMP3プレーヤーを持った若者が国際政治の話をし、違った将来を考えている。

ルワンダに来る前、私はリリアンに電子メールを送って、お土産は何がいいか訊いた。彼女が何も要らないと言うので、私はじゃあ子供たちにはと訊いた。翌日メールが来た。

「オーガスタンがiPodっていう新しい音楽プレーヤーのことを訊いてきたんだけど」

iTunesのダウンロードに一三時間かかったものの、オーガスタンは、スヌープ・ドッグとかトゥパックとか、お気に入りの音楽を聴けるようになった。といっても英語は習いはじめたばかりだが。彼の部屋の壁には、ネルソン・マンデラ、ガンジー、マーティン・ルーサー・キング牧師の小さなポスターが貼ってあった。七歳までの五年間を難民キャンプで過ごしたこの子は、世界のどの大陸の子供とも変わらない少年に育ち、そうした子供たちの神話や音楽、コミュニケーション方法を共有している。

リリアンとジュリアンは新居へ引越していた。ジュリアンは、ＡＩＤＳに取り組む医師としての国際ＮＧＯでの仕事を愛していた。リリアンはコンサルタント業務を探すつもりだと言っていたが、仕事を中断して家庭に入ろうとしていた。仕事に追われず料理する時間があって、九種類ものルワンダ料理のコースをふるまってくれた。ティラピアのフライとエンドウ豆、バナナと米、肉のシチュー、フライトポテトにサラダもあった。

リリアンと私は、キガリにあるジェノサイド祈念館を訪れた。若いツチ族の運転手も一緒で、彼の叔父がそこに葬られていた。私たちは手をつないで、この国の歴史を語る部屋や亡くなった身内の写真と生存者の証言を展示した部屋をまわった。リリアンが私に言った。

「この国でもうジェノサイドを見ることはないと思うの。私たちが何かを学んだとすれば、人が自分で考えずに権威に盲従するとき、恐ろしいことが起こりうるということ。ほんとうに国として繁栄していこうと思うなら、学校でも仕事でも、自分の子供に判断力を教えないと」

プルーデンスは、ジェノサイドのあと、仕事がなく、法律の学位をとるために学生にもどった。いまはキガリの主要なコーヒー生産業者のところで、規格の監督をしている。

ルワンダを離れる前の晩、プルーデンスと夫のエゼキエルに会った。三〇分ほど取りとめのない話をしてビールを飲んだあと、私は彼女に、前回会ったとき以来、何を学んだのかと訊いた。

「すべてが起こる前は」彼女は言った。「家族と私は何でも持っていた。大きな家、二台の車、四人のすばらしい子供たち、富、地位、それに議員の肩書きまであった。そのあと、何もかも失くした。投獄されて、持ち物は取り上げられた。でもいちばん大きかったのは、難民キャンプからもどる途中で二人の子供がいなくなったこと。それ以来会っていないの」

彼女は言葉を継いで、刑務所時代は自分にとってつらかったが、大切なものは何かについて深く考え、自分自身のなかにいっそう深い信念を育むことができる時間だったと言った。

「何でも持っていると」彼女はつづけた。「物質的なものがいちばん大切だと考えるようになる。それを全部失くすと、最初は自分自身も失くしたと考える。でも信念があれば、大切なのは、内面に築いたもの——だれも奪うことのできないもの——だけだとわかってくるの。いま私たちは、愛にもとづいて生きようとしている。大きな痛みを知らなければ大きな喜びもないということがわかるの」

子供たちは二人とも国外で勉強しているが、プルーデンスとエゼキエルはルワンダにとどまるつもりだという。

「ほかの国で難民になっている自分たちを想像できない」とエゼキエルが説明した。「ここが私たちの家で、私たちはここにとどまって、一緒に成長する」

ドゥテリンベレは、創設者の一人であるプルーデンスを二〇周年記念式典に招いていた。

「行けなかった」と彼女は言った。「仕事があったから。まだ始めたばかりで、会社に私の力を認めてもらおうとしているところだった。でも自慢だったから、招待状を居間に貼っているのよ。人生でいちばんいい時だった」

二〇年前、女性の経済活動を支援するために作られた、希望に満ちた小さな機関が変化を起こした。

ドゥテリンベレの設立メンバーたちは、〈ともに女性のために《PROFEMME》〉や〈女性ネットワーク〉などの設立も支援し、こうした機関は社会で、何世代もほとんど公的な場所を占めてこなかった女性のために活動している。何十万人もの人が女性銀行の貸付を受けている。事業を起こすところまで行った人たちもいる。事業で収入を得て、借り手とその家族は大きな目的意識を持てるようになる。

初めてルワンダに行ったころ、私はなかなかこの国を地図で見つけられなかった。今日、アフリカは新聞の第一面に登場し、世界のあちこちの家庭で夕食の食卓の話題になっている。セレブたちがアフリカへ出かけ、支援を考える人も大勢いる。学び、だれかのために働くことに取り組む若い人たちもいる。私たちは、想像もしなかったような形で互いに結び付いている。

私はいつまでも、ドゥテリンベレとルワンダに感謝している。可能性と市場の力、資金を慎重に投資する必要性、そして再生への変わらない希望を教えてくれた。私はマイクロファイナンスが解決策の重要な一部であることを知ったが、唯一の解決ではない。また、従来の慈善事業だけでは、貧困問題を解決できないことも学んだ。

ブルー・ベーカリーをビジネスにする前、女性たちは自信がなく、人頼みで、長いあいだ絶望的に貧しかった。援助金が大量に流れ込むと、変化につながるのと同じくらい、腐敗と不正につながるきっかけも生まれた。もちろん市場だけでは貧困問題は解決しない。低所得層はほとんどの企業からは目に見えない存在だ。企業は彼らを金を払う顧客として見ない。お粗末な流通、インフラの欠如、そして腐敗が重なれば、市場は貧困層に、彼らのほしいもの、必要とするものを手の届く価格で届けることができなくなる。

前進に必要なのは、人間の尊厳にもとづく哲学だ。みな、それを必要とし、心から望んでいる。

すべての人間を、一つのグローバル・コミュニティの一員として見ることから始めれば、貧困に終止符を打つことができる。生きるに値する人生を築く機会を得る権利がだれにでもあるということが認められる、グローバル・コミュニティが必要なのだ。

第13章 忍耐強い資本

歴史には、人間が新たなレベルの意識に進み、より高い倫理的地平に到達することを求められる時があります。恐れを振り払い、互いに希望を与え合う時。いまがその時です。

——ワンガリ・マータイ

二〇世紀の最後の数年、ドットコム・ブームが巻き起こり、二〇歳そこそこの百万長者が毎日のように生まれて、フィランソロピーへの関心が高まっていた。一九九九年の終わり、ロックフェラー財団の新しい理事長、サー・ゴードン・コンウェイとともに、マンハッタンを見下ろす二二階のオフィスにすわった私は、従来のフィランソロピーに対する不満を訴えていた。はっきりした基準や説明責任を欠くことが多く、どうかすると、変化を起こすことより寄付してくれる人を満足させることに力を入れているように見える、と。

世界には新しいタイプの機関が必要なんです、と私は言った。フィランソロピーの最良の教訓と戒めの上に築かれ、同時に、ビジネスのアプローチとコンセプトを生かす機関。社会志向を持つ企業が伸びているのを見ていた私は、ビジネスでもフィランソロピーでも深層の変化が進行しているのを感じていた。ゴードンは椅子に寄りかかって、私を見ながら話を聞いていた。片方の眉が、関心か懐疑かを示すように上がっている。あるいはどちらも少しずつあったのかもしれない。

違うタイプの〝基金《ファンド》〟のことで頭がいっぱいだった私は、息もつかずに話した。その基金は、フィランソロピーの資金を集め、非営利団体にも営利団体にも資金提供なり投資なりをする柔軟性を持っています。貧困層にとってきわめて重要なサービスを提供する企業に託して、低所得層が確実に解決の一端を担えるようにします。あらゆるレベルにいっそうの透明性と説明責任を確立し、貧困層を、黙って施しを受ける相手ではなく、ほんとうの声を持った顧客として扱うんです。

「いまあるいろいろな財団の仕事とどのくらい違うんだ」とゴードンは訊いた。

「最大の違いは」私は言った。「単に資金援助をおこなうのではなく、市場的発想と手法で地元の問題に取り組む能力とビジョンを持った起業家に投資することです。予算を作るだけでなく、財務諸表を読む力のある、創造的な人間を雇います。特定の〝プロジェクト〟に取り組む代わりに、投資先を強力な組織にしていくことに力を注ぎます。そして徐々に財政的に持続可能な、安定した状態になるのを支援します」

フィランソロピー部門はすでに変わりつつあった――〝フィランソロピー〟という言葉自体が時代遅れの響きを持つようになっていた。民間部門とフィランソロピーの境目もすでにぼやけはじめていた。慈善に近い使命を事業のなかに統合する企業が増える一方、ビジネスライクになる非営利団体も多く、また第二の人生として社会還元を追求する人も増えていた。フィランソロピーの初期にそれを創り出す最前線にいたロックフェラー財団は、いま、その再創造を支援する機会を迎えていた。

ゴードンは息を吸い込み、一分考えた。彼が、何カ月かかけて、そういうベンチャーを始める可能性を探ってみたらいい、財団が資金面のバックアップをしようと言ったとき、私はほとんど椅子から落ちそうになった。思ってもみない贈り物だった。

そして可能性は、市場と従来のフィランソロピーの中間にあった。二〇年間、私は手持ちの引き出しを増やし、またグラミン銀行のムハマド・ユヌスやアショカ〔一九八一年に設立された社会起業家支援組織〕のビル・ドレイトンのようなすばらしい人たちを見て、ほかの起業家と知り合い、変化を起こす人間のネットワークを築くことを学んできた。先輩のなしとげたことをスタート台にして、走り出すときがきたのだ。

私のまわりには、いろいろなコンセプトについて一緒に考えてきた、熱心なフィランソロピストのグループがいた。ほとんどの人は、私がロックフェラー財団に設立した〈フィランソロピー・ワークショップ〉のメンバーだった。シスコ・システムズのマーケティング部門元副部長ケイト・マザーは、変化を支援し、フィランソロピーを促進するための技術ポータルサイトを考えていた。その構想のためにケイトはときどきミーティングを開いていた。メンバーは、ベンチャーキャピタリストのスチュアート・デビッドソン、ネットスケープの元法務顧問ロバータ・カッツ、ケロッグ財団のトム・ライス、そして、シスコ社のフィランソロピー活動を率いるように任命されたばかりのテ・ヨー。献身的で、いつも新しいアイデアを欠かさないグループだった。

ところが、別の選択肢が現れた。ある主要な金融機関のCOOが、少なくとも一億ドル分の顧客向けフィランソロピープログラムを作る話を持ちかけてきた。ドットコム・ブームの時代で、極端な富裕層が拡大し、フィランソロピーを通して何か貢献しようと考えている人が増えたのだという。そのうえ、提示された給料は、ロックフェラー財団で受け取っていた額の七倍だった。

一方には自分が望むとおりのものを築く自由、もう一方には権力へのアクセスの確実性とほんとうの意味での財源。私は迷った。私には資金も機関もない。権威ある機関の後押しと、それについてまわるあらゆるもの——給料、肩書、人脈——は、大いに魅力があった。それまで収入や肩書で何かを決めたことは一度もなかったが、今回はどちらも別次元だった。

どちらの選択肢も捨てがたかったが、一方のほうが自分に忠実だった。私には、自由とイノベーションを出発点に何かを築こうとするほうが性に合っている。手段と目的を混同してはいけないというアリストテレスの言葉を思った。肩書やお金で得られるものは、また取り上げられることもあるだろう。それに金融機関のなかでプログラムを作るには、特に不景気の時代には、また違った制約と課題を相手にすることになるだろう（結局、一年もたたないうちにドットコム・ブームははじけ、顧客層は一夜にしてしぼんだ）。最終的には私は、「責任を持って参加せよ。そうすれば宇宙の諸力が集まってそれを実現させる」というゲーテの呼びかけのことを考え、未踏の道を選んだ。

私は、自分たちが始めようとしているものを、貧困層のためのベンチャーキャピタルファンドと考えるようになった。慈善資金を集めたうえで、出資、貸付、資金援助——必要なことを何でも——を行って投資する。投資先は、低所得層に安全な水、医療、住宅、代替エネルギー源などのサービスを提供する、ビジョンを持った起業家の率いる企業だ。さらに、基本的な事業計画から経営陣の雇用に至るまで、多岐にわたる支援を提供して、そうした起業家と市場の結びつきを支援する。投資の成果は、ファンドにもどってくるお金だけでなくもっと重要なこと、すなわち投資が社会に与えた影響で測る。もどってくる資金があれば、貧困層のために働くほかの起業家にまた投資する。

初めは、マイクロファイナンスのことだと思われることが多かった。しかし、私たちの機関はまったく違うものだった。女性向けの超小型貸付はせず、少なくとも一〇〇万人の顧客にサービスを届けることを望む企業に対して、数十万ドル、ときには数百万ドルの投資をおこなう。私が追い求めたのは、行政や慈善事業が貧困層の期待に応えられなかった領域で、ビジネスモデルを活かして、効率のいい持続可能なシステムを作ることだった。民間部門のイノベーションに投資すれば、基本的サービスをすべての人に手が届くものにする方法を知り、公共の問題の解決に貢献する、よりよいモデルの構築に役立つと考えていた。

資金集めは、最初は勇気が要った。将来の見通しが立つので、個人からも産業界からも資金を募ることが必要だと考えていた。スチュアート、ケイト、テの三人が、個人資産からそれぞれ五〇万ドルを約束してくれた――ほんとうに寛大な協力だった。三人はその発想が生まれるのを手伝い、何年にもわたって、資金を追加し、かなりの時間を割いて支援してくれた。最終的に、ロックフェラー財団が五〇〇万ドル、シスコ財団が二〇〇万ドルを拠出した。この初期の資金提供が私たちを世間に知らしめ、早くから正当性のお墨付きを与え、ほとんどの機関が得られないような弾みを提供してくれた――たいへん贅沢なことだった。

二〇〇一年の初め、私たちの機関は事業計画を作り上げ、八〇〇万ドルを超す資金を集めていたが、まだ名前がなかった。私の好きなティリー・オルセン〔一九一二?～二〇〇七。フェミニズム第一世代のアメリカの作家〕の一節にはこうある。

「触れずに生きるより、浸《イマージョン》るほうがいい……でも、どうやって持ちこたえるか」

私は機関をイマージョンと名づけることを考えていた。こうした仕事には結局、自分のすべての部分を働かせることが必要になる――頭も心も。ほかの人の立場に身を置くには、道徳的な想像力がいる。それはまた、転んでも起き上がり、前に進む勇気を持つということでもあった。

女性はたいていこの名前を歓迎したが、男性は典型的に拒絶反応を示した。何だかふわふわして曖昧すぎると考えたようだ。そこで私は、新機関の名前の候補リストを作るために、友達と同僚をロックフェラー財団での〝命名夕食会《ネーミング・ディナー》〟に招いた。この機関は、目標の定まった、賢く戦略的なフィランソロピーで、世界を結ぶ架け橋になるはずだ。

子供のころから世界をどう変えるか話し合ってきた弟のマイケルは、ウォール街で仕事をしていた。真剣な私をマイケルはからかい、〈ちょっと違うフィランソロピー〉とかいう名前にするべきじゃないかと言った。ワインが進むにつれて、ばかばかしい名前ばかりが続出した。全部で四〇〇以上の案が出たが、ほとんどは突拍子もない名前だった。だがついに、新興インターネット企業で働いていた友達のアントニアのおかげで、〈アキュメン（叡智）・ファンド〉という名に決定した。この名が、思慮深く、示唆に富み、賢く、焦点の定まった変化を意味してくれるようにと私たちは願った――まさにそれが私たちの求めたものだった。

名前の次は、国税庁から非営利団体としての認可を得ることだ。二〇〇一年の時点では、私たちのしようとしていることには前例がなく、簡単には行かなかった。変化は営利を通して起こるのか非営利を通して起こるのか、見当もつかなかった。ただ二つが手を携えるところから起こることが多いだろうとは思っていた。弁護士のおかげで二〇〇一年四月一日、アキュメン・ファンドは公共慈善団体として登録できた。

言葉遣いを変えるのが次のハードルだった。従来の慈善には、寄付する側と寄付を受ける側がいた。だがこの言葉遣いは、〝与える側〟と〝もらう側〟の二つのグループを生んでいた。かみ合わない会話を何度も聞いてきた。寄付を受ける側は、寄付者や寄付者になってくれそうな人に対して、誤解を招く、はぐらかすような答えをする。活動がうまくいかないとほんとうのことを言ったら、資金を出してもらえなくなると恐れているからだ。また、機関の使命にとっては何の意味もないことでも、寄付を受ける側は寄付者に求められるとおりのことをしようとする。自分の夢——ありていに言えば請求書——に金を出す力を持つ相手に向かって、ノーというのはむずかしい。

私はまた、機関ではなくプロジェクトだけに資金提供するという、普通のやり方にも反対だった。寄付者になろうという人から、「すべてのお金が、必要とする人のところに直接行くことを確かめたい」と言われたことがある。募金や義援金を贈ろうというなら立派な戦略だ。だが企業に投資するとき、会社が優秀な人材を雇ったり、家賃を払ったり、電気代を払ったりする金が必要ないとはだれも考えない。強力な非営利組織を設立するには、フィランソロピストが必要だった。

私たちは、従来の寄付する側・される側という関係を変えることに力を入れた。私たちの機関に寄付をする人は〝投資家〟と呼ばれることになった。もちろん、依然として慈善に近い寄付だが、変化に〝投資〟していると考えてほしい。自分の金がどう使われるかを真剣に考えてほしい。もっと率直な会話をする機会を創り出したい。多大な寄付を頼む以上、成功だけでなく失敗についても話すことを約束した。寄付者は投資家として、長期的な成果に賭け、会社に投資するときとまったく同じように、私たちとともに浮き沈みをくぐり抜けるオーナーのように感じるはずだ。私は彼らに言った。「投資はお金で返ってきません。配当は変化です」

アキュメン・ファンドは、初めからかなりの組織的な資金提供を受けるという贅沢ができたが、一方で、最初から個人投資家のネットワークを築いておくことも重要だった。お金だけでなく、時間と人間関係を注ぎ込んでくれる人たち。私たちは二〇人の〝設立パートナー〟を募ることにした。機関の基礎となる最初の資金、情報、スキル、ネットワークの基盤を確立する人たちになる。何の実績もなく、多くの人に十分わかってもらっているとは言いがたいビジョンがあるだけだったが、私は、設立パートナー一人あたり一〇万ドルの拠出を頼んだ。

もちろん、最初の二〇人を見つけるのは、思っていたよりずっと難航した。少なからぬウォール街の住人が、自分は金を儲ける方法と提供する方法を厳密に区別しているのだと説明してくれた。「両方一緒にやろうとしても絶対にうまく行くわけがない。ビジネスは利益のためだけに動く。だからいい決断ができるんです」と一人の投資銀行家が、ある夏の午後、私に言った。「ビジネスとフィランソロピーを結びつけるというあなたの発想は、うまく行かないだけじゃない。方向がまちがっている」言うまでもなく、彼は資金を提供してくれなかった。

国内に課題が山積しているのに、グローバルな問題の解決に取り組むという発想自体、妥当ではないと感じた人たちもいた。投資家と科学専門家のグループの一人がある夕食会で、AIDSは「実は自然淘汰のプロセスではないか」と訊いてきたことがあった。「ひょっとすると、AIDSを撲滅しようとするのは」とその科学者は述べた。「究極的には、この惑星の長期的健康にとって弊害かもしれません。すでに、高い人口増加率の負の影響に直面していますからね」

そういう考え方がどれほど非道徳的であるばかりか、病気がたやすく国境を超える世界では自滅的であり非生産的であるか、そのグループにわかってもらうのに一時間もかかった。

資金集めをしているうちに、メッセージも明らかになっていき、私は、どの人が支援してくれるか、どの人が解決に取り組むよりも言い訳を見つけることに汲々としているか、すばやく見分けられるようになった。あまりに何日も立てつづけに、「遠慮しときますよ。幸運をお祈りします」という言葉ばかり聞いたあとでは、笑わせてくれ、構想を抱きつづけさせてくれる友達の存在はありがたかった。

最終的には、少なくとも最初の数年に必要な分の資金が集まった。新しい発想を初期に認めてくれた人たちの一人ひとりに私がどれほどの恩義を負っているか、いまでこそそのほんとうの大きさがわかる。最初の二〇人の設立パートナーと、ロックフェラー、シスコ、W・K・ケロッグ財団。実現しそうもない夢——少なくともそのように見た人たちはいた——と思われたものに大きな賭けをしてくれたのだから。しかしその夢は、もし実を結べば、フィランソロピーの顔を一新するのに貢献できるものだった。

資金と法律的な資格がようやく整い、二〇〇一年四月、アキュメン・ファンドはスタッフを雇った。その一人が最初のCOOダン・トゥールだった。この旅を一緒に始める、信頼をおける人物として彼以上の人は考えられない。それまでも重要なパートナーとして、この構想のさまざまな部分を考えるのを手伝ってくれたダンは、成長の初期段階で貢献してくれた。そのほかに、無愛想な投資銀行家のデビッド・バックスバウム、シリコンバレーの技術部門から来たラスタム・マサラワラ、そして、信頼の厚いアシスタントになってくれたナデージ・ジョセフがいた。

最初期のチーム・ミーティングの一つで私は、アキュメン・ファンドのカルチャーという観点から、どのようにほかの非営利団体との差異化を図るかを尋ねた。

「実績を上げない人間は去る、そういう場所になるべきです」

デビッドが提案し、みな同意した。優秀な人を雇うなら、私たちが本気だということを理解してもらわなくてはならない。それは、もし私たちの基準に届かなかったり、アキュメン・ファンドにふさわしくないことがわかったりした場合には、辞めてもらうことを意味した。

主要証券取引所の立会場を監督する地位についた最初の女性、マルゴ・アレクサンダーが、ウォール街での華々しいキャリアのあと、アキュメン・ファンドの理事長になった。彼女は、厳しさと同時に共感を持ち、つねに世界に好奇心を抱いているという、私たちの願うプロフィールにぴったりだった。ほかの理事とともに、彼女は自分でも――ほかの人も――おそらく予想もしなかったほど、立ち上げに協力してくれた。

私たちの小さなチームが直面した、初期の最大の課題は、投資すべき起業家とアイデアを見つけることだった。インドと東アフリカに絞って、医療技術から始めることに決めていた。いろいろな財団や国連との関係があるので、投資先の社会起業家を決めるのに問題はないだろうと私は考えていた。探していたのは、大きな社会的問題の解決にビジネスの手法を活かしている、ビジョンを持つリーダーの率いるベンチャーだった。財政的に持続可能であると示すこと、時がたてば一〇〇万人の顧客にサービスを届けるという約束を守ることが必要だった。医療という領域であり、一〇億人以上の人口を抱える地理的条件からして、支援先《パイプライン》を決めることに問題はないと考えていた。

私たちはまちがっていた。アドバイスと協力を求めて、数え切れないほどの人と話した。自治体レベルで働いているすばらしい改革者たちのことを教えてくれた人は大勢いたものの、その発想がほんとうに伸びる、つまり〝スケールアップする〟という確信が持てなかった。私たちは二人の夏期研修生を雇い、彼らはインターネットサーフィンをつづけて、可能な候補を見つけようとした。最終的に七〇〇以上の企業を審査したが、リーダーシップ、持続可能性、成長という三つの基準を満たすところは一つもなかった。その最初の夏は、非営利部門に限っていたという理由もある。営利事業にも取り組んでいる社会起業家とのコネはずっと少なかったからだ。

夏の終わり、焦っていた私たちに、ある医療企業のＣＥＯが、決して忘れられないアドバイスをしてくれた。

「ともかく始めることだ」と彼は言った。「完璧をめざす必要はない。とりあえず始めれば、仕事が教えてくれる。だれも最初からきちんとやれるとは思っていない。どのみち初めは成功よりまちがいから学ぶことのほうが多いだろう。だから、あまり取り越し苦労をせず、最善のチャンスに賭けて、やってみることだ」

それでも、と私は言った。私たちのビジョンは、ふさわしい社会起業家を見つけることにかかっているんです。

「それなら、知っているかぎりいちばんいい起業家を見つけて、そこから始めればいい」

私たちの理想を体現するリーダーは、インドのマドゥライで〈アラヴィンド眼科病院〉を創立したゴヴィンダッパ・ヴェンカタスワミ医師だった。このすばらしい人物は、一九七六年、国で最も名高い眼科医として、五八歳でインドの行政職を退職したのを機に、眼科病院を設立して、インドからもいずれ世界からも、避けられる失明をなくそうと決意した。

インド人は高い失明率に苦しんでいる。子供も成人も糖尿病患者が多いためで、おそらく遺伝と食生活が原因と思われる。インドで何百万人もが失明しているという事実を前にひるむことなく、ヴェンカタスワミ医師は質素な家で一一床の病院を始めた。

今日、アラヴィンド眼科病院は、年に二三〇万人の患者を検査し、支払い能力の有無にかかわらず、視力を回復する白内障の手術を二八万例以上、おこなっている。医師一人につき、平均で一日八〇例。アメリカの平均は六例だ。厳しい規律とパワフルな共感を併せ持つ社会起業家というものがいるなら、ヴェンカタスワミ医師をおいてほかにはない。私たちは彼と会い、どのような新発想に取り組んでいるのかを見ることにした。

インド南部、タミル・ナドゥ州の小さなマドゥライ空港で、暑い午後、私はヴェンカタスワミ医師に会った。当時八〇歳にはなっていて、リューマチ性関節炎を患っていると聞いていた。だが、そのきゃしゃな男性は、活力にあふれていた。野球帽をかぶって立っていた彼は、傷めた手に木の杖を握っていた。一本の指の付け根に金の指輪をしていた。この小さなことが、彼の寛大なほほえみとともに、ジョン・ガードナーを思い出させた。ヴェンカタスワミ医師は、輝きに満ち、品位の生きた見本であり、いたるところに美を見出していた。

「ご自分でお迎えにきてくださらなくても」と私は自己紹介しながら笑った。

「どうして？」と彼は訊いた。「あなたは私たちのお客様だ。お知り合いになれてうれしいですよ」

V先生――と普通呼ばれていた――は自ら運転して、私をゲストハウスまで連れて行ってくれた。私は改めて驚いた。一〇代の若者のように、車のあいだをぬって走り、変化をめざす自分のモデルについて休まず話しつづけながら、一分に一五回はクラクションを鳴らすのだ。

「私たちはアラヴィンドをマクドナルドみたいに運営しているんですよ」と彼は説明した。「清潔で秩序正しく、最大限の効率を得られるように、どのプロセスも周知徹底され、理解されている。患者の三分の二は、無料か、ほとんど金を払わない。でも病院はいつも利益を上げている――そして伸びている」

「どうやってそんなことができるんですか」と私は訊いた。

「いま、説明していたとおりです」と彼は言った。「だれも断らない。行けばわかりますよ」

私たちはまず、病院から数ブロック離れた静かな通りにある、ゲストハウスに行った。白い大理石の床の、飾り気のない建物で、小さな食堂があり、上階に個室があった。私の部屋にはベッドと天井扇風機、クローゼットがあり、小さなバスルームがついていた。ゲストハウス滞在中に、二人の優雅な女性が、インドで食べたなかでいちばんおいしいうちに入る食事を作ってくれた。肉はなく野菜中心で新鮮で、デザートに冷えたマンゴーがついていた。ヴェンカタスワミ医師が従う精神的指導者スリ・オーロビンドの肖像が壁にかかっていた。どこに行っても、静けさと尊敬、規律と品位が感じられた。

病院のほうはずっと活気があった。同時に、しっかり地に足がついた感じと落ち着きがあった。一七〇〇人の女性職員がみな、職能別に色分けされたサリーを着ている。私は一人の医師が、乱れた服の女性を手助けして、やせたきゃしゃな体にサリーをもっと慎みのある着方で着るよう直すのをみた。その対応からうかがえる純粋な品位に、私は涙が出そうになった。これが、アメリカの病院にあまりにしばしば欠けている、共感的なケアというものだ。ヴェンカタスワミ医師にとって、物事をどのようにやるかは何をやるかと同じくらい重要だった。強さと精神的な充実は、きちんとなされた仕事から来るというのが、彼の信念だった。

アキュメン・ファンドの初年度、私たちは特に医療技術を探していた。技術が貧困問題のためのイノベーションの鍵になると考えていたからだ。V先生も同じ考えだった。アラヴィンド設立から三〇年のあいだ、医師たちはひたすら患者の白内障を取り除き、ふたたび視力を取りもどせるよう分厚い眼鏡を渡した。患者の目のなかに挿入する眼内レンズが発明されると、V先生にはこれが眼科治療に革命を起こすことがわかった。だが、一九九〇年に約一四〇ドルという価格は法外だった――そして彼は、貧困層が慈善や行政サービスを待つよう求められるシステムでは、ほとんどの人がとても長いあいだ待つことになるのを知った。

そこでアラヴィンドの課題は、なるべく大勢の人の手が届くような価格で眼科手術をするための眼内レンズをどうやって作るかということになった。そして最終的に、病院や市場にあるどんなレンズにも引けを取らない一〇ドルのレンズを開発した。極貧層にはまだ手が届かないものの、眼内レンズ移植を慈善や行政の多額の援助に頼ることなく、非常に多くの人に手の届くものにするための、一つのビジネスモデルが開発できた。

（営利企業オーロラブを通しての）アラヴィンド・レンズ開発の初期、ある製薬会社がV先生に買い付けを持ちかけ、レンズ一枚当たり六〇ドルで売ろうとした。当時の市場価格の半分以下だ。申し出を受ければ、アラヴィンドは大きな収入を得たはずだが、ヴェンカタスワミ医師は断った。彼の目標は、中流層ではなく極貧層に手が届くようにすることだったからだ。六〇ドルなどというのが貧困層にはとても手の出る価格ではないことを知っていた彼は、一〇ドル以下で製造する方法を見つけたいと考えていた。今日、オーロラブは世界有数の眼内レンズ製造企業になり、一二〇カ国以上に輸出、レンズ一枚当たり二ドル以下の価格で販売している。

アラヴィンドのシンプルなビジネスモデルは、傾斜料金システムにもとづいている。富裕層は手術代を全額払うが、貧困層は形ばかりの金額を払うか、ほんとうに貧しい場合は何も払わない。だれも追い返されることはない。当時アラヴィンドでは同じ敷地に二つの病院があり、金を払う患者には新しいほうの病院で、空調付きの部屋で完全看護サービスを提供して、支払い能力による差を設けていた。〝無料〟の患者、あるいは少額しか払わない患者は、古いほうの施設で治療を受け、床に置かれたマットで寝ていたが、医師たちは全員、両方の病院に交代で勤務し、ケアの実質は同じだった。

アキュメン・ファンドがアラヴィンドを支援するにはどうすればいいかと訊くと、ヴェンカタスワミ医師のチーム（ほとんどが彼の弟妹とその配偶者と子供で、あわせて三一人が親族だった）から、遠隔治療ユニットの実験利用に資金援助してもらえないか、という提案があった。そうすれば、畑にいる農民が病院まで何百キロも出向かずに目の検査を受けられる。アラヴィンドはまた、遠隔治療を教育ツールとしても使うことを考えていた。五つの病院があったが、住んでいる場所にかかわらず、すべての学生が最良の医師から学べる環境にしたいと考えていたのだ。

遠隔治療は、当時、特に低所得地域では、かなり革新的な技術だった。基本は、ビデオ機能付きのコンピュータを通して、離れた場所にいる医師と患者を結ぶものだ。ほとんどの農村が質の高い医療を提供する病院からどれほど遠いかを考えると、低所得層に優れた医師の診察を受けるチャンスを提供することがどれほど力を持つかは、すぐにわかった。とはいえ、アラヴィンドがその費用をカバーできるようなビジネスモデルをどうやって作ればいいいか、見当がつかなかった。

「やってみましょう。そうすればわかるようになる」とV先生は私たちに保証した。

アキュメン・ファンドが資金援助をおこなった約一年後、私は様子を見にふたたびアラヴィンドを訪れた。V先生は病院の教室の一つに私を案内してくれた。明るい照明のついた、木の床の部屋は熱心な若い医学生でいっぱいだった。学生たちは尊敬する大先生が入ってくると立ち上がった。部屋の前にある大画面には、インド各地のほかの四つの教室の様子がリアルタイムで映し出され、やはりV先生のために立ちあがった。それから別の医師が加わり、目の手術方法を示した。四つの街のすべての学生たちが、みな同じ部屋にいるかのように、その医師のすることを正確に見ることができた。

その日の午後、私は、アラヴィンドの医師たちが三〇〇キロ離れた所にいる一人の農民を診察するのを見た。片目にサトウキビの枝があたって傷めたのだった。顔に年輪が刻まれた農民は、両目の視力を失ったことにショックを受けていた。死の宣告に等しいからだ。失明は収入を得る能力を失うことを意味する。アラヴィンドの優秀な医師たちには、彼の健康なほうの目は〝交感神経反応〟を示しただけで、傷ついたほうの目が適切に処置されれば元にもどるのがわかった。

この国の最良の医師数人から受けた診察で、農民にかかる費用は数ルピー。払える範囲だ。これはほんとうに革命的だった。二〇〇八年には、遠隔治療はアラヴィンドの通常事業になっていた。各地の農村に一六のセンターを持ち、それぞれが、以前は質の高い眼科医療に縁のなかった場所で、五万人に医療を提供していた――そしてアラヴィンドは年間一五万人の患者を治療するようになっていた。しかし七年前には、一つのアイデアでしかなかったのだ――推し進めたのは、起業家らしい成果志向を持った、強力なチームだった。

二〇〇一年の秋、ほかの社会起業家との事業も決めた私たちは、才能ある起業家は自ずと現れるし、アキュメン・ファンドのモデルには力があると自信を深めていた。ウォール街の端のトリニティ教会から通りをはさんだ向かいに、新しいオフィスも構えることにした。私はこの新しい立地の持つ意味合いが好きだった。アキュメン・ファンドは、聡明な頭脳と柔らかな心の両方を持って築かれているからだ。一五分おきに教会の鐘が鳴るのも好きだった。過ぎ去った時を思い起こさせ、仕事にもっと身を入れるように呼びかけてくれた。世界貿易センターのすぐ隣りというのがよかった。私たちの夢は、すべての人間とその将来にかかわっているからだ。

私たちの引越しの予定は、二〇〇一年九月一一日だった。

あの日のことは昨日のことのように覚えている。夜明けとともに完璧な世界が姿を現した。東海岸の季節の移り変わりを自分がどれほど愛しているかとか、小学校のころのことなどを懐かしく思い出しながらセントラルパークに沿って走っていると、ピンク色の空が浅葱《あさぎ》色に変わっていく。季節は秋で、私はこれからの一年間、どれほどどすることがあるかを楽しみにしていた。

一時間半後、私は三八番街と五番街の角、ロックフェラー財団の入ったビルの二八階にあるオフィスに立って、CFOのデビッドと話していた。大きなガラス窓から、五番街の向こうに世界貿易センターのツインタワーを見ながら。窓の近くのコンピュータや家具が運び出されているところだった。突然、巨大なジェット旅客機が轟音とともに五番街を向こうに向かい、世界貿易センターに近づくまで飛びつづけ、機体を傾け、摩天楼の一つに突っ込んだ。

二人とも大きな衝撃を受けた。デビッドは、飛行機が機体を傾けて進路を変えたことに気づいていた。「これはテロだ」と彼は言った。「事故なんかじゃない」インドからもどってきたばかりのラスタムとダンがちょうど上がってきたときに、デビッドが叫び、燃えさかる穴を指さした。二機目がビルに突っ込んだのだ。デビッドが正しかったのは火を見るより明らかだった。その後、ツインタワーが倒壊するのを見て、私たちは世界が決定的に変わったのを悟った。

翌朝、私たち四人の小さなチームは、ロックフェラー財団に借りたオフィスに集まった。ニューヨークの全市民と同じように、私たちも、何か――何でも――役に立つことをしたいと思った。だが、現場でできることはない。瓦礫のなかに生存者がほとんどいないことはすでに明らかだった。世界の関心がニューヨークに集まっていた。アキュメン・ファンドが予定していた寄付者も手を引き、国際的な課題よりも地元ニューヨークの課題に取り組もうとするのではないかと思われた。私たち自身も貢献できる道を考える必要があった。

チームは、何かの形で役に立つことをしようと決め、円卓会議を招集して何が起きたのかを理解して判断することにした。アキュメン・ファンドのパートナー、チームのメンバー、そして専門家集団が集まった。専門家のなかには、テロ問題担当のホワイトハウス顧問や、長年にわたって中東問題を報道し、ホメイニからオサマ・ビン・ラディンその人にいたるまで、イスラム聖戦士一人ひとりにインタビューしてきたウォールストリート・ジャーナル紙の元記者がいた。専門家は、アメリカ政府がすでにこの悲劇とサダム・フセインを結びつけていると言い、翌年にはイラクとの戦争になると予言した。

原理主義、テロ、貧困、そして力による報復ではなく〝ソフトパワー〟に根差した可能な解決をめぐって何時間も議論を重ねたあと、アキュメン・ファンドのような機関にどんな貢献ができるのかを私は問うた。グループは簡単に合意に達した。

「市民社会団体を作る。イスラム世界に行って、人がどうやって働いて、自分自身に夢を託し、将来のためによりよいチャンスを手に入れられるかを目の当たりにできる例を示す」

アキュメン・ファンドは設立から数カ月、インドと東アフリカの医療技術に取り組んできた。初期のチームは、インドで仕事をしていたものの、より広い〝イスラム世界〟のことはほとんど知らなかった。けれども、それを知っている人間を連れてくることはできた。医療企業の代表取締役の賢明な言葉を思い出した。

「仕事に教えてもらえばいい」

何ができるか、慎重に可能性を探っていき、年末には、一〇〇万ドルの寄付を得て、あの夜の合意が実現に近づいた。その数カ月後、二〇〇二年の初めにパキスタンへ行き、その年の一一月、最初の円卓会議のわずか一年後に、最初の投資をおこなった。パキスタンでの仕事は、私たちの活動の最良のものの一つになった。

初年度は、四〇ドルの補聴器の開発にあたっていた社会起業家に資金提供をおこなった。この補聴器はあとでテストされ、三〇〇〇ドルのモデルと同じ効果があることが示された。アラヴィンドが提供するサービスと同じように、補聴器も、傾斜価格システムによって値段が設定され、貧困層にも手が届くと同時に、会社には収入が入るようになっていた。初期の試用のあと、試験結果が返ってくると、スタッフ全員がホールで歓声を上げて笑い、喝采した。まちがいなく、この低価格技術が市場を揺さぶり、生活を変える。貧困層向け技術の、こんな早い時期の勝利は予想していなかった。

しかし、結果的にはそれほど簡単ではなかった。ほとんどの人は、技術自体ではなく、技術が提供するサービスに関心があるという事実を、私たちは勘案していなかった。白内障の手術では、ほとんど目の見えない人が視力を取りもどしてまた働けるようになる。その変化は生きるか死ぬかの違いだ。たとえば仕立屋が生計を目に頼っていることを考えれば、視力への投資は、コストを払う意味がある。

一方、農民、仕立屋、靴屋、労働者はたいてい聴力を失っても仕事をつづけられる。そのうえ、人間には見栄というものがあって、話を複雑にする。眼鏡とは違って、補聴器をつけることを恥ずかしがる人が多いのだ。それでも病院その他の機関で、補聴器を求める大きな市場はあった——いまもある——が、少なくとも私たちが始めたときには、貧困層のなかでの市場は限られていた。この会社は一万台の補聴器を提供したが、私たちは販売と需要の問題に見きわめがつくまで、二回目の助成や投資を見合わせることにした。貧困層にサービスを届けるうえで、価格は唯一の要因ではない。

補聴器に加えて、私たちは、電磁免疫センサーの初期の開発も支援した。技術的にはとても進んだ、低価格の病気診断法だ。この経験からも、新興技術には投資をしないという決論に至った。私たちの機関は、技術開発を支援するために設立されたのではないからだ。技術自体は答えではない、と私たちは悟った。技術自体ではなく、医療の提供や価格設定、販売促進のシステムを把握するほうが世界に貢献できる。

こうしたベンチャーから私たちは結論を出した。アラヴィンドの成功を別にすれば、助成金はたいていの場合、出資や貸付ほど有効ではない。特に、貧困層向けの市場を生み出そうとしている場合には。出資をすれば、私たちは真の意味でオーナーになり、よりいっそう透明性のある交渉が可能になる。貸付と出資は、市場規律を課すことにもなる。時がたてば、それが従来型の資本を集めることにつながり、私たちが支援したいと考えるイノベーションを育てる鍵になるのがわかった。

少しずつ学んだ私たちは、初年度の終わりにアプローチを変えた。助成金をやめ、社会志向を持つ企業に出資するか、貸付をおこなうことにした。起業家には、何を達成したいのか、最初から基準を設け、それを守るよう求めた。私たち自身にも、自分の設けた期待と目標を守ることを求めるように。これは、古いタイプの慈善の対極だった。

私たちの新しいアプローチはまた、ベンチャーキャピタリストやプライベートエクイティ投資家がおこなう投資とも違っていた。私たちが検討するような取引には、従来の投資家はまったく手を出そうともしないだろう。彼らは二五％から四〇％の利益を求め、たいていは五年から七年といった、かなり短期的な視野を持つ。一方、私たちの関心は、低所得者たちから成る市場、道路はひどい状態でときにはインフラなどないに等しいような市場で、果敢に仕事に取り組む社会起業家にあった。低所得市場はまた、腐敗した政治家の暗躍する場所で、約束は守られたためしがなく、認可を受けたり、地域社会に役立つ事業を始めたりするためだけに、賄賂が要ることも多い。

支援先の数が課題になることはわかっていた。それでも、貧困問題の多くは、起業家がハードルを乗り越えられるようなバックアップを受けて初めて解決できるとも思っていた。ポンと投資して、すぐに結果を求めることはできない。私たちは、経営上のアドバイスや技術的支援、さらに才能ある人たちのより広いネットワークとの結びつきを提供し、起業家に寄り添って仕事をする計画だった。また、貸付がいつ、どうやって返済されるのか、現実を直視することもいとわなかった。経済ピラミッドの底辺《BOP》でのこうしたビジネスは成長に時間がかかること、私たちの第一目標は金儲けではなく、持続的な変化をもたらすことだというのを頭においていた。

自分たちの投資スタイルの核を、〝忍耐強い資本《ペイシェント・キャピタル》〟と名づけた――従来の慈善でも、従来のビジネス投資でもなく、その中間にある。忍耐強い資本とは、見返りが少ない可能性を認識しつつ、比較的、長期にわたって投資される資金だ。企業が離陸し、さらに上昇できるよう手助けする、広範な経営支援サービスを提供する。

貧困層の役に立つ事業を始めるのが簡単なら、忍耐強い資本など要らない。簡単にはいかないのだ。成功の見込みが低いにもかかわらず低所得市場のための仕事に取り組む社会起業家は、個人としても組織としてもとてつもなく大きな課題に直面する。ハードルを乗り越えるチャンスはただ一つ、こうしたすばらしい社会起業家に、従来型の投資家にも慈善にも提供できないような支援を届けることしかない。

私たちは、強力なチームが現場にいることの力を学んだ。アキュメン・ファンドのインド支部長ヴァルン・サハニは、三〇代の優秀な青年で、コロンビア大学の学位を持ち、ユニリーバで最初のキャリアを積んでいた。彼はハイデラバードにアキュメン・ファンドのオフィスを開設して、チームを雇い、まわりにインドビジネス界で最も優秀な頭脳の何人かを集めた。貧困層のために働くことに強い関心を持って取り組む顧問団だ。ヴァルンは、従来型の私企業にいても十分に成功できる才能とスキルの持ち主だったが、人生の目標として、平等な発展を後押しする新しい産業の創出を支援することをめざした。彼は早くから、サトヤン・ミシュラに注目していた。サトヤンは、大規模な情報提供システムの構築によって貧困層の支援に取り組む、ビジョンを持った起業家だった。

私は、IDEOというデザイン大企業の代表取締役ティム・ブラウンとともに、ニューデリーホテルでサトヤンに会ってコーヒーを飲んだ。ティムはカリフォルニア州パロアルトに住み、多くの顧客を抱える企業と仕事をしている、控えめなイギリス人だ。彼もまた、ヴァルンや私が見たのと同じ、さまざまな特質の組み合わせをサトヤンのなかに見た。情熱、コミットメント、そして広がる発想。サトヤンが急ぎの電話をするためにテーブルを離れると、ティムは、本物だなと私にささやいた。

三〇を少し越え、はげかかった頭と黒いひげに正直な顔。真面目な目に地味な眼鏡をかけ、前ポケットにペンを入れている男は、小さな夢を持つ人間ではない。サトヤンのビジョンは、インドの六五万の村一つひとつに〝テレ・キオスク〟を作り、ネットワークを構築することだった。テレ・キオスクというのは、地元の起業家がコンピュータと電話とカメラを持って陣取る小さな店です、と彼は説明した。起業家は、コンピュータ講習から国際電話、家族写真撮影とインターネットを通した親族への送信といったさまざまなサービスを売る。

「農村地帯のほとんどは、ほんとうの情報から切り離されている」と彼は言った。「でもインドが繁栄するには、三億人の最貧層をグローバル経済に取り込む必要がある。その方法の一つとして、貧困層を情報とスキルにつなぐんです」

当時、サトヤンの経営する営利企業〈ドリシュティ〉はすでに五〇〇のキオスクを設置し、彼は、株式と貸付の組み合わせで追加資金を探していた。貧困層が何を求めているか、そして彼らに手の届く――しかも持続可能な――方法でサービスを提供するシステムをどう構築するかを理解している人間がここにいたわけだ。

サトヤンは、農村がどんなところか知っていた。彼自身もインドの最貧州の一つ、ビハール州の農村で育った。さらに、顧客の基盤を理解する取り組みも徹底していて、人々の話を直接聞いてそのニーズをよりよく把握できるように、普通は毎年一カ月ほど故郷の村に住んで過ごしていた。彼は、パートナーになる可能性がある私に、一緒にその村を訪ねることを求めた。

その時点で、アキュメン・ファンドはドリシュティに一〇〇万ドルを出資し、六〇万ドルの貸付をおこなって、事業の拡大を支援していた。約一年後、私は創立時の理事の一人、ケイト・マザーとともに村を訪れた。そのころには、キオスクの数は二倍以上に増えていたが、地元のチェーン店のほとんどは男性だということに私たちは気づき、女性はどこにいるのだろうと思っていた。サトヤンは、実は女性たちの店が最も成功を収めているのだと説明した。しかし、生まれたときに出生登録をされない女性があまりに多いので、資金提供を受けることができない（ほんとうの仕事と社会のなかでの居場所を期待され、それゆえ公式書類が必要になる兄弟たちとは反対だ）。

私たちは、なぜ女性のほうが男性より実績がいいのか尋ねた。

「女性は早く出勤して、遅くまでいますから」と彼は言った。「とてもまじめに自分の仕事に取り組むし、成功しようと一生懸命働くのは女性のほうでしょう。それに、女性が一ドル稼げば、大半はまっすぐ家族のところに行く。男は違いますからね。ですから、もっと多くの女性がこの仕事をできるように支援すれば、みんなが恩恵を受けるんです」

ケイトと私は、女性に届くにはどのように資金を調達したらいいか、あれこれ可能性を考えてみた。私は、ナイキ財団を運営しているマリア・アイテルに電話をかけた。ナイキ財団は、ケイト自身の財団スリー・ギニア・ファンドと同じように、女性の経済状況に特に焦点をあてている。ナイキ財団は二五万ドルの資金提供に同意した。ケイト自身も資金提供を支援し、アキュメン・ファンドのチームやドリシュティと協力して、貸付能力を拡大した。

ドリシュティは飛躍的に発展しはじめた。二〇〇七年には、二〇〇〇近い村々に、キオスクが設置された。サトヤンは、ビハール州の故郷の村を訪ねるよう招待してくれた。ニューヨークからロンドンへ、夜通し飛んで予定より遅く到着し、ヒースロー空港で何時間も待ち、デリーまでまた夜通し飛んで、二人のアキュメン・ファンドのチームメンバーに会った。総合弁護士のアン・マクドゥガルとインドの農村地域を知る元軍医のビジュ・モハンダスだ。デリーから州都パトナまで二時間飛行機に乗り、それから、こんどは車で、舗装されていない穴だらけの道路を走った。道は、煙を吐き出すトラックや牛の引く荷車や人力車、自転車、そして途方もなく大きな袋を担いだやせた人たちでいっぱいだった。

パトナのすぐ外では、道路わきに積まれたごみの臭いが何キロも漂っていた。文明の廃棄物、紙や腐った果物、ビニール袋やカンが景色の一部になり、緑の畑を、田園風景というよりは埃っぽい月面の景色のような、青と白と茶色の抽象画に変えていた。私たちは、暑いなかをぶっつづけに五、六時間も揺られ、ようやく小さなホテルに着いた。ベッドに倒れ込み、夜明けに起きてまた二時間走ると、マドフバニに近いサトヤンの村に着いた。

インドは、極端な富裕層と極貧層が隣り合って暮らす、矛盾の国だ。ボンベイでは、インド有数の億万長者が、二七階建ての大邸宅を建てていた。一六八台分の駐車場、屋上には三つのヘリポート、そして六〇〇人の使用人——費用はしめて一〇億ドル。一方では、三億人が、一日一ドル以下で暮らしていた。このギャップを埋め、世界の貧困層の三分の一を占めるインドの貧困層を支援することが、この国の将来にとって最優先の課題になるにちがいない。アキュメン・ファンドと私にとっては、地ならしになるモデルを創り出すために、サトヤンのような社会起業家とともにもっと懸命に働くことだ。

　私たちは別世界に入っていた。牛の引く荷車や人力車が、緑色の畑をぬってつづく、果てしない未舗装の道をゆっくり進んでいく。女性たちが井戸まで歩き、聖者が寺の前にすわって、宗教的な祭りの準備をしている。発電器を持っているのはとても裕福な層だけで、学校に行っている子供たちは、教師が姿を見せたことはないという。

　アンが村の女性の一人に、トイレを使わせてもらいたいと頼むと、女性はアンを自宅の裏へ連れて行った。女性はどうみても極貧とは言えなかった。いくつかの寝室に分かれたレンガ造りの家に住み、井戸のある裏庭があった。トイレの建物を探して見渡したとアンはいう。ないことに気付くのに一瞬時間がかかったのだ。女性のほうを振り返ると、女性は満足そうに片手を振りまわし、裏庭全体が賓客であるアンのものだと教えてくれた。どこでも気にいったところにしゃがんでいい。

　まずまずの暮らしをしている村人がこうなら、最貧層は衛生面をどうしているのか、とアンは尋ねた。医師をしているサトヤンの友人は、屋外での排泄が、この地域の直面する、公衆衛生上の最大の問題の一つだと答えた。それを聞いて、健康問題に投資するには、薬や直接の医療サービスではなく、効率的な意識キャンペーンを通すのが最も有効な場合があることを改めて思い出した。

　私たちはサトヤンの子供時代の家の外で、丈の高い緑の木々の下に車座になった。遠くで牛がのんびりしていた。サトヤンはコンピュータを取り出し、ここにビジネス《B》プロセス《P》・アウトソーシング《O》

の拠点を作ろうとしているのを見せてくれた。すでにワイヤレス通信が確保され、たしかに、どこからもこれほど遠く離れたこの小さな村で、電子メールをチェックしたりニューヨーク・タイムズを読んだりできた。一軒の小さな家のなかでは、六人の若者がデリーの銀行のためにデータ入力をし、みな思いもかけなかったほど収入を得ていた。一人の一七歳の少年は、ＢＰＯで働くには若すぎたが、自己紹介して、自分が作ったウェブサイトを見せてくれた。

サトヤンは、キオスク起業家の一人に会いに連れて行ってくれた。小さな顔で顎の細い若者で、私たちが約束の時間より一時間半も遅れて着いたのに、とても温かく迎えてくれた。川があふれて道がほとんど通れなかったのだ。自分の事業にとっては別に困らない、と彼は言った。ほとんどの人はキオスクまで歩いてやってくるからだという。キオスクでは、写真とコンピュータ関連サービスを売っている。彼は高い需要に応えてコンピュータを増やし、まただれでも電話をかけられるよう電話も備えていた。サトヤンはまた、私たちを近くの村に連れて行くと言った。ドリシュティのオンライン工芸ショップ〈ドリシュティ・ハアト〉を通して販売している、美術品のいくつかを見せてくれるという。

太陽が沈むころ、私たちは何人かのアーティストに会いに行った。すぐに真っ暗になり、家ももちろん絵も見ることができなくなったが、私たちは、アーティスト宅の一軒になんとかたどり着いた。彼女は丸めた絵と二本のろうそくを持って現れた。暗いというだけで、ビジネスができなくなり、電球一つといったシンプルなものがあれば、何もかも変わるのに、それが手に入らないことに、欲求不満が募ってくるのを感じた。

サトヤンも私たちもみな、この村の問題を一気に解決したくて気が急いた。子供たちには学校。

母親たちには健康、衛生、栄養についてのもっと総合的な教育。そして農民にはなんらかの形の健康保険。貧しい家族に降りかかって貧困から抜け出せなくする、避けられない惨事を乗り切れるように。サトヤンも私も、大きな夢を見る人間だった。そうせずにはいられない。しかし話はやがて、彼の事業とそのために必要なことにもどっていった。

もしサトヤンが、インド各地の六五万の村々のうち三万、あるいは一万にでも、テレ・キオスクを設けて、通信ネットワークを確立しようと思うなら、ドリシュティはそれに焦点を絞って、だれにも負けないようにやるべきだ。一人で何もかもすることはできない。それを悟るには規律と謙虚さがいる。だがもし彼が焦点を絞れば、数百万人にサービスを届けられ、その人たちの自助努力を支援して、生活を根本的に変えられるチャンスがある。取り組み、格闘するに足る目標だ。

二〇〇八年、ドリシュティは、一日に約四軒のキオスクを開いて、初期のスターバックスをしのぐ速さで成長を始めた。秋には、四〇〇〇以上の村で事業を展開し、五三〇〇以上の雇用を創出し、七五〇万人の役に立っていた。期待がふくらむのは、ドリシュティが強力な流通システムを作っていることだ。そのシステムを通して、最終的には、低所得層が自分の生活を変える能力を高められるような、さまざまな製品を売ることができるようになる。アキュメン・ファンドの忍耐強い資本があれば、サトヤンは毎年、大きなリスクを冒し、実験し、改革することができる。そして、ドリシュティは急速に発展しているとはいえ、まだ始まったばかりなのだ。

そして私たちもまた、始めたばかりである。

第14章 レンガを一つひとつ積み上げて

人々のところに行きなさい
彼らとともに暮らし、彼らから学び
彼らを愛し
彼らの知っているものから始め
彼らの持っているもので建てなさい

しかし最良の指導者なら
仕事がなしとげられ
ようやく達成されたとき
人々は言うだろう、
「私たちは自分でやった」と。

――老子

インドでは、途方もない才能と意欲を持ち、貧困層に医療、住まい、水などの基本的サービスを提供することに取り組む起業家を見つけるのはむずかしくない。一〇億人以上の人口、世界有数の優れた大学、強力な移民社会、きわめて革新的な医療産業を持つインドは、社会起業家を育みやすいように思える。

ではパキスタンはどうかとなると、私の自信はずいぶんしぼみがちだった。テロリストと原理主義者に乗っ取られた、混沌とした政府とマスコミに報じられるムスリム国家。私は自分がこの国と恋に落ちるなどとは考えもしなかった。しかし人生は、おかしな方法で人を驚かすものだ。

インドでアキュメン・ファンドとともに数週間の仕事をしたあと、私はパキスタンのカラチに向かうところだった。ボンベイ空港にすわって、考えごとや書き物をしながら、遅れている搭乗便を待っていると、突然、一人のボホラ族の女性が来て私の横にすわった。あまりに近くにすわったので、女性の太い腿が私の腿の上にかぶさるほどだった。ボホラ族は、パキスタンとインド、そして東アフリカで多くの事業をおこなっているムスリム社会の起業家集団だ。女性たちは、私にカトリックの修道女を思い出させるような、髪を覆うベールとケープをまとっている。もっともボホラ族のほうは、パステル色や明るいデザインを好み、レースの縁取りがついていることも多い。スカートにはたっぷりとギャザーが入っている。ボホラ族の年配女性は、黒い靴をはいていることが多く、それが幼い少女のころに知っていた修道女たちのことをますます思い出させた。

空港に事実上だれもいないというのに、なぜ彼女はこんなに近くにすわるのか。まわりは空席ばかりだった。ボホラ族女性の幅広の顔はやる気満々で、ほほえましかった。金属縁の眼鏡をかけていたが、きらきらしたはちみつ色の目を隠すことはできなかった。歯はまったくなかった。私は一人でいたかったが、この顔を無視するのはむずかしかった。

女性は早口でまくし立て、無駄話のすきを与えなかった。最初に話しかけられたとき、私はほとんど声をあげて笑うところだった。自己紹介も何もなく、女性は尋ねた。

「さてと、あんたは何をしてなさる？　旦那さんはいなさるか。子供さんは？」

女性の名前すら知らなかったが、私は答えていた。

「いいえ、結婚したことはありません。子供はいません」

「ははあ」女性は両手をたたき、ますます表情を崩して笑った。「私も結婚したことはない。でもあんたがそこにすわって、深く満足してられるのがわかりますよ。お一人だが、一人ぼっちではない。いちばん幸せな人間の部類だ。世の中の役に立ってる人だ」

私は女性を見て、ありがとうと言った。

「私も幸せさ。結婚したことはないがね。そうよ、人生にはそりゃあたくさんの道がある。でもいちばんいいのは、真実のなかで暮らし、善を求めて、人のために働く道だ。たぶん、あんたはそれを見つけてなさる」

私は驚いた。たぶん、私はその道を見つけていたのだ。ただそれを思い出させてくれる人が必要だった。私たちはだれでもその道を見つけるときがあるのだろう。

ようやく私たちの便の搭乗が案内されると、わが新しき友はガードマンの女性に歩み寄り、身体検査してくれと言わんばかりに両腕を上にあげた。ケープが持ち上がって、緑と白のギンガムチェックのシャツが見えた——何年も前に私がキガリで始めたブルー・ベーカリーの制服のようだった。シャツは、不細工な黒の編み上げ靴の上まで届く、緑と白のたっぷりしたギャザーのスカートに入れられていた。女性はいまやますます修道女を思わせ、私は、彼女と大して違わない、チェシャ猫のようなにたにた笑いを浮かべていた。天から人が遣わされてきたように感じたのだ。その歯のないボホラ族の女性は、私の思い描く守護天使のイメージからはほど遠かったけれど。

私たちがパキスタンで仕事をした理由は、パキスタンが地政学的に最も重要な国であり、また、人がより大きな自由と選択を手にできるようにする市民社会団体が、パキスタンの長期的な繁栄の――どの国の繁栄でも――鍵になると考えたからだった。二〇〇二年、ちょうどウォールストリート・ジャーナル紙の記者ダニー・パールが拉致されて斬首されたころ、私たちはパキスタンに行き、最も有望なのは、マイクロファイナンスと住宅だと判断した。アキュメン・ファンドがこれまでかかわってこなかった領域だ。

パキスタンの貧困層にマイクロファイナンスのサービスを届けるにあたって、パキスタン有数のマイクロファイナンス団体〈カシュフ〉の創立者でCEOのロシャネ・ザファルがパートナーになった。ロシャネは、優れた、不屈のリーダーで、長い黒髪と見通すような目、細身の体で、指は大きすぎる指輪に飾られていた。彼女は、優雅さ、美しさ、そして勇猛果敢な知性を体現していた。

成功の見込みが薄いにもかかわらず、ロシャネがどうやってカシュフを始めたかを、彼女の父から聞いた。ペンシルベニア大学ウォートンビジネススクールの学位を得て、ワシントンDCの世界銀行で働いていた彼女が電話をかけてきて、パキスタンの女性たちに貸付をするマイクロファイナンス団体を始める考えを話したという。

「これはアドバイスを求める電話か」と父は娘に訊いた。「それともただの報告か」

質問の答えはわかっていた。娘を思いとどまらせる方法はないのもわかっていた。

ロシャネは一九九六年にカシュフを設立し、間もなくパートナーとしてサダフィ・アビドを雇った。彼らが一〇年で築き上げた団体は、三五万人以上の女性の役に立ち、ロシャネは、パキスタン最高の民間部門社会貢献賞を受賞した。

だが道のりは平坦ではなかった。初年度、一ドルの貸付をするのに八ドルのコストがかかった。カシュフには学ぶ時間が必要であり、資金提供者はカシュフのトップを信頼してともに学ぶ忍耐力を持つ必要があった。今日カシュフでは、世界の最貧層に一ドルの貸付をおこなうのに八セントしかかかっていない。

二〇〇二年、構想から六年後、カシュフは一万二〇〇〇人の女性の役に立ち、経営は自立に向かっていた。アキュメン・ファンドは、相場以下の利率の長期貸付——忍耐強い資本——でカシュフの成長を支援した。その後、シティバンクが主導してカシュフへの三二〇〇万ドルの資金提供がおこなわれた。またアキュメン・ファンドは、カシュフの持ち株会社にも一五〇万ドルを投資した。カシュフは貧困層のための商業銀行を設立した。いまでは、カシュフの貸付を受けている顧客は、三二万人以上にのぼる。パキスタンが世界に誇るマイクロファイナンス機関になったのだ。

マイクロファイナンスの場合、低所得層の女性が短期間に少額の金を借り、それを返済できるかどうかが成功の鍵となるが、住宅問題のほうは、もっと多くの課題を抱えていた。一五〇〇万人の住むカラチでは半数が不法占拠者として暮らし、たいていはスラム街の悪徳家主に家賃を払っている。一方、各地の都市の発展で土地投機がはびこり、低所得層だけでなく中流層にとってさえ、手の届く物件はほとんど残っていない。それに貧困層が家を買う機会があっても、住宅ローンが認められない。多くの商業銀行は、低所得地域を〝足を踏み入れるべきでない場所〟とみなしている。

課題は、住宅を、富裕層に限らずすべての層に手の届くものにする、住宅ローンと住宅開発を組織できるかということだった。信頼の問題もあった。住宅開発計画が作られても、デベロッパーが低所得地域での住宅建設の約束を守らないことがあまりにも多かった。最も被害を受けるのはいつも貧困層だった。

　低所得者向け住宅への取り組みを別のやり方で実験的におこなっていたのは、タスニーム・シッディキをはじめ、わずか数人にすぎなかった。

　二〇〇二年に私たちが最初の訪問したとき、タスニームは、自らの団体〈サイバン〉の哲学をこう説明した。

「人々のところに行って、一緒に暮らし、彼らの知っていることにもとづいて家を建て、彼らの話を聞き、彼らが自分でやる手助けをする」

　カラチから一八キロほど離れた最初の住宅開発地区クダ・キ・ブスティ（神の街）に、彼の小さなオフィスがある。空気は蒸し暑かったが、タスニームは気にしているふうもなかった。はげかかった頭頂部から白髪が長めに伸びているタスニームは、しわだらけのズボンで、知的な目を縁取る大きすぎる眼鏡をかけ、空想家の大学教授を思わせた。

　しかし彼はほんとうの活動家だった。

「三〇年間の試行錯誤を通して、私は増築住宅というものを学びました」と彼は言った。「初め、一九七一年までは東パキスタン（現在のバングラデシュ）で、そのあとパキスタンにもどって」

　増築《インクリメンタル》・住宅《ハウジング》というコンセプトは、低所得層が住宅購入をどう決定するかについてのタスニームの知識にもとづいていた。

「スラムの人々は市場に関心がありますが、普通は一度に家全体を建てる余裕はありません。人は物事を自分ですることで尊厳を得る。私たちの仕事はそれを可能にすることです」

サイバンは、人々に払えるだけの金で小さく始めることをすすめる。時とともに、家を拡張していけばいい。

「始めたとき、最大の課題は、私たちがだますのではないかという疑心暗鬼に対処することでした。サイバンの決まりごとはみなオフィスの外壁に書かれています。家を買う人だろうがだれだろうが、だれにでもわかるように、何もかもが透明です。不意打ちはありません」

タスニームは私を外の焼けつくような暑さのなかに連れ出し、オフィスビルの壁の青い字を指さした。ウルドゥ語の手書き文字は大きくきれいで読みやすく、わかりやすく見えた。

「でも、どうやってすべてがうまく回っているんですか」と私は訊いた。

彼はくすくす笑ってそっと頭を振った。

「最初は簡単ではありませんでした。最初の買い手を見つけるのは大変だった。何の公共サービスもない、職場や地域社会からこんなに離れた、新しい場所に住んでくれと頼むのですから。でも進んでリスクを冒す、勇気ある人たちがいた。彼らは土地のために一七〇ドル頭金を払った。それから一〇日間、中庭に住んでもらった。たいていは雨風をしのぐために何か覆いを持って来ていました。でも彼らが進んで犠牲を払ってくれたおかげで、家を買ってすぐ放り出す投機家と、ほんとうに有望な所有者の区別がついたんです。『ここで家を持つ資格があるほど貧乏ですか』なんて人に訊くことはできませんからね——彼らのやる気と行動から多くを学びました」

「いちばん大変だったのは？」と私は訊いた。

「信頼。規則を透明にしたうえに、サイバンの担当者は最初から住民のあいだに住んできました。彼は一日二四時間、口論を仲裁している。私たちは住民の話を聞き、自分で建てたいと思う家を選んでもらう。貧しい人間が望むのは頭の上に屋根があること、安心感、当てにできるサービスです。一晩でできたわけじゃない――それで、増築住宅と呼んでいるんです。時とともに、美しい地域社会になってきました」

今日では、二万人がクダ・キ・ブスティに住み、この住宅地へのサービス提供で成長を見込める事業が十数件、生まれている。教会がモスクやヒンドゥー教寺院と共存する。バス路線が、手ごろな運賃で定期的に街を走っている。サイバンは変化のためのモデルだ。

タスニームの次なる取り組みは、このモデルを別の場所で実験することだ。二〇〇三年までに無料の公共の土地はほとんどまったく手に入らなくなり、今回は民間の土地を使っている。最初のは、パキスタンのパンジャブ地方、ラホールから車で四〇分ほどのところにある大区画だ。カラチがニューヨーク市に似ているとすれば、ラホールはさしずめボストンだ。知の中心地で、生活のペースはいくぶんゆったりとし、眺めるには美しく、地域の絆は、都市化した個人主義的なカラチよりも強い。

アキュメン・ファンドは、サイバンが土地を購入し、開発のために登録できるよう三〇万ドルの貸付に同意した。タスニームは運よくジャワド・アスラムと出会った。ジャワドは三〇そこそこのパキスタン系アメリカ人ビジネスマンで、起業家精神の持ち主だ。ボルティモアで育ち、商業不動産開発の仕事をしていたが、同時多発テロのあと、パキスタンに移ってできるかぎりの貢献をしようと考えるようになった。中肉中背、たいてい伝統的な服を着て、きちんと手入れされた口髭をたくわえ、控えめにふるまい、変化を起こす仕事のためにほんとうにわずかな金で身を粉にして働いていた。サイバンに来た初年度、このアメリカ生まれの一流ビジネスマンの月給は、四五〇ドルほどだった。

「私は仕事に目的がほしいんです」と彼は私に言った。「頭が痛くても犠牲を払っても、それを何かと引き換えにするつもりはありません」

アキュメン・ファンドのパキスタン支部長アウン・ラハマンと私はラホールへ飛び、サイバンに来て一年ほどのジャワドに会った。アウンも三〇代前半で、一八五センチを超える長身に明るい目と黒い髪。アウンはカラチで育ち、私立学校に通った。シカゴ大学を卒業後、数年間、名のあるコンサルタント会社で働いた。それでも、低所得市場の課題を彼は理解していた。アウンは、カラチ郊外のスラムでサイバンとともに働く、最初のアキュメン・ファンド・フェローとして一年を過ごした。この経験で貧困層の現実に対して目が開かれ、問題に別のやり方で取り組む姿勢が強まった。それで、パキスタンでの私たちの仕事のトップに立つのにぴったりの人間になった。

現場を訪ねたくてうずうずしている私たち二人を前に、ジャワドはなんとか期待値を下げておこうとした。

「一年たってまだ登録できていないなんて、お二人が信じないのはわかってます。ただ私がさぼっていたと思わないでください。仕事一筋だったんですから。袖の下を払わないので土地がまだ登録されていない。ですからいまから訪ねていくのは野原です。いいですね」

「登記係ってどんな感じ?」と私は訊いた。金を払い、所有権を持つ権利があるのに、賄賂を払うように買い手を脅す、人でなしを想像しながら。

ジャワドは声をあげて笑った。

「そうじゃなくて、三一歳の片腕の男で、ほうきの柄みたいにがりがりで、私を避けるのに、ありとあらゆる口実をひねりだすんですよ。『雨が降ってる』からといって何回ミーティングをお流れにされたかわからない。そして私がルールを守るかぎり——絶対そうすると決めています——、何もできないんです。一年間、走りまわって頼みこんでも、ほとんど先に進めませんでした」

ほとんどの国で最上層部に大きな腐敗がある。さらに、不安定度を増大させる小さな腐敗がはびこっている。あまりにありふれたものなので、物事を動かす方便として見られるようになる。だが、ささいな腐敗——子供を学校に入れたり、スピード違反の切符を切られないようにするためにだれかに金を払うこと——は、最終的には深刻な害を及ぼす。

「特に新しい計画には、一年や二年、無駄にするのを避けられないときがあると学んできたの」と私はジャワドに請け合った。「予想もしなかったお役所仕事や腐敗で一年がふいになることもあるし、新しいことをやってみるように人々を説得するのに時間がかかることも、資材を手に入れたり、ふさわしいスタッフを見つけたりするのに時間がかかることもある」

ジャワドは優雅にうなずいた。ゲームのやり方を拒む人間が出てきて初めて、ゲームが変わるチャンスが出てくるのを彼は知っていた。

私たちはようやく、新しい開発用地の近くに着いた。車を停めて、アーチ道の下を歩き、登って線路を横切り、そして村の埃っぽい狭い路地を歩いてうっとりした。子供たちが石けんやほかの雑貨を頭に乗せて運んでいる。手をつないだ小さな女の子たちが、レンガの道をスキップするとプリーツスカートが揺れる。村の端に近づくと、エメラルドグリーンの水田が完璧に青い空を背景に広がっている。何もかも美しく感じられた。

空気は新鮮で、健康的な気がした。カラチにはないものだ。見渡すかぎり、水田か、少年たちが市場で売る草をいっぱいに積んで乗っているロバの引く荷車か、でなければ、ほとんどは何もない場所だった。これが田舎の暮らし――スラム街から車でたった三〇分のところで。低所得の都市地区から移ってきたら天国のように感じられるだろうと想像した。

畑の向こう、四〇〇メートルほどのところにもう一つの小さな村があったが、二つの村のあいだにどのくらい交流があるのか定かではなかった。ジャワドは、新しく掘られた池と、雨期に実る水田を指さした。アウンと私はほとんど踊り出さんばかりで、低所得層のための住宅地をともに夢見ながら立っていた。

「もうそんな先のことじゃないわね！」と私ははしゃいで言った。

「池があるんですから、もうすぐですよ」とアウンが付け加えた。

ジャワドが楽観主義をからかったが、私たちは夢見ることをやめられなかった。


それから六、七カ月たってジャワドの努力がようやく報われ、土地は公式に登録された。彼には次の課題がさらに大きくのしかかった。家を建てるのにふさわしい資材と人を見つけ、モンスーンと闘うこと。私がラホールを再訪すると、ジャワドは開発地を見に出かけようと言った。今回アウンと私は、同僚のミスバと一緒だった。ミスバは、シティグループ・パキスタンでの一〇年のキャリアを離れて、アキュメン・ファンドで働いていた。

ラホールの中心部で会って急いでコーヒーを飲んだあと、私たち四人は、ハイヤーに乗り込んで郊外に向かった。窓の外を見ると、午後の光が尖塔《ミナレット》のロマンティックなシルエットやモスクの丸屋根にキスするかのように、柔らかな色合いを世界になげかけている。ラホールのごみごみした一画に入る前に、私はこの街の田園風景に浸った。幅広い川が曲がるのに沿って並木道がつづき、私立男子校のうっとりするような庭に、クリケットやポロの試合用の広大な緑の芝生が広がっている完璧さ。女性たちが手をつないで道沿いを歩く。モダンなパキスタン服を着ている人もいれば、伝統的な黒いヒジャブにすっぽりと覆われている人もいる。カラチと同じように、ラホールもコントラストの街だった。

街の中心部に入ると、車は這うような速度になって、込みあった道を抜けていく。荷馬車やロバの引く荷車、三輪車、バンやトラック、背中にかごを背負ったり、座席に大きな箱をくくりつけて自転車をこいだりしている男性たちもいる。飾りをつけたラクダの奇妙なこぶの上に乗った一家が、車の横を早足で通っていく。色を塗った大型トラック――ほんとうの職人技が生きている――が、大騒音をまき散らして通る。どのトラックにも少年たちが落ちそうなほど満員に乗って、手を振っている。白いクルタ〔腰までの長袖シャツ〕を着た髭の男性たちがゆっくり歩き、ピカピカのベンツの後部座席にビジネスマンたちがすわっている。むさくるしい犬――開発途上国では景色の一部だ――が道をうろつき、露天商が商品を並べる。

私たちは、一六世紀に建てられた、堂々としたラホール城砦と、息をのむようなバドシャヒ・モスクを過ぎた。モスクのそびえ立つ壁と玉ねぎ型のドームが、夜の光の海のなかで荘厳に輝いている。近代的なものも古いものも交じる、たくさんの美しい尖塔やイスラム建築の美しさについて、いつの日か私たちの建てる家にもこの美しさをもっと組み入れることができるかもしれないと、みなであれこれと話した。

一回目の訪問のときと同じように、サイバンの青い看板のところで埃っぽい道を離れて、あちこちで整然とした俵型に収穫された麦畑を過ぎた。静かな午後、農民たちはバッファローや羊の横を歩き、年取った男性たちが自転車に乗って通り過ぎた。私たちは、小さな村に歩いて入り、宅地開発が予定されている、とてつもなく広い野原を横切った。ただし今回は、実際に一軒の家があった。少なくとも私たちの目には、美しく、輝いて見えた。

「私たちの家です」ジャワドが興奮して言った。「でもみなさんはあそこまで歩いて行きたくないでしょうね」

水田を横切る道は、普段は乾いた土の道だが、この少し前、川があふれて泥でいっぱいになっていた。「ここから見るだけでもいいですね」と彼は付け加えた。

しかし、この最初の家を目にするのを待ちかねていた私たちは、近くから見たかった。靴を脱ぎ、ズボンをまくって、泥のなかを裸足で、おそるおそるついていくと、ジャワドは笑った。

私は柔らかい土が指のあいだに入り込み、水が足元を流れる官能的な感じが大好きだった。それでも朝の会議に着ていったブルーの絹のパンツスーツのまま、泥のなかにばしゃんと転ぶ自分を想像した。ターバンをした黒い肌の少年が水田の端にすわり、ドラマチックな情景を作り出していた。草を積んだ大きな荷車が進み、地平線に近づくと速度を落とす。明るい緑の水田のあちこちで、鵜が飛び交っている。

家に着くまで一〇分か一五分かかった。私たちは嬉々として見てまわった。四五平方メートルの家は、家族で住むにも十分な広さだ。二部屋と二つのトイレ付バスルーム、小さなキッチンに中庭。

カラチ郊外のサイバン本部と同じように規則が書いてある正面から、私たちは、十数枚も写真を撮ったにちがいない。

カメラを置いた私は、アウンとミスバとジャワドがそれぞれ靴を手に、顔には大いに誇りを浮かべているのを見た。これほど賢く、有能で、献身的な彼ら、パキスタンの子供たち。こんなところで貧困層向け住宅建設のための途方もないハードルを乗り越えようと奮闘しなくても、仕事はいくらでもあっただろう。私は一緒に働くことができてどれほど運がいいか、リーダーとしてどれほど彼らを支援したいと思っているかを考えた。彼らこそパキスタンの将来を担う世代だ。

私たちはモデルハウスの従業員にあいさつして激励したが、お茶は辞退した。日が沈みかけ、私は暗くなる前にもどるほうがいいと思った。帰り道、水田を横切って歩きながら、私たちはこの最初の家の重要性を語り合った——ここまで足を運んで祝福することがどれほど重要だったか。人生は短く、勝利は得がたく、空港で私の守護天使が思い出させてくれたように、希望は無難なふるまいからではなく、世界で善を求めて働くことから来るのだ。

突然、バンという音がした。後ろで銃声が響き、若者たちが私たちを追い越して走って行った。見るからにパニック状態だった。私はミスバの手をつかみ、二人とも足を速めた。弾丸が飛んでくるなか、なんとか滑らないよう片足ずつ泥のなかに置きながら、できるかぎり急いだ。

行く手の村で、薄いブルーのシャツを着た一人の男性が若者たちに囲まれて、銃を空に向けて撃っているのが見えた。私たちの選択肢は限られていた。水田をぬって通る狭い泥道の真ん中で、十字砲火を受けている。引き返すこともできない。私たちに向けて撃っているようではないとはいえ、銃を手にした男たちが両方から走って来る。弾の飛ぶ音が至るところで聞こえる気がした。

私たちはできるだけ早く走って、前に進みつづけた。

村に近づくと、赤のストライプ入りの黒シャツを着た一人の若者を、男たちが捕まえているのが見えた。だれもが怒鳴り、若者は怖がっているように見えた。私は若者が何かの容疑者なのだろうと考えたが、立ち止まって確かめたりしなかった。私たちは村の狭い小道を急いで通り抜けた。まだ私の手を握っていたミスバが、止まってと突然言った。

「何?」と私は彼女に訊いた。

「ズボンをまくったのを下ろして」と彼女は言った。「どうしてこんなトラブルになったのかわからない。不謹慎な格好に見えたら、もっと人目を引いてしまう」

そのうち、村人が〝村によそ者がいる〟と叫んでいるらしいとアウンが言った。私たちは平静を装い、先へ進むことだけを考えて早足で歩いた。私の意識は、自分に何が起きているかを上から眺めてでもいるように分裂した感じだった——対処メカニズムの一つだった。

私は若いチームを脱出させることを最優先に考えた。みなで進んでいきながら、私はチームのメンバーをほんとうに大切に感じた。そのとき、ワンピースを着た小さな女の子たちが、隠れもせず、銃を持った少年たちの後ろを走っていくのを見た。女の子たちは、少年たちを怖がっていない。彼らは、自分たちの安全を守ってくれるヒーローなのだ。

無事脱出し、あとになって事情がわかった。四、五人の窃盗グループが小型車で遠くの村まで行き、家を数軒壊して、車に飛び乗って逃げたのだった。車が道の途中で泥にはまり、窃盗犯は飛び降りて四方へ逃げた。村人たちが追いかけ、空に向けて銃を撃って、離れたもう一つの村から応援を呼んだ——ルワンダでトラブルが起きたとき、警備員が大声を合図として使っていたのを思いだしたが、それに似ていなくもなかった。

その夜、村に負傷者は出なかった。当てにできる警察権力がないので、村人は自衛を余儀なくされる。ほとんどの世帯が銃を一丁持っているようだった。貧困には、収入の面だけではなく、物理的な治安の悪さからくる自由の欠如という面もあった。

この出来事のあと、村人たちは、私たちが売るだけ売ってさっさといなくなるような商売をしているのではなく、責任を持って取り組んでいると認めてくれた。翌朝仕事に行ったジャワドを迎えた多くの目は、以前より懐疑的ではなくなっていた。数日のうちに、家の購入契約にサインする最初の人が現れた。動きだしたのだ。

最初は遅々とした歩みだった。低所得層は、ずっと先の将来を考える余裕がなく、頭金分の貯金もめったにない。民間の土地でのプロジェクトだったため、各区画の頭金は、カラチのときの三倍——六〇〇ドル近かった。ねらいとした市場のほとんどの人からすれば、夢のまた夢という金額だ。そのうえ、ラホールは地域のつながりが強く、どれほど不十分な住まいでも、自宅を離れて一人で未知のことを始めるのはむずかしかった。

顧客層はまた、一五年の住宅ローンにもしりごみしていた。一家の大黒柱が一度でも重い病気にかかれば、家族の返済が遅れかねない。サイバンの返済は、月三〇ドルから三五ドルで、人々がスラムで払う額より安かったが、長期ローンという概念が怖かったのだ。

それでもジャワドは説明をつづけ、一人また一人と、やってくるようになった。

そして二〇〇七年後半。私たちはまた、ラホールから村まで車で行った。そしてこんどは、埃っぽいアクセス道路を通り、二つの区画に最初の五〇軒の住宅を見ることができた。パイオニアとなる、三〇〇人近い住民が住んでいた。最初のブロックの真ん中に公園があった。ピンクの花がまわりを囲む、手入れの行き届いた真四角の芝生。ベンチが両側に並び、家の持ち主の多くが、自宅の窓の下に花を植えていた。人が世界で自分をどう見るかがどれほど変わるものか、測ることができるのかしらと、私は思わず声に出した。

私は一人の男性に会った。真っ白な髪と年輪の刻まれた顔から六〇歳前後と思ったら、むしろ四〇歳に近かった。生涯ほとんどスラムで暮らしていたが、家族と新生活を始めるためにサイバンを訪れ、この住宅開発地でローンを組む最初の人物として名乗りを上げた。

「ここの人間はとても辛抱強いんだ」彼は言った。「初めに訊いたんだ。いったん借りたら、なんでその金をそれから何年も、何回も払わなくちゃならないんだって。何度も説明してくれたけど、一度もちゃんとした説明になっちゃいなかったね」

「じゃ、結局、どうやって説得されたんです?」と私は訊いた。

「ラホールで家賃を月三八ドルくらい払ってた。だけど家が自分のものになるわけじゃない。いまは月三〇ドルで、妻と子供たちのために自分の家が買えてる。将来を考えてるよ」

家々から一五メートルのところに、一部屋のレンガの校舎が建っていた。ドアの外には小さな靴が重なっている。生徒たちは、教科書を手にして床にすわり、三人の若い教師と英語の言葉を暗唱している。市民社会の枠組みを築こうとする指導者と過激派とが勢力争いをしている不穏な時代のただなかで、この学校は進歩と達成の意義深いシンボルだった。三年を経て、プロジェクトはほんとうの地域社会の形をとっていた。

ソノ・カンガラニ医師には、地域社会というものがよくわかっていた。彼はパキスタンにおよそ二五〇万人いるヒンドゥー教徒の一人として生まれた。パキスタンのヒンドゥー教徒の八〇％近くがダリット、すなわちカースト制度で最下層とされる集団で、歴史的に、革なめし、動物死体処理、道路清掃、小作労働者といった仕事に従事してきた。

インドの都市部ではカースト制度はもう支配的ではなくなっているが、多くの農村地域では今日でもダリットは排除され、住めない場所や通えない学校がある。地方の茶店のなかには、上のカーストの人間が同じものに触れて汚れないよう、ダリット専用のカップや食器を用意しているところさえある。接触を忌み嫌うところから、ダリットを指す言い方としてよく耳にする、もう一つの言葉、〝不可触民《アチュート》〟という言葉が出ている。

ソノ医師の父は靴直し職人で、伝統に従えば、ソノ医師も父のあとを継ぐはずだった。しかし、一九四八年インドとパキスタンの分裂のあいだに、運命が変わった。ソノ医師が生まれた広大なタール砂漠地域は辺境の地だったため、多くのヒンドゥー教徒がイスラム国家となったパキスタンに残った。大学を終え、両親には考えられないほどの機会に恵まれたソノ医師は、それでも自分の村にもどることを選んだ。村では依然としてあまりに多くの人たちが、レンガ製造工場、じゅうたん工場で債務労働者として厳しい労働をし、封土のちっぽけな区画を耕していた。

アキュメン・ファンドがなぜ、この砂漠地帯へ行くことになったのか。ここは、貧困層が土の家に住み、家財といえば数個の鍋しかなく、働きづめで厳しい暮らしを食いつないでいる場所だ。話は実は、もう一人のインドの社会起業家から始まる。同僚のヤスミナ・ザイドマンと私が二〇〇四年に会ったアミタバ・サダンギだ。当時アキュメン・ファンドは、貧困層への水の供給に焦点を当てたポートフォリオを作りはじめていた。アミタバは四〇代で、二〇年近くインドの貧農とともに働き、生産性を高める、手ごろな価格の道具をデザイン、販売していた。

アミタバの機関である〈国際開発計画《IDE》インド〉は、数十万台の足踏みポンプを販売していた。簡単な装置で、農民はこれを水源につなぎ、上に立って、ステアマスターの上にいるように足を動かす。こうしたシンプルな技術は、農民の収入レベルを二倍、三倍に引き上げるのに役立っていた。アミタバは、最小限の水にしかアクセスのない農民――最貧層――のためにも何かをデザインしようと考えはじめていた。

アミタバは世界最高の笑顔の持ち主だ。こちらを共犯者とみなしているかのような、輝く笑顔。がっちりしてたくましく、刈り込んだ口髭に黒い眼が光る。ダイヤモンドのブレスレットや宝石のついた指輪をしていても、笑い方や農民と気さくに付き合う様子、そして――最も大切なもの――話の聞き方で、ほとんどの農村地域で信頼を集めていた。アミタバはいつでも自分自身であり、だれかほかの人間になろうとしたことは一度もなかった。

私は彼のなせばなる精神と農業への実際的なアプローチに惹かれた。

「イスラエルのドリップ灌漑《かんがい》システムを見たことがありますか」と彼は私に訊いた。

見たことがあった。このドリップ灌漑は、ただ細長いパイプを水源につなぎ、畑までそれを伸ばして、種をまく各畝《うね》に届かせるというだけのものだ。パイプから小さなチューブ、細いストローが伸び、植物の幹に水をやる。コンセプトはすばらしいが、この灌漑システムで最大の利益を上げられる、大規模農場向けのデザインだ。

アミタバはこの技術を見て、最貧農にも手が届くようにする必要があると考えた。

「三つの大原則に従う必要がある」彼は私に言った。「第一に、手ごろな価格で農民が収穫物を売れば、一年以内に元が取れること。第二に、使いやすいこと。第三に、次々に拡張できること。八分の一エーカー分しか金を出せない貧しい農民でも、二つめを買って、灌漑できる土地を二倍に増やしていけば、自力で貧困から抜け出すことができるんです」

寄付者のなかに、彼のしていること自体には賛成だが、そんな貧農に灌漑システムを売りつけて製造業者や流通業者が利益をあげているといって嫌がる人たちがいる、というのがアミタバには不満だった。

「インドには二億六〇〇〇万の小農がいるってことを、そういう連中にどう説明すればいいんです？ 何百万、何千万人が一日一ドル以下で暮らしてる――そういう人のところまでサービスが届くには、サービスを届けるシステムを確実にきちんと作れるようにしなくちゃならない。それには金の面でやる気が持てるようにすることだ。もちろん慈善も要りますよ。でも、長続きするシステムを作らなくちゃならないんだ」

ヤスミナと私は心から賛成した。アキュメン・ファンドはアミタバを支援し、やがて彼が営利企業を設立するのを支援した。それから四年間で、ＩＤＥインドは二七万五〇〇〇台のドリップ灌漑システムを販売し、システムを使用した農民はほぼ全員が、収穫量と収入を倍増、あるいはそれ以上に増やした。

パキスタンのカラチのユニリーバのオフィスで初めてソノ医師に会ったとき、私はアミタバの話をした。ソノ医師の気さくそうな顔、その目がほほえむ様子、横分けになでつけたゴマ塩頭、そしてただ何事についても見るからに喜んでいる様子に心を打たれた。インドの農民が生活を変えるのにドリップ灌漑がどう役立ったかを説明すると、ソノ医師の目が大きくなった。彼は、タール砂漠地域での仕事に力を入れていたユニリーバと、アキュメン・ファンドとのパートナーシップに思い至った。農民たち自身が、生活を変えたいと心底願っていることも。

ソノ医師はすぐ、タール砂漠地域の農民にドリップ灌漑システムを導入しようと決心した。私たちは、一つの投資先からもう一つへ、今回はインドからパキスタンへという、最初の技術移転に同意した。両国の政治的緊張もあって課題は多いが、こうした学びと交流を推進するのは、関係を築く強力な方法だと信じてもいた。それにソノ医師に託す価値は大いにあった。アミタバと同じように、ソノ医師も、貧農のために働くことを愛し、信頼の共同体を築き、生涯を自分の仕事に打ち込んでいた。アミタバと同じように、ソノ医師の目も、話すときに輝くのだ。

最初のステップは、ソノ医師がインドを訪れて、IDEインドの取り組みを自分で見ることだった。ニューデリーへのビザを取るのに何カ月もかかり、そのうえ、到着したあとになって、訪問許可がいくつかの都市に限られていることがわかった。ドリップ灌漑システムの輸入にはさらに困難があったが、ガバードの農場は含まれていなかった。ドリップ灌漑システムの輸入にはさらに困難があったが、アミタバもソノ医師も、〝不可能〟という言葉を認めない人物だった。もう一年〝失われた年〟があったが、ソノ医師は決して情熱を失わず、デモンストレーションのための区画を作る仕事にとりかかった。地元農民が自らリスクを冒さずに、ドリップ灌漑システムを見られるようにするためだった。

農民というのは合理的な決定をするが、リスクを嫌うものだ。生計全体も——評判も——、毎年よい収穫を得ることにかかっている。新技術を試すリスクを冒せば、収穫を丸ごと失うことにもなりかねない――そうなれば、食料と収入の両面で破滅的だ。それがわかっていたソノ医師は、信頼を築くには、ドリップ灌漑の威力を口で説明するのではなく、農民が自分の目で見ることができるようにする必要があると考えていた。ユニリーバの支援でデモンストレーション区画を作り、よい収穫を得たあと、二〇人の農民を説得し、費用はソノ医師が負担して、彼らの土地の一部でドリップ灌漑システムを実験的にやってみることになった。そこで生産性の向上が目に見えて初めて、ナガル・パルカルの農民たちに一〇〇台のシステムを販売することができた。土地の広さは約一〇〇〇エーカー、初めて本格的な実験ができることになったわけだ。

私はアウンとともにタール砂漠地域を訪れ、ミティにあるオフィスでソノ医師に会った。カラチから五時間半かかる長く熱い道のりで（気温は四五度ほどもあった）、物のまばらな、美しい景色を通り過ぎた――時折、さとうきび処理工場やレンガ工場が点在する、広大な土地。いたるところで地面がひび割れ、生き物はいないように見えた。

ソノ医師がしっかりと抱擁で迎えてくれた。近くにいると幸せを感じずにいられない。彼もナガル・パルカルの農民に一カ月ほど会っていなかったので、私たちに食事を急がせ、また車に乗って、目的地まで二時間半の道のりに出発した。

月面のようなモノクロの砂漠の景色を抜けて一本道を進んでいくにつれ、暑さが増してきた。エアコンをつけた車のなかにいても、汗が顔から流れ落ちた。私は、まばらな木の下にすわっている、毛のふさふさしたラクダを見て、自分のほうがまだましだと考え、涼しいと思おうとした。満足げに深く息をしながら、ソノ医師は叫んだ。

「砂漠の春はいいでしょう？　空気が新鮮で、至るところにこんなに色がある」

「申し訳ないんですけど」と私は彼に言った。「灰色と褐色の色あいの違いしか見えません。正直に申し上げて、空気もそんなに新鮮な感じじゃありません。オーブンのなかみたいです」

「じゃ、まだちゃんと見ていないんです。あそこの木はどれも小さなつぼみをつけているでしょう。どこもかしこもピンクとオレンジと紫の花がいっぱいでしょう」彼は地平線を指さしながら言った。「こういう小っちゃな、小っちゃな色が春の祭典なんだ。ほんとにねえ、ここはいいところですよ」

私は運転手にしばらく停まってくれと頼み、車を降りて探検した。たしかによく見れば、豊かな色の兆しを見つけることができた。みな道端の木や薮や茎のなかにしっかり包まれて、はじけるのを待っている。ソノ医師の言うとおりだった。すぐ目に見えるものにこだわらなければ、至るところに色があり、それはかえって強力で、感嘆せずにはいられない。

二〇〇八年の初め、私たちが行ったころ、食糧危機が始まったばかりだった。地球の果てかと思われるところに向かい、先に進めば進むほど、ここの農民がどのように最悪の状況に直面しているかわかってくる。歴史的に農民が水を手に入れてきた唯一の方法は井戸だった。金があればディーゼル燃料を動力にしてきた。いまは石油価格の高騰で、まずまずの暮らしをする農民にとっても井戸を動かすのは法外に高くなった。貧農は乾期のあいだ、何日も歩いて、たいてい日給五〇セントや一ドル以下で、大きな農場へ働きに行く。それで家族の食料を買うはずだったが、食料価格が高騰して、買えなくなった。

ソノ医師の実験は、水が供給できなければ始まらない。太陽電池はとても買える値段ではなかったので、彼は、政府の貧困軽減プログラムと交渉して、井戸から水をくみ上げるソーラーポンプのコストの八〇%を負担してもらい、残りをIDEが負担することにした。これでインフラが無料になり、実験に参加する農民は、ドリップ灌漑システム自体の値段分のリスクを冒すだけでよくなった。でもうまくいっているかどうか、ソノ医師も私も知らなかった。

二度目に車を走らせはじめてから二時間半、私たちはようやく目的地に到着した。はるかな地平線に、ほんの少し黄色が見え、次第に広がって、広大なひまわり畑と見分けられるようになった。明るい黄色と緑色が青い空を背景に広がっている。それを見た私たちは、小さな子供のようにくすくす笑った。

「砂漠の乾期ですよ。小農場で物を育てるのはほんとうにむずかしい時期だ」とソノ医師は笑った。「信じられますか?」

畑の端で、高さ二メートルに成長したひまわりを愛でるために車を停めた。私は息もつけず、深い感情が湧きあがってくるのを感じた。休耕地に新たな生命が誕生し、存在しているからであり、この、いともたやすく忘れ去られ見捨てられる場所に新たな希望が生まれたからだろう。自然のドラマは、やさしさと持続可能性のドラマだった。その始まりは、地面に置かれた、小さなビニールパイプだった。それが水の一滴一滴を守り、かつて固く不毛だった土地に命を与えていた。

メアリー・コイナンゲがナイロビのスラムでいつも言っていたように〝水は命〟だ。

すぐに、九人の長身の男性が畑のあちこちから私たちのほうへ歩いてきた——そろって白い農民服を着た父親と八人の息子は、後ろの人ほどハンサムで、まわりに一五人か二〇人の少年がいた。唯一の生計の手段である七エーカーの土地を家族で所有していたが、以前は年に六カ月しか耕作できなかった。父親のラジャンは緑の格子柄のターバンを巻き、なめし皮のような肌の賢明な顔に口髭をたくわえ、私の父を思わせるハシバミ色の目をしていた。ラジャンは、政府が保証価格で買い取る予定のひまわりを誇らしげに見た。

彼の後ろで八枚の青いソーラーパネルが太陽に向いた角度で立ち、その前の井戸が、ドリップ灌漑システムに十分な水を汲み上げていた。

「調子はどうですか」と私たちは訊いた。

「問題は一つもない」と彼はほほえんだ。

IDEインドのドリップ灌漑の細いチューブが、元気な植物の幹の横にまっすぐ並んで置かれていた。息子たちと孫息子たちは、畑を適切にレイアウトするのに必要な職人技を口々に指摘した。

「殺虫剤がずいぶん要らなくなりました」と息子の一人が言った。

ラジャンはこの畑がどれほどの収入を生むかまだ知らなかった。「でも」と彼は付け加えた。「この土地で、いままでのなかでいちばんいい収穫です。いい季節を含めても」

私は、五〇人の家族が、日雇い労働者の仕事を頼りに、家畜だけを引いて、四〇度を超す暑さのなか、砂漠を横切ってのろのろ進むのを想像しようとした。

「私は年寄りだ」とラジャンは私たちに言った。「自分の土地に残れたのは、生まれて初めてです。やっと将来の計画を立てられるようになった」

ラジャンは、畑の一つの端に集まっている小屋を指さした。

「わが家へどうぞ」

ほんの少し高くなったところに、物憂げな小屋が円を描くように建てられていた。土と草ぶきの屋根からできている。入口は低くて小さく、訪問者は入るときひょいと頭を下げなくてはならない。

中心になる小屋は、祖母と年配の妻たちの寝所で、壁に沿って粘土の物入れと小さな棚が作られ、その上には明るい色のペンキで丸が描かれていた。数枚の皿と道具が棚に置かれている。「子供たちの手が届かないように」と祖母は私に言った。

一群の小屋の真ん中にある、長さ六〇～九〇センチ、幅四五センチほどの地面のくぼみが、コンロの役を果たしていた。風の強い季節には、火花が簡単に屋根に燃え移りかねないので、女性たちはもっと安全な方法を求めていた。調理場の横のほうに石のすり鉢と木のすりこぎがあり、女性たちはそれで穀物や葉をすりつぶして家族の食事を作る。

穀物の入った二つの粘土の器の近くに別の小屋があり、その横に大きな製粉機が立っていた。一つの平たい石をたいへんな労力で回して、小麦を小麦粉にし、女性たちはチャパティを作る。それぞれの小屋の床には毛布が敷いてあったが、冷え込む砂漠の夜に、大して温かさを提供してくれるとは思えなかった。

女性たちは老いも若きも魅力的で、透けるスカートと、シークイン〔装飾用の小さなスパンコール〕のついた、鮮やかな色のシャツを着ていた。クジャクか何かエキゾチックな鳥を思わせる。既婚女性は、白いプラスチックのブレスレットを、ときには五〇以上も、腕につけている。唇をピンクに塗り、目のまわりに化粧をしている人が多く、それが目をさらにエキゾチックに見せていた。ほとんどが黒い髪を覆う色とりどりのベールをしていた。

祖母はほっそりした美人で、明るいトルコブルーのシャツに紫紅色とブルーのベールをしていた。黒い肌は日にさらされ、一二人の子をもうけたが、若い女性のように見えた。

「この季節にお宅を離れずにすんで、うれしく思っておいででしょうね」と私は彼女に言った。

彼女はにこやかに笑って、両手を合わせ、温かいあいさつをした。

「以前、家財を置いていくのはご心配でしたか」と私は訊いた。

「家財って？」と彼女は笑った。「お皿が何枚かとコップがいくつか、それに水を運ぶつぼがいくつかあるだけです。私たちがいないあいだにここに来るのはシロアリだけ、屋根の藁を食べるんです。ほかにお客はありませんよ」

「じゃあ、少なくともシロアリは、ずいぶんありがたがっていたでしょうね」

「ええ」と彼女は笑った。「とってもね」

私たちはラジャンに、収入を得たいま、何をしようと思っているかと訊いた。

「子供も孫も学校に行ったことがない」と彼は言った。「孫が教育を受けるのを見たいね」

孫娘もかとだれかが訊いた。「ええ」と彼は答えた。

「でもベールをはずして、もっと進歩的にならないと」と聞き手はまた訊いた。

ラジャンは穏やかに、孫娘たちにとってもいいことだろうと答えた。「こんなに差別されることがないように、学校に行ってほしい。それに、差別することもないように」

尊厳は自ら選択することのなかにある。不毛の砂漠で「命！」と叫ぶ、ラジャンの果てしないひまわり畑は、何よりも雄弁にそれを物語る。

市場経済は、耳を傾ける装置として役立つことができる。ドリップ灌漑システムの経験から、小農の生産性の向上につながるさまざまな資材を、サプライチェーンを通して提供することが有効であることがわかってきた。農民の収穫を増やすあらゆる機会を考える必要がある。ドリップ灌漑に加えて、手ごろな価格の改良種子と肥料があれば、収穫量を三〇％増やせる。農民はまた、貯蔵施設がないために、潜在的な収入の三〇%を失っている。農民が売り物をもっと増やせるように、穀物をより早く乾燥させられるソーラートンネルも求められている。作物の輸送の問題もある。農民に適切な利益を提供する市場を見つけるという問題もある。四億人の小農を、私たち全員が頼る生産者として考えれば、世界の食糧をまかなうために、その成長と収入を支援する方法はいろいろある。

生産力を向上させる資材を農民に販売することを学んでいくと、〝援助産業《エイド・インダストリー》〟が同じ農民に押し付ける歪みもわかってくる。ケニア、パキスタン南部といった場所で危機が発生すれば、欧米諸国は、地元農産物を買う資金を送る代わりに、高い補助金のついた価格で自国農民から買った〝無料の食料〟を送る。まだまだ先は長いのだ。だがIDEインドのような小規模な試みから、もし私たちが信頼を築き、農民に可能性を示し、技術支援を提供し、市場と結びつけたら、どれほどのことができるかがわかる。

作家のウィリアム・ギブソンは書いている。

「未来はすでにここにある。ただ広く配分されていないだけだ」

そんなにむずかしいはずはないが、私たちは危機感を強め、農民が自分の生活を変えられるよう支援し、それによって世界を変えなくてはならない。

第15章　規模を拡大する

複雑さを避けてシンプルにすることには何の意味もない。だが、複雑さを乗り越えてシンプルにすることには人生をかける価値がある。

——オリバー・ウェンデル・ホームズ

パキスタンの荒涼とした砂漠と最も対照的なものといえば、タンザニアの緑の丘だろう。

二〇〇四年、タンザニアのウサ・リバーという小さな村で、もう一人の忘れられない人に出会った。シンプルな技術が彼の人生を一変させた。名前はエリアレヘム。小さな土地に小屋があり、トウモロコシが一本、入口の外に植わっていた。一丁羅の、ぼろぼろの古い汚い帽子と破れたシャツで、私たちが近づくと急いでボタンをはめた。パッチワークのように破れを縫い合わせたズボンは、かかしに着せる価値もなさそうだ。荒れた手はごつごつして、さわると紙やすりのように固かった。けれども人好きのする、気さくな笑顔だった。

当時彼は、近くの農場で日雇い労働者として、月六ドルくらいもらう勘定だと言った。しかし、マラリアのせいで働けないこともよくあると付け加えた。

「マラリアになったら、動くのはほんとうにつらい。ただ家のなかで震えながら寝て、頭痛が治まるのを待つしかない」

多くの低所得のアフリカ人と同じように、エリアレヘムもほぼずっと病気を抱えて暮らしている。発症したときは数セントの金を手に入れてクロロキニーネ錠剤を買うが、値段が高く、完治するまで治療をつづけることができない。少しよくなると薬をやめて、弱った体で生活する。ウサ・リバーは水田が一面に広がって蚊の発生源になる淀んだ水があり、マラリアは蔓延している。必要なクロロキニーネの投薬を最後までつづけられないエリアレヘムのような人が数億人に上り、菌が薬への耐性を持ちやすく、問題は悪化していた。

最初の年、エリアレヘムは前より健康になった気がすると明るく話した。見たところは、老けこみ、疲れきって、とても貧しい様子だったが。

「この蚊帳《かや》があって、ただただうれしいんですよ」と言った。蚊帳を吊る寝床がないことには触れなかった。ただ家の梁に蚊帳を結んで、土の床まで垂らし、そこに体を横たえていた。

初めてエリアレヘムに会って心を打たれたのは、これほどわずかなものしか持っていないにもかかわらず、感謝と喜びを抱いていることだった。蚊帳というシンプルなもの、だれでも手に入れられるべきものが、彼の人生を変えた。

「いまではね、一晩中、ぐっすり寝られるんです。飛びまわって刺す、蚊の音がしないから」と彼は私に言い、昼寝をする赤ん坊のように両手を顔につけて、満足そうにほほえんだ。

年に一度訪ねていくと、エリアレヘムは前より健康そうになり、それとともに仕事も収入も増えた。菜園でトウモロコシを育て、花が咲きはじめていた。小屋のまわりに、作物を動物から守るためのフェンスも建てた。つつましい家のなかに張られた一本のひもに、二枚のシャツがかかっていた。私たちはずっと交流を持ってきた。私は訪ねるたびに彼の写真を撮り、チョコレートを一袋持って行ったこともあった。

会ってから三年目、エリアレヘムはマラリアから解放され、いまや文字どおり私たちの頭の上にそびえるようになったトウモロコシの茎の横に誇らしげに立っていた。

「いまは十分ありますよ」と彼は言った。「一年中食べる分がね。たぶん来年は、売れる分がいくらか残る」

現金収入を得るため近くのコメ農場での仕事をつづけ、夜には地元の教会で勉強していた。

「で、そうです」と、彼は英語で叫んだ。「いまは前より強くなった気がする」

「どこで英語を習ったんですか」と私は笑いながら訊いた。

「牧師さんが教えてくれるんです」と彼は言った。

それからスワヒリ語にもどって、小屋へどうぞと言った。床にはシーツを敷いたマットレスが置かれ、蚊帳がそこに吊ってあった。

年を聞くと、彼はほほえんで言った。「六六歳です」

蚊帳をきちんと吊れるようになったので、軒を覆っていた分は外のトイレに移していた。

「夜、寝床を離れてトイレに行ったら、蚊にやられるから、そっちもかけておかないと」

六六歳で、生まれて初めて頭を乗せる柔らかい場所があり、冷たい土の床の代わりにクッションで眠ることがどういう感じがするものか、私には想像するしかない。私はまた、マッチと石けんと、二、三個の椀も見た。全部新品だった——健康がどういうものかをようやく知った一人の男が、自分の努力で買ったものだ。

小屋のなかで、エリアレヘムは壁に寄り掛かってささやいた。

「前に来たとき、持って来てくれたチョコレートを覚えていますか」

私がうなずくと、彼は表情をくずしてほほえんだ。

「毎晩一つずつ食べて、幸せをかみしめました」

同じものを探してみると私は言った。彼は肩をすくめ、どれでもいいと言った。

彼が何かほしいとほのめかしたことさえ初めてだった。貧しくても誇り高い男なのだ。私はチョコレートを約束し、それから、三年間に取った彼の写真を何枚か見せた。

最初の写真を見て彼は顔をしかめ、つぶやいた。

「老けてますね、とても老けてる」

「そんなことありません」と私は言った。「このときは病気でしたから。いまは元気ですてきです。ずいぶん太りもしたんじゃありませんか」

彼は心配そうに頭を振った。「年を取りすぎた」

私は急いでページをめくり、最近の彼の写真を見せた。清潔な服を着て立ち、ずっと肉づきのいい顔と体つきをしている。

「ああ、そうか」と彼は叫び、満面に笑みが広がった。それから私の背中を軽くたたき、満足そうに息を吐くと、目が踊るように輝いた。

「二人ともがんばりましたね」

彼はほんとうにがんばった。簡単な道具——たった一枚の蚊帳、そして彼のまわりの人間のほんの少しの信念――を贈った以外、彼はすべて自分でやったのだ。

エピソードは可能性を示すうえで有効だ。一枚の蚊帳がきちんと使われれば、一人の貧しい人がずっと健康になり、力を取りもどす。仕事をし、自分の土地を耕し、収入を増やして生活を変えられる。医療への投資と、収入を得る能力の向上には強い相関関係があり、収入が増えると、子供の教育への投資が増え、出生率も下がる。

こうして見ていくかぎり、問題は、どうやって確実に何億枚もの蚊帳を効率よく普及させ、必要とする人々に正しく使ってもらうかということになる。だが実は問題はそれだけではない。エピソードはときに誤解も生む。蚊帳は一つの答えだが、唯一の答えではない。きわめて複雑な問題へのよりよい解決を見つけるには、起業家的なイノベーションを探しつづける必要がある。

マラリアは世界最大の致死的疾病の一つで、毎年一〇〇万から二〇〇万人の命を奪う。このうち九〇%がアフリカで、マラリア患者の四分の三は女性と子供だ。私はキガリにいたときのマラリア発作のことも、マラリアで命を落とした知り合いのことも決して忘れない。アフリカにとってマラリアは、人命と生産性の途方もない損失を意味する。

一〇〇万人――大都市の全人口――が毎年命を落とすのを想像してほしい。アフリカは毎年一三〇億ドルの損失を被っていると推定される。マラリアにかかるたび、普通一週間から一〇日間、働けなくなるからだ。三億という最も控えめな推計に従い、そのうち一億五〇〇〇万が子供だとしても、それでも少なくとも一億五〇〇〇万の仕事が毎年失われていることになる。

二〇〇二年私たちは、ユニセフ、住友化学、エクソンモービルによる共同事業の代表から、アフリカでの普及に向けて、耐用年数の長い殺虫剤処理蚊帳を現地で生産する取り組みに参加しないかと打診を受けた。従来使われてきたのは、夜、寝床を覆う、簡単なポリエステル系の蚊帳だったが、大きな問題が二つあった。第一に破れやすく、いったん穴があけば、蚊は獲物を求めてそこからたやすく入りこむ。第二に、効果を持続させるには、三カ月から六カ月ごとに蚊帳を殺虫剤に浸さなくてはならなかった。人間の性からして、蚊帳を浸す手間をかける人はほとんどいない。わずか数カ月使ったあと、ほとんどの蚊帳は大して役に立たないものになっていた。

住友化学はポリエステル系の蚊帳素材に有機系殺虫剤をしみ込ませる方法を開発し、殺虫剤に浸さずに五年間使える蚊帳を作った。この技術自体はマラリア対策を革命的に変えられるものだった。ただ課題は、多くの人に行き渡る十分な数を生産すること、人々が実際に手に入れられるように普及させること、そして、手に入れた人に適切に使ってもらうことだった。

蚊帳の生産に決定的に重要だったのは、この新技術を取り入れて、効率よくアフリカに技術移転し、まだ海のものとも山のものともわからない新規事業に取り組める、アフリカ人起業家を見つけることだった。ここでアキュメン・ファンドが登場する。

多くのさまざまな事業を審査したあと、運命を託すべき起業家の最善の候補として、〈ＡｔｏＺテキスタイル〉のアヌージ・シャーが浮上した。タンザニアのアルーシャに本拠を置く、家族経営企業のＡｔｏＺテキスタイルは、厳しいビジネス環境のなかですでに四半世紀にわたって、成功を収めてきた。一〇〇〇人を雇用し、織物とビニールを生産している。ＣＥＯのアヌージは、賢明で野心的で、意欲にあふれ、働き者で、物事をやりとげるという評判だった。アキュメン・ファンドは、最初の蚊帳製造設備のために貸付をおこない、ＡｔｏＺテキスタイルは住友化学と共同で、新しい蚊帳製造プロセスをアフリカに導入した。もし同社が年に一五万枚の蚊帳を生産すれば、大きな貢献ができると考えたのだ。

ＡｔｏＺテキスタイルを最初に訪ねたとき、私は、効率的で清潔で、明るく忙しく、至るところに女性たちがいる、バングラデシュの工場のことを思い出した。上の階にいたアヌージは、何列もの縫製機の前にすわった女性たちを指さした。縫いあげられた蚊帳は、品質管理に回されてテストされる。蚊帳を吊るしてそのなかに立ち、穴や破れがないかを点検するのだ。それから梱包される。女性たちが踊り子のように青い網のなかの世界を優雅に動く、流麗な図を描き出していた。生産性の意識が行き渡っていた。アヌージは、生産効率はすでに中国に匹敵すると誇らしげに言った。

私は、丸顔で美人の若いスタッフの隣りにすわった。彼女はＡｔｏＺテキスタイルで働くようになって八カ月、一日に一六〇枚の蚊帳を縫い、街に引越して、父親の白内障の手術代を工面できる収入を得ていた。結婚は急いでいなかった。ここで働く前は通りで野菜を売っていたという彼女は、ほんとうの仕事を得て、人生が一変した。二〇〇四年初めのことだ。

二〇〇八年には、アヌージとそのチームの、疲れを知らない起業家精神と断固とした決意のおかげで、七〇〇〇人以上の女性がＡｔｏＺテキスタイルで働くようになっていた。それぞれの仕事が五人を養っていると仮定すると、三万五〇〇〇人が直接影響を受けていることになる。しかも生産しているのは、貧困層の健康のために強く求められている商品だ。計量的に見ると、地元経済に三〇〇万ドル以上の新しい賃金がもたらされていた。

アヌージの第三世代企業は、いまでは、年に一六〇〇万枚の蚊帳を供給している。全世界の殺虫剤処理済み長期使用蚊帳の一〇％以上にあたる。年に二〇〇〇万人以上に届けられる数を製造して、生産維持に貢献し、何千、何万もの命を救っている。

六〇〇〇平方メートル以上の敷地を持つ、ＡｔｏＺテキスタイルの新工場。住友化学との共同事業で、巨大で、明るく、たえず活発に音を立てている。女性も男性も同じように制服に身を包み、隅々までプロ意識のオーラが行き渡っている。アルーシャではエネルギー供給に依然として大きな問題があるが、ＡｔｏＺテキスタイルは、一室に発電機をずらりと並べ、毎日起きる停電のあいだも仕事を中断せずにつづけられるようにしている。

ただ、人命を救う製品の生産は単なる始まりでしかない。販売促進と流通の正しい方法を見つけるという課題が残っている。ほとんどの蚊帳はグローバルファンドとユニセフの支援で、無料で配布されていたが、政府や援助機関をはじめとしてほとんどの関係者には、それぞれ独自の思惑があり、それを方程式に組み込まなくてはならなかった。そのうえ、アフリカの多くの場所で、道路は走りにくく、まったく通れないときもあった。こうしたすべての要因が、むずかしい障害であり――大きな機会でもあった。

アキュメン・ファンドは、もちろん、命を救う蚊帳を広くだれでも手に入れられるようにするという目標を支持する一方で、さまざまな民間部門の取り組みを流通に取り入れてみることにも力を入れた。アキュメン・ファンドとＡｔｏＺテキスタイルは、蚊帳をさまざまな価格で販売してみることに合意した。低所得層の顧客だけでなく、従業員をマラリアから守るという経済上の動機を持つ企業も対象にした。イノベーションには実験が要る。貧困を解決するための答えは、まだだれも持っていないのだ。アフリカの貧しい女性に一枚の蚊帳を届けるには一〇ドルかかる。だれでも蚊帳を手に入れられるようにするには補助金がある程度必要なのはわかっていて、どのくらい要るのかを割り出したかった。

蚊帳の生産数が全員に行き渡るほど多くないことを考慮すれば、小規模な民間市場が関与する余地があるかもしれないということが頭にあった。これが裏付けられたのは、同僚のモリーがザンジバルの人口約四〇〇〇〇人の村を訪ねたときだ。国連ミレニアム開発目標《MDGs》の焦点である妊娠中の女性と子供に、無料プログラムによって七〇〇〇枚の蚊帳が配られた。村長はこの供与を大変にありがたがったが、ほかの三〇〇〇〇人の村人が蚊帳を手に入れられないことに不満も持っていた。無料提供プログラムしかないので――そしてこうしたプログラムは妊娠中の女性と五歳以下の子供のためと決められていたので――、ほかの人たちが買える蚊帳は地元の市場になかった。蚊帳の効果を目にした村人の多くは、四ドルでも払うつもりになっていたが、どんな価格だろうと蚊帳を見つけることはできなかった。

私たちは実験的に蚊帳をさまざまな価格で販売し、さまざまな状況で、人々がいくらなら蚊帳を買ってもいいと思うかを調べた。三ドルないし四ドルでも買うという村人たちもいたが、東アフリカの農村地帯の住民の大半がすぐに購入に動いたのは、一ドルのときだった。何も払う余裕のない人たちもかなりいた。さらに情報を得るため、ＡｔｏＺテキスタイルは、女性たちの小さなセールスチームを実験的に作ることに合意した。蚊帳を訪問販売してみたらどうなるかを見る。

最初の取り組みとして、タッパーウェア販売のようなモデルを作った。女性たちは個別に家を訪問したり、小さなパーティーに行ったりして蚊帳を売った。最初の数カ月のあいだに、三人の女性が一七枚の蚊帳をくすねた。プロセスの初期にはある程度のごまかしを予測していたので、Ａｔｏ

Zテキスタイルは女性たちに、最低二人の保証人を工場に残すことを求めていた。なくなったり盗まれたりした蚊帳があれば、二人の保証人が、その分を完済する責任を持つ。この方針を守ると、その後、蚊帳が盗まれることはなくなった。

カリスマ的セールスウーマンの一人が、お試しパーティーで近所の人たちにどうやって蚊帳を売りこむか、デモンストレーションをしてくれた。公衆衛生キャンペーンにつきものの、〝べき〟とか〝なければならない〟といった言葉はどこにも見当たらない。

「蚊帳を床に置くんです」と、二本のお下げ髪の大柄な女性はバリトンの声を張り上げた。「そうすれば、蚊だけじゃなくて、虫はいっさいいなくなる。考えられます？　ブーンと音がしなくなるから、一晩中寝られる──子供さんは疲れないから学校の成績もよくなる」

彼女はつづけた。「色がきれいでしょ。窓にかければ、あなたが家族のことにどれほど気を配っているか近所の人たちにもわかるわ」それから、ああ、そうそう、思い出した、というふうに、蚊帳は子供たちをマラリアから守ると付け足した。

美しさ、見栄、ステータス、快適さ。世界のどこでも何かを決めるのは、こういうことがきっかけだ。それは金のある人間だけの専売特許ではない。それなのに私たちは、人が実際にどうやって物事を決めるかを公共政策に組み込もうとしない。その代わり、こう決めるべきだと私たちが思うことを組み込む。

AtoZテキスタイルには多くの流通経路があったが、二つが有望だとわかった。タンザニアの企業数社が蚊帳を三ドルから四ドルで買い取り、従業員に同じ価格で給料天引きで販売することに同意した。また、農村地域にほかの製品を届ける自社トラックから、蚊帳を販売した。自転車に乗った少年たちが蚊帳を買い、それを地元の市場で転売する。

こうした流通の仕組みを見つけていくうちに、何年も前にガンビアで出会った、肥料小売業者のハディのことを思い出した。解決の焦点は、すでにそこにあるシステムを基盤にすることだ。システムが機能すれば、選択肢の幅全体が広がる。私はまたシャルロットのことも考えた。無料の抗レトロウイルス薬が体に合うように越したことはないわけだが、少なくとも体に合うヨーロッパ製の薬を買う力を得ることを彼女は重視していた。

農村地域の女性と話をすると、より創造的な解決を考えるヒントが得られる。蚊帳は暑くてべたべたするとか、家のなかを歩きまわったり夜トイレに行ったりすれば蚊に刺されることもあるといった話から、私たちは一人の聡明な科学者と協働するようになった。彼はアフリカに二〇年以上も住み、住民をマラリアだけでなく、虫が媒介するあらゆる種類の疾病から守るために、農村地域の家の壁を覆う方法を開発している。

すべては一つの取り組みから始まった――アフリカの人たちにきわめて重要な一つの製品を届けようと、一人のアフリカ人起業家に投資し、技術移転に資金を提供した。この仕事を通して、人がどうやって物事を決めるかを学び、いまあるものとは別の流通システムを作るには何が必要かを学んだ。また、多くの人に届けるには、蚊帳を無料にすることもできるが、一方で、市場原理がかかわる余地もあることを学んだ。市場原理があれば、蚊帳が店に置かれ、必要とする人ならだれでも、診療所が提供してくれるのを待たずに手に入る。少なくとも、公共医療政策が信頼できるものになって、ほんとうにすべての人が確実に蚊帳を手に入れられるようになるまでは。

公衆衛生は、変化を起こすのが最もむずかしい領域だが、歯が立たないわけではない。市場に耳を傾ければ、実に多くのことが学べる。そうしているうちに、より合理的なシステムができていき、実現できる、当てになる方法で、手ごろな価格で、重要な製品を最貧層に届けられるようになる。最貧層向け保険商品の価格の決め方についてさえヒントを与えてくれるかもしれない。マラリア予防蚊帳は、こうしたシステムの一部になりうる。システムは、実際に商品を使う人たちの視点から作られなくてはならない。

貧困問題への解決を開発するプロセスを複雑にしているのは、マスコミや、自分のやり方だけが唯一のやり方だと思っている理論的リーダーから聞こえてくる雑音だ。彼らは、人々の声を聞くことを知らない——その能力がかつてないほど重要になっているにもかかわらず。今日マスコミでは、アフリカのだれもがマラリアから身を守る蚊帳を無料で与えられるべきだと考える人たちと、蚊帳は手ごろな価格で販売されるべきだと信じる人たちとのあいだの大論争が取り上げられている。

無料派が引き合いに出すのは、急速な普及率とマラリア患者数の激減だ。これはまちがいない。村全体に無料の蚊帳が提供されると、マラリア罹患率は劇的に低下する。一方、社会的市場提唱派——蚊帳は販売されるべきだと考える側——は、無料提供プログラムがたいてい持続性のない即効薬にしかならないと主張し、エチオピアをはじめとする国々の例を指摘する。こうした国では、蚊帳の配布からわずか数年で、実際の使用率が急速に低下した。これもまた事実だ。

私たちは〝まちがった問題設定〟をしてしまうことがほんとうに多い。マラリアのような病気の場合、設定すべき問題は、蚊帳を販売するか無料で提供するかということではない。マラリアとの全面的な闘いでは、どちらの普及方法にも果たすべき役割がある。問題はマラリア撲滅に何が必要かということだ。蚊帳の供給元が信頼に足るところでなければ、いちばん必要なときに突然供給がストップしかねない。〝どちらがいいか〟ではなく、〝どちらも必要〟なのだ。

同時に、蚊帳に注目が集まることで、ほかのイノベーションの可能性を狭めてしまわないよう気をつける必要がある。ビル・アンド・メリンダ・ゲイツ財団は、数億ドルを注ぎこんでマラリアワクチンの研究をしている。また、蚊に対する殺虫効果を持つ一方で、人が触っても安全な住宅用塗料を開発する取り組みもある。こうした大きな可能性を持つ取り組みが功を奏するには、マラリア撲滅に向けて広く組織的な攻勢をかける方法を世界が学ぶことだ。


二一世紀には、公的部門の問題を解決するために、新しい発想を持つフィランソロピーに後押しされた民間部門の取り組みがきわめて重要になるだろう。こうしたイノベーションを最も必要とするのが、水供給という分野だ。乾燥地域の貧農には作物の灌漑用水が足りない。また汚れた水が原因で病気になる人は世界中であとを絶たない。世界に重くのしかかる疾病の大きな原因は、貧弱な公衆衛生と安全でない水にある。今世紀に入って、水利権をめぐって大きな戦争につながりかねない紛争が目につきはじめている。

一方、インドだけでも、地下水の水位は年に六メートルも下がりつつある。水に関連する問題の解決は非常に重要だ。ここでも、すべての解決策を持っている人間はだれもいない。そういう人間がいるなら、一二億人――五人に一人――がコップ一杯の清潔な水を手に入れられないような世界にはならないはずだ。

公衆衛生と同じように、アキュメン・ファンドの水問題へのアプローチは、実験し、イノベーションを起こして、公の議論に情報を提供し、広く変化を起こす道筋を示せる解決を見つけることだった。

たとえばインドで、多くの州政府の綱領はおおむね、水を人権とし、だれでも無料で手に入れられるようにすべきものとしてきた。一方、一億八〇〇〇万以上のインド人が、安全な水を手ごろな価格で手に入れることができない。

アキュメン・ファンドが水問題に取り組みはじめて以来、水は人権なのか、水の所有権は私有化されるべきなのかという問題をめぐるパネルディスカッションに、私は何度も招かれてきた。ここでも問題設定がまちがっている。人が生きるには水が要る。そして、世界規模で健康状態を改善するには、できるかぎり多くの人が安全な水を無理なく手に入れられるようにするのが最善の方法だ。しかし、どうすれば持続可能な方法で確実に貧困層に行き渡るようにできるのか。どうすれば、少なくとも健康な生活を送るのに最低限必要な量の水を、すべての人が確実に手に入れられるようにできるのか。私たちは、これに答えを出そうとする、勇気ある起業家を探し求めてきた。

ガーナ人起業家のトラランス・アディは、ジョンソン・エンド・ジョンソンで長くキャリアを積んだあと、農村地域の低所得層に安全な水を手ごろな価格で提供する企業の設立に力を注いでいた。トラランスはまず、カリフォルニア大学バークレー校のアショク・ガジルが開発した紫外線フィルターに注目し、この新技術を、フィリピンをはじめとする開発途上地域に導入しようとした。しかし彼は、貧しい村に売るべき物をまちがっていることに気づいた。村人の関心は技術にはない。ただ信頼できる安全な水が手ごろな価格で手に入ればいい。それでトラランスは、焦点を、技術ではなく、適切な分配システムの構築に移した。

私たちがトラランスに会ったのは、こうした教訓を身につけた彼が、インドで事業を起こしたときだった。初期の投資家たちとともに、アキュメン・ファンドも、シンプルなビジネスモデルを持つこの新会社に六〇万ドルを投資した。〈ウォーター《W》ヘルス《H》・インターナショナル《I》〉は、フィルターシステムを五万ドルで販売する。販売先は、村レベルで五〇〇〇人程度の人を対象に小事業を運営できる地元起業家だ。これで村人は手ごろな価格で水を買えるようになり、会社は代金収入で運営される。トランスは、こうやって数百万人のサービスを届けるというビジョンを持っていた。見通しは明るくなかったが、私たちは彼ならできるだろうと託した。

遠く離れた場所で、銀行貸付もなく、道は悪く、多くの村人があきらめを感じている。最終的に報われたのは、最も忍耐強い投資家だけだった。

私はアキュメン・ファンドのパートナーたちとともに、二〇〇五年、WHIがインドで操業を始めたとき、最初の施設を訪ねた。まず向かったのは、インドの基準では小さな街、人口約一〇〇万人のビジャヤワダ。WHI初の村落事業を訪ねるには、ハイデラバードから、長く暑い夜行列車に乗って夜明け直前に着き、さらに三時間、車で走る。以前は手に入らないものだった安全な水が手に入るようにするにはどうすればいいのか、知りたかった——あまりに長いこと目に見えず、サービス対象からこぼれてきた市場だった。

朝早い時間だったが、街は活気に満ちていた。かごや果物、家具、人を満載した、色とりどりのトラックが、ビジャヤワダの混雑した早朝の通りを、うなりを上げて走っていた。色とりどりの腕輪を腕につけた女性たちが、水のつぼを抱えて歩いていく。頭の上に金属容器を乗せて運ぶ女性たちもいた。朝は水汲みの時間だ。三輪車や自転車が、わがもの顔に走る大型のバンやトラックと大胆に競争して、危険なゲームを繰り広げる。トラックの後ろにはしばしば〈警笛を鳴らしてください〉と書かれていた。
車がビジャヤワダの郊外に着くと、見渡すかぎりヤシの木と緑の畑が並ぶ、狭い道に入った。草ぶきの屋根が景色のなかに点々と見え、青い空に翻る、明るい紫紅色や薄黄緑色のサリーを着た女性たちによく出会う。穴だらけの道を、自転車や人、牛を追い越しながら進む。洗ったばかりの明るい色の服を、平らな岩の上に広げて干している女性たちの姿もあった。ボンネットを黄色のマリーゴールドで飾り立てた白のアンバサダー〔インドの国産車〕がゆっくり通り、乗っている年配の男女が通行人に向かってうなずく。

祝いごとや葬儀用の花、生活を飾る花。インドには花があふれている――ジャスミン、ガーデニア、マリーゴールド、そして極楽鳥。民族調の景色を描いた荷車の横に牛が一頭。一つ一つの細胞を震わせるほど、生き生きした感じをどうとらえたらいいだろう。

車で二時間、私たちはパンチャヤットと呼ばれる村の一角に入り、家々の並ぶほうへ一本道を走った。遠くにＷＨＩの建物が見えた。周囲の景色になじまない、ダイヤモンド型をしたエレクトリック・ブルーのドーム。人々はありとあらゆる交通手段で、ＷＨＩへやってきた。少年たちはプラスチック容器を持って歩いて来て、三つの蛇口のどれかで容器を満たす。一五リットル容器を九つも一〇ものせた、大きな荷車を押す男性もいた。この最初の施設でＷＨＩは、一日平均、容器三〇〇杯分の水を売っていた――成功の兆しだ。

特に驚いたのは、水を買いにくる女性が一人もいないことだった。

何年も前、一人の女性が一つどころか二つのつぼを頭にのせ、それでも優雅に歩いていくのを見たことがあった。私がその技術に感心していると、隣りに立っていた男性が言った。

「まあ、女はそのためにできてますからな。男より丈夫な首をしてる」
「そうですね」私はぼそぼそ言った。道で知らない人との会話に深入りしたくなかったし、その何年も前、砂漠をバイクで送ってくれたチョウドリーも同じ感想を漏らしたのを思い出した。私は二〇年間、女性の労働を軽減するための取り組みを見てきた。女性が日々の労働から解放されれば、収入を増やし、家族を気遣い、余暇さえ持てるという発想だが、ほとんどは失敗した。

しかしいま、このＷＨＩの新施設では、どういうわけか男性たちが水を運ぶ気になっている。もちろん自分で運ぶわけではなく、自転車の少年や人力車やタクシーに運ばせるのだが、問題は変化それ自体だった。

カイゼル髭と、にこやかな知的なほほえみをした一人の家禽業者は、平均で一日に容器一〇杯分買うと説明してくれた。水は鶏にやる――約七〇〇〇羽。清潔な水を手に入れられる前に飼育していた五〇〇〇羽から大幅に増やした。きれいな水のおかげで、薬が要らなくなり、鶏が二〇％ほども早く成長するようになったという。

彼は、農場までパイプで水をひかせてもらえないかとＷＨＩに頼みにきたのだが、ＷＨＩは断った。パイプに穴を開けて、簡単に水が盗まれるからということだった。彼は納得しなかった。金は払うし、防護対策もメンテナンスもすると言った。ＷＨＩは、その代わりに少なくとも当面のステップとして、貯水ユニットを買うことをすすめた。そうすれば、水のやりくりを管理でき、水運びに使う時間を減らせる。私は家禽業者の起業家精神と知性に感銘を受けた。自分がＷＨＩの最も重要な顧客であることを知っている彼は、自分の生活を変えようとしているのだった。

なぜ村人が一人残らず、安全な飲み水を買いに飛んで来ないのかと尋ねた。家禽業者の鶏は見るからに健康だし、安全な水を飲んでいる家庭は医療費がずっと安いはずだ。

「水は神から来ると信じている人がここには多いんです」とＷＨＩの代表はいう。ＷＨＩは、農村地域の村人にサービスが届くよう、ナアンディ財団との提携に乗り出していた。ナアンディ財団は地元のＮＧＯで、ＷＨＩが事業展開を考えている地域のことを把握していた。また、村が新技術の使い方を学ぶ支援をすること、流通システムを作ること、地元政府とスムーズにやり取りすることに豊かな経験があった。一方は商品やサービスを提供する能力を持つ営利企業、一方は貧困地域に対する理解と貧困層を守る意思を持つ非営利団体。こうした提携は将来に向けた重要なモデルであり、民間部門と公的部門の境界線が消えていくかどうかがその鍵を握っている。

アキュメン・ファンドは、最初の投資家の一つとして四年以上にわたってＷＨＩを支援した。この期間に協力した数々のプロジェクトのなかに、施設構造デザインの見直しが含まれていた。既存の施設を、効率的で、シンプルで建設しやすく、景観に溶け込む、維持しやすいものにする。ＷＨＩは貸付を受けて、デザインを試し、改善点を見つけ、よりよいモデルにいち早く変更できた。

農村地域に銀行貸付を提供する仕事もあった。村が最初の施設設置に必要な資金を借りられるようにするためだ。アキュメン・ファンドは〝忍耐強い資本〟を活用して、インド第二の商業銀行ＩＣＩＣに三〇％の実損填補保証を提供した。村の施設運営に直接貸付をおこなうこともできたが、私たちが採った方法のほうが、置き去りにされてきた地域により多くの資金をもたらすことになる。時とともにビジネスモデルが機能するようになれば、銀行が貸付に前向きになり、アキュメン・ファンドは保証を減らせるだろうと考えた。

結果として一年もたたないうちに、ＷＨＩの実績のおかげで、アキュメン・ファンドは、二回めの保証を一五％の実損填補で提供することができた。つまりこんどは、アキュメン・ファンドの一〇〇万ドルの保証によって、農村地域に水供給システムを構築する資金となる、商業銀行の貸付が八〇〇万ドル得られるということだ。

何時間か水供給施設を見たあと、私たちは村を歩いた。村人はほとんど、草ぶきの小屋か、コンクリートの家に住み、どの小屋も家も清潔できれいだった。女性たちが井戸に集まり、水を汲みながらうわさ話に花を咲かせ、笑っていた。洗濯するには、相変わらず井戸水を川べりまで運んでいた。服は川沿いで洗う。水は生活の中心だった。緑のスカートに白のブラウスの小学校の女子生徒たちが教科書を抱え、シラサギが干し草や牛の上にとまっていた。男性も女性も畑に出て働いているので、少なくとも一部の子供は、小さな寺の隣りにある保育園で面倒を見てもらっていた。保育園は村の誇りの源泉であるにちがいない。

二〇〇五年のこの訪問以来、ＷＨＩは二〇〇以上の村で、三五万人以上にサービスを提供するまでに成長した。そして一二〇〇万ドル以上のさらなる資本を獲得した。現在の目標は、安全な水を届ける顧客を数百万人に拡大するために、大口債券を発行することだ。

最近、私はＷＨＩの別の施設を訪れた。いくらか都市的だが、といっても大して何もないところ、ヤシの木と草ぶきの小屋に囲まれた、美しい蓮池のほとりに建っている。ＷＨＩの施設の多くと同じように、政府の水源の近くに位置していた。政府水源の水は無料だが飲めない。顧客は洗濯用に無料の水を汲み、飲用と調理用に必要な分は金を払って買う。

村人のほとんどは、近くの米製粉所で働くか農業をして、日に一ドルから三ドルの収入を得ていた。ここのＷＨＩは、最初の施設をライオンズクラブが寄付し、成長事業として運営する責任は村が負った。一人の元気な村人が施設を管理し、数人の従業員を監督し、家族の数日分の水を買おうと列を作って待つ顧客に話しかけている。

髭をたくわえ、技師の制服であるチェックのシャツを着てポケットに老眼鏡を突っ込み、野球帽をかぶった客が、施設にぶらりとやってきた。実は技師ではなく、雑用をする日雇い労働者だった。ただ、その歩き方や服の着方から、やる気と野心が感じ取れた。いつからWHIで水を買っているのかと訊くと、施設ができた初日からだという。

以前は安全な水を手に入れるには、かなり遠くまで行き、高い金を払わなければならなかった。彼は、WHIの一リットル当たり一ルピーという値段も、水の味も、また施設の近さも評価していた。家族が下痢などよくある病気にかかることが減ったと言って、うなずいた。値段、サービスとも満足できているようだ。水を満たした容器を自転車に乗せて走り去っていく姿を見た私は、彼がどれほど賢く、家族思いの人間であるかを考えた。その力を発揮する機会がありさえすれば。

仮にアキュメン・ファンドが普通の投資会社だったとしたら、あるいは社会的責任を果たす投資会社だったとしても、WHIの財政面の発展には大いに興味は抱いたにせよ、それで終わりだっただろう。だが、市場は貧困問題解決のスタート地点であって、終点ではないと考えたからこそ、アキュメン・ファンドを始めたのだ。私たちの願いは、数百万人単位の顧客を考えた、いずれは事業が自立できる方法で、一人でも多くの人に手ごろな値段で安全な水を提供するには何が必要か、理解を深めることにある。

自宅に持って帰った水をどうするか。それを追跡するのが重要だった。WHIは一五リットル入りの清潔なプラスチック容器で水を売る。その段階は問題ない。しかし、顧客が水を移す粘土の水差しが汚れていれば、問題が起きる。アンドラ・プラデシュ州の農村地帯ではみな——最貧のラージプート女性からマハラジャまで——、プラスチックやガラスより粘土の容器を好む。水が蒸散して天然のクーラーになるからだ。このことに気づいたのは、IDEOという革新的でプロ意識の高いデザイン会社とともに仕事をしたときだった。IDEOは、顧客志向の問題解決を求めるという点で、アキュメン・ファンドと信念を共有していた。世界有数の大企業を相手に仕事をしていたが、どのような経済的階層の人々にも耳を傾けるという基本姿勢は、私たちと共通だった。解決策は、プラスチック容器に変えるよう低所得層の人々を説得することではない、とIDEOは教えてくれた。むしろ、定期的に消毒できる粘土容器のデザインが可能かを検討することだ。

アキュメン・ファンドはまた、ゲイツ財団やほかの研究団体とともに貧困層の話を聞き、安全な水を飲むようになって何が変わったかを理解しようとした。より多くの人が安全な水を飲むようになるにはどうすればいいか、ヒントを得たかったからだ。何であれ、行動を変えるのは容易ではない。インドの農村地域のような場所では、ほとんどの人は、水が神から来ると考えている。それでも自分が飲む水を選べるのだと説得するのは、容易ではなく、金もかかる。だからこそ、より広く問題を解決するには、ナアンディ財団のような非営利団体が必要だ。

この事例でアキュメン・ファンドは、まず営利企業WHIを支援し、WHIが地元NGOナアンディと提携した。アキュメン・ファンドはまた、商業銀行ICICに貸付保証をおこなった。ゲイツ財団や非営利研究団体リサーチ・トライアングル・インスティテュートとも密接に連携し、営利デザイン企業との共同事業にも乗り出した。施設の設置を希望する村のほとんどで、地元のパンチャヤット、すなわち役人の思し召しを得る必要があった。コミュニケーション、交渉、学び、失敗、成功、また学び直し。関係者からの、ほんとうに長期的なコミットメントが必要だった。解決策はシンプルではない。だが問題もシンプルではないのだ。答えの部分部分はかなりシンプルだとしても。

部門、分野、地理、営利か非営利かといった垣根を越える、このコミットメントがあり、共通の目標に焦点を絞ったおかげで、WHIは繁栄し、市場を解決の一部として活用すれば何ができるかを示すシンボルになることができた。WHIは、世界のきわめて貧しい人たちに、地球で最も貴重な資源の一つを提供し、しかもそれを、合理的な方法で——雇用を創出し、すべての人の尊厳とニーズを尊重する方法でなしとげた。

こうした仕事をやりとげるには、ある種のリーダーシップが必要だ。人々の声を聞くところから始まり、協力する方法を知り、簡単ではあっても不完全な答えに満足せず、世界という一つの共同体のなかで、最も持たざる人々のための解決を見つけようとするリーダー。うれしいことに、私たちはそうしたリーダーと出会い、ともに耕すべき大地に、さらに多くが加わってくるのを目にしている。

THE WORLD WE DREAM, THE FUTURE WE CREATE TOGETHER

第16章　夢見る世界、ともに創り出す未来

歴史の流れを変える偉大さを持つ人間はまずいない。しかし私たちはだれでも、ほんの小さな部分を変えるために働くことができる。そしてそうした行為をすべて合わせたもののなかに、この世代の歴史が書かれるだろう。

——ロバート・F・ケネディ

ルワンダの幼い男の子のところに行くことになった、あの青いセーターを手放してから、三〇年がたった。あれ以来、世界は大きく変わった。私が会ったあの少年は、テレビを見たことがなく、電話をかけたことも写真をとったこともなかったが、今日では彼のような少年、キガリのような都会でお古を着ている子供は、おそらく携帯電話やインターネットが使える。私のような人間、つまり今日キガリで専門職についている二〇代の人間は、私のような孤独感を感じることはないだろう。電子メールができるし、日に一回はスカイプで友達に電話したり、インターネットで地元紙をチェックして故郷の様子を知ったりもできる。互いを知るための道具があり、また金持ちでも貧しくても、だれにでも、より大きな目的を持った人生を追求するチャンスがある、そうした未来を築

く材料も手にしている。

私も変わった。アフリカ、インド、パキスタンで二〇年以上仕事をし、貧困問題への解決策を進めるには、お手軽な感傷ではなく、規律、説明責任、市場の強さが必要だということを学んだ。貧困問題への答えの多くが市場と慈善の中間にあることを学び、何よりも必要なのは、壮大な理論やプランを押し付けるのではなく、貧困層自身の視点から解決を創り出そうとする意思を持った、道徳的リーダーだということを学んだ。

十分に耳を傾ければ、ほんとうのことを話してもらえるということも学んだ。そうでなければ、聞きたがっていると思われた話を聞かされることになる。

信頼にまさる通貨はなく、希望にまさる触媒はないことも学んだ。関係を築く上で、かたや迎合、かたや説教ほど害のあるものはない。だれでも、最も大切な特質として、深い人間的共感を育てるべきだ。その共感から、希望も私たちみなが生きる基盤も生まれる。

大盤振る舞いは公正よりはるかに簡単だということも学んだ。貧困層向けのきわめてゆがんだ市場では、慈善に傾き、低所得層に対して低い期待しか――あるいは期待をまったく――しないのは簡単だ。これは、すべての側の先入観を追認することにしかならない。

世界が、地球上のすべての場所を結びつける一つの経済のなかで、どれほど深く、互いに結びついているかも学んだ。この世界経済によって途方もない富が生み出され、何百万人もの人々が貧困を脱出した。しかし、私たちの一人ひとりが、公平な参加のチャンスを手にしないかぎり、それは希望と同じくらい危険ももたらす。

私がこのすべてを学んだのは、知り合いになる機会に恵まれたすばらしい人たち、一緒に仕事をした同僚、ともに旅した仲間、そして大切な家族と友達を通してだった。テニソンの『ユリシーズ』のなかの私のお気に入りの一節に、「私は自分が出会ったすべての一部だ《I am a part of all that I have met》」とある。そして、そうした人たちは――一人ひとり、善人も悪人も――私の一部だ。

　人の心のすばらしい力を思い出させてくれる人として強く心に残っているのは、一人はケニア人のおばあさん、もう一人はパキスタン人の幼い女の子だ。ナイロビで物乞いをしていた五〇家族の貯金からスタートして、二〇万人以上のスラムの住民を支援するまでに成長した非営利団体〈ジャミイ・ボラ〉のメンバー、ベアトリス。アキュメン・ファンドは、環境のいい新しい開発地に二〇〇〇軒の家を建設、販売するジャミイ・ボラの取り組みを支援してきた。

　幅広の四角い顔、髪をきちんとまとめて留めたベアトリスは、若枝のような姿勢で、まっすぐに私を見て話をした。彼女は、ケニアで最も貧しく厳しい状況にあるスラム、マタレで八人の子をもうけ、育てた。はるか昔のあの雨の夜、私が女性たちと踊った場所だ。働きづめで、一度も休んだことはなく、収入はわずかだったが、子供をみなきちんと育て、教育も受けさせていた。それが彼女のいちばんの誇りだった。

　長男と妻がＡＩＤＳで死を前にしていると知ったときのショックには備えようもなかった。孫たちは彼女に委ねられた。一年後にまた一人、そしてまた一人と子供が世を去った。二〇〇〇年には子供は一人残らず世を去り、十数人の孫が彼女のもとに残された。だが彼女には夫もなく、収入源もなかった。

「私はほんとうに絶望して」と彼女は、手を前でそっと組み、丸い目を悲しみで曇らせた。「お粥を作って毒を入れて、自分と孫たちの人生を終わらせることを考えました。みんなの面倒を見る方法はそれしか考えつかなかった」

友達がジャミイ・ボラのことを教えてくれ、ベアトリスが貸付を受ける権利を得られるよう貯金する手助けをしてくれた。ベアトリスは、フライドポテト売りを始められるだけの金を借り、商売がうまくいくと借入額を増やし、人に貸せるよう家を増築し、水を売る売店と肉屋と美容室も建てた。

今日、ベアトリスは五つの事業をおこなって、一一人の従業員を雇い、二一の部屋を貸している。いちばん年上の孫は弁護士になるために研修中で、ほかに三人が高校に通っている。みな、ときどきベアトリスの仕事を手伝う。

少なくとも私がこの節を書く数カ月前までは、そういう状況だった。だが、二〇〇七年一二月にケニアでおこなわれた疑わしい選挙の結果、広範囲で暴力が発生して治安が悪化し、ベアトリスとほかの家族のほとんどが住んでいたスラムを荒廃させた。

ジャミイ・ボラの勇猛果敢な創設者イングリッド・モンロは、薄いブルーの目で金髪を緩いポニーテールに結んだ、六〇代のスウェーデン女性だ。彼女によれば、貧困から脱出しようと懸命に働いていた、ジャミイ・ボラのメンバーの半数近くが治安悪化の影響を被ったが、それでも損失を取りもどし、もっと多くを失った人を手助けしようと働いているという。ケニアで起きたことを見れば、富裕層と貧困層のあいだでギャップが広がりつつある世界にどんな危険が潜んでいるかわかる。特に、人口の四分の一以上が一五歳以下である開発途上地域では。

貧困の心理学は複雑だ。この上なく大きな苦しみを知っている人たち——貧しく最も弱い立場の人——は、最も辛抱強く、最もシンプルな喜びから幸せを引き出し、喜びを分かち合うことができる人間であることが多い。スラムで踊っていた女性たち、ジェノサイドのあとのシャルロットの精神的強さ、オノラータの善意。

だがこの同じ辛抱強さが、受け身の姿勢、運命論、困難な生活に対するあきらめとして現れ、力と成長をめぐる不平等と不正を許してしまう。そして、疑問を持たせないようにするシステムのなかで強化され、ある出来事、あるいは出来事の連鎖が次世代の目を覚まさせるまでつづく。特に一〇代の少年たちにとっては、闘いの興奮と仲間意識が、低い期待とわずかな希望しかない、わびしい将来の見通しをしのぐ重みを持つことがあるのだ。

人々が抑圧を感じているのはパキスタンやケニアだけではない。ドリシュティが活動しているインドのビハール州では、ナクサル党運動が起こっている。ネパールの極左毛沢東主義《マオイズム》の流れをくむ運動で、信奉者は武装集団を使って近代性を否定する。

自分の生活に影響を及ぼす決定にきちんと参加でき、自分の住む社会にかかわりを持てると思えることが必要だ。だからこそ、すべての人に人間的能力を見、それを引き出すような仕事をしている、稀に見る起業家を見つけ出して投資することが、きわめて重要なのだ。ジャミイ・ボラは全世界に属する、とイングリッド・モンロは私に言った。

「結局」彼女は言った。「私たちはみな、かつては貧しい人間だったんです。どうして自分は違うと考えつづけられるのか」

私はメリアムに会ったとき、イングリッドの持つ希望、世界市民としての意識、そして人間の絆を感じた。メリアムは、カシミール地方北部に父と住む少女で、パキスタン北部を襲った大地震のあと、急造の家でなんとか生活していた。一家のための一時避難小屋の横に、小さなドールハウスのような、ミニチュアの小屋があるのに私は気づいた。

だれが住んでいるのと聞くと、妹と一緒に立っていたメリアムは答えた。

「私たちのお人形」

メリアムは、自分が作った布の人形たちを指さした。それぞれ、小さな棒を布で包んで、小さな頭をつけ、それから色とりどりの生地で服を着せ、一人ひとりがワンピースとベールをたしなみよく身につけていた。雑誌から顔を切り抜き、小さな頭に貼ってあった。ベールのなかに、『奥さまは魔女』のサマンサを思わせるような、スタイルのいい金髪女性やブルーネットの女性がいて、ハンサムな男性までいた。創造性とユーモアは驚くほどだった。

九歳のメリアムは、白いヘアバンドをして、肩まで届く濃い茶色の髪にふわりとかかる、薄緑のごく薄いベールをしていた。服は可愛く清潔で、手にデイジーのような花の絵がヘナで描かれているのに私は気づいた。

だれに染めてもらったのと私は訊いた。

「自分でやったの」と彼女は恥ずかしそうに言った。「きれいなものが好きなの」

私もきれいなものが好き、と私は言い、あなたはアーティストで建築家ねとも言った。メリアムは赤くなって、人形の家の隣りに建てた、人形たちの避難小屋を指さした。避難小屋には波状のブリキ板の屋根がついて壁にはビニールの裏張りがあり、メリアム一家の避難小屋とまったく同じように、小さな木のベッドと水差しがあった。女性が男性と同じ機会を与えられることはめったにない保守的な地域だったが、ほかの人とは違う父親のおかげで、メリアムは堂々と夢を見ることができた。父親が将来のことを話す話し方、行動、そして娘たちに何としても教育を受けさせようとしていることなどから、それが見てとれた。メリアムはまた輝くものを内に持っていて、それが彼女を際立たせていた。

ビジネスをしてみない？　人形を一つ売ってくれないかしら？――もし売ってくれるなら、いくら？――と私は彼女に訊いた。メリアムは、喜んで人形を贈り物にすると答えた。

「だめ、だめ」と私は言って、小さな商取引をすること、自分でまた作ってたぶんまた売れる人形を一つでも二つでも売ることの価値を説明した。彼女は恥ずかしそうにうなずき、私は彼女と妹にそれぞれ、一〇〇ルピーのノートとペンをあげた。

二人は手にした真新しいノートを眺め、それから家に駆け込んで袋を持ってもどってきて、私たちのやりとりを本物のビジネスらしくしてくれた。メリアムは人形を選ばせてくれたが、彼女のお気に入りを取ってしまいたくなかったので、選ぶのは彼女に頼んだ。ゴージャスな金髪とブルーネットをもらい、彼女のもとには一五人か二〇人の家族が残った。

場所、文化、年齢、宗教は違っても、メリアムとベアトリスには共通の精神がある。どちらも施しを求めない。だが二人とも、彼女たちを〝他者〟、人の役に立つものを大して持たない貧しい女性とみなす社会に縛られている。アキュメン・ファンドで働いているあいだに私は、たくさんのメリアムやベアトリスたちに出会った。出会うたびに私は、貧困層を顧客として見ることから始まる解決を見出そうと決意を固めた。結局のところ、引き裂かれた世界に対する答えを出すには、私たちみなと同じものを求める何十億もの人たちの規律と野心、勤勉と寛容を評価し、後押しすることから始めるしかない。

未来を創り出すとき、市場とフィランソロピーのどちらにも重要な役割がある。フィランソロピーだけでは、市場の持つフィードバックのメカニズムを欠く。市場は、人々の声を聞く装置として、私たちが持っている、最も優れたものだ。一方、市場だけでは、最も立場の弱い人たちがあまりにたやすく置き去りにされてしまう。アキュメン・ファンドは、世界中のベアトリス、メリアムたちを究極的な顧客とみなし、貧困層が自らを救える解決を創り出すという価値観を共有する起業家に、支援を届ける。

すべての人のための未来の創出に貢献する起業家は、地球上のどの国にもいる。多くのロシャネ・ザファルたち、ヴェンカタスワミ医師たち、アミタバ・サダンギたち、そしてソノ医師たち。問題を見きわめ、解決するまで歩みを止めない人間たちだ。こせこせした思考様式《イデオロギー》をはねつけ、古臭い前提を一蹴する。変化を求める情熱と物事をやり遂げる能力を併せ持つ。すべての人間が貢献する能力を内に秘めていると基本的に信じている。

今日の優れたリーダーは、実際的な成果志向を持っている。それゆえ、成果を測ることに積極的に取り組み、息の長い機関を設立する。世界は、発想だけでは変わらない。必要なのは、システム、説明責任、そして何が機能し何が機能しないかをはっきり見きわめることだ。優れたリーダーは、機関の設立について知識を深め、はっきりとビジョンを持って、人が人生を変えることを思い描く手助けをする。

寄付者から、ほんとうにリーダーを育てることができると思っているのかと訊かれたことがある。

「人はリーダーに生まれつくのであって、作られるものじゃない」と彼は言い切った。

私はその意見には与しないし、若い人にリーダーとしての資質を教えることができる――教える必要がある――とも思っている。どんな学問よりも、判断力、共感、焦点、忍耐そして勇気を学び、育てるべきだ。言葉が複雑さを増すにつれて、さまざまな分野の多くの考え方に耳を傾ける術を知った、賢く優れたジェネラリストが、いつにもまして重要になるだろう。

二〇〇六年、私たちはアキュメン・ファンド・フェローというプログラムを開始した。スキルとネットワークだけでなく、道徳的想像力《モラル・イマジネーション》も併せ持つリーダー集団を育てるためだ。地元の条件に合う持続可能な事業をどうやって起こすかを知り、その理解を生かして難題の解決に貢献する。プログラムでは行動と思考がセットになっている。開発途上国の経済をしばしば支配している経済的・政治的迷宮をどう渡って行くか、若者に教えるのは、マトリックス精算表による財務分析法を教えるより、はるかにむずかしい。

毎年、二五歳から四五歳までの優秀な若者を約一〇人選ぶ。申し込みは世界中から集まり、投資銀行での仕事の経験から、農村地域で医師として働いた、自分で機関を設立したといった、さまざまな経験を携えてきてくれる。ニューヨークで二カ月間、アキュメン・ファンドの仕事について学び、十数人のリーダーに会ったあと、数日は文学と詩を読んで議論する——アリストテレス、マーティン・ルーサー・キング牧師、ガンジー、アウン・サン・スー・チー、そしてネルソン・マンデラなど——。フェローが変化を求める自らの哲学を磨き、現実のなかにその基盤をおくのを手助けするためだ。

ニューヨークでのフェローシップの三日目、携帯電話と財布をとりあげて、わずか五ドルと、二回分乗れるニューヨーク市のトランジットパスを渡し、こう言って送り出す——低所得層を〝慈善の受け手〟としてでなく〝顧客〟とみなしたら、ニューヨーク市の貧困層向けサービスのデザインをどれほど改善できるか、ほかの人に伝えられる視点や発想を得て夕方もどってくること。

朝、未知の世界に向かって建物を出ていくフェローたちはいつもピリピリしている。夕方、彼らは目を丸くし、考え深げな視線でもどってくる、しばしば、低所得層の人たちが必要なサービスを受けようとするたびに書かなければならない書類の山を抱えて。

「ハーバードを出てマッキンゼーの経営コンサルタントだったぼくでも」とフランスから来たアドリアンは言った。「それでも、片付けなくてはいけない書類の山に苦労した。ホームレスで教育も受けていなかったらどう感じただろう」

アメリカ人のキャサリンは、ハーレムにある病院の救急外来にすわって、七時間過ごし、隣りで忍耐強く待っていた一人の男性の話を聞いた。

「その日の終わりには、不満が爆発しそうになっていました。ほんとうに病気だったらどうなっていたかと思って。でももっと悲劇なのは、こんなに多くの人がこれを受け入れていることです。変化を求めるエネルギーが吸い取られてしまったみたいに」

ケニアから来たワンガリは、無料食堂で何時間も女性たちと一緒にすわって、彼女たちが自分の居場所と感じられるのはそこだけだという話を聞いた。ワンガリは、共同体《コミュニティ》をめぐるケニアとアメリカの考え方の違いに戸惑っていた。

「ここでは、共同体にもう少し目を向けてもいいかもしれません。個人、個人というばかりではなく」と彼女はつぶやいた。

フェローの話を聞くのはいいものだった。私が世界各地の貧困地域で見てきたことを、彼らは私自身の国で学んでいた。

若者だけでなく、功成り名を遂げたあと、金銭的な報酬以上の何かを求める人たちもいた。人間の幸福に関する神経学的、心理学的研究をみれば、一定の金銭的豊かさのレベルに達したあとは、手にする富が増えても幸せがそれだけ増すわけではない、という事実がわかる。驚くにはあたらないが、確実に幸福感の増大につながる唯一の要因は、人の役に立つことだと科学者は言う。もちろんこの場合、アリストテレスが定義したように、幸福は、泡のようにはかないエピソード的瞬間としてではなく、意義、目的、そして最終的には、喜びにかかわる深い感覚として定義されている。

開発途上地域の農村経済と聞いて、セス・ゴーディンの名をすぐ思い浮かべる人は少ないだろう。ニューヨーク人にしてシリコンバレーのヒーロー、マーケティングの教祖《グル》、そして『「紫の牛」を売れ！』（ダイヤモンド社）の著者で、人気ブログも書いている。大容量の頭とそれに見合う黄金の心の持ち主だ。セスはアキュメン・ファンドに協力してくれたあと、初めてインドを訪れ、自前の時間と金で一週間、私たちの起業家たちと一緒に過ごし、コンサルタントとして無料でアドバイスをした。

ドリシュティを設立した起業家サトヤン・ミシュラは、インドを訪れたセスの重要な考え方を理解できた。〝キオスク起業家〟のほとんどは、実は、マクドナルドのフランチャイズにかなり似た仕方で、ビジネスと収入の機会を見ているということだ。それゆえ各フランチャイジーには、提供するサービスからマーケティング戦略まですべてを細かく規定する、しっかりした運営計画を与える必要があるという点でも、二人は一致した。もちろんフランチャイジーのごく一部には、起業家らしさを発揮する人もいる。たとえば生徒が家に持って帰って両親に見せられるよう、学校にカタログを送っているキオスク所有者に会ったことがある。効果はてきめんで、ネットワーク中のキオスクに広がった。やり方は物を言う。

サトヤンとセスは対話をつづけている。対話から多くのものを得、またそのおかげで、インドの最貧の村々に住む七五〇万人以上の人も、多くのものを得ている。

協力とは、信頼と尊敬にもとづく関係を築くことだ。セスはサトヤンを、インドで最も優れた起業家の一人と考えている。人々が貧困から脱け出す手助けに取り組んでいるとは驚きだと言う。サトヤンは、ビジネスのサクセスストーリーや世界的企業と働いたセスの経験知に耳を傾ける。どちらもつねに正しいわけでも、すべての答えを持っているわけでもない。だが二人合わせると、互いに互いを知っていることで、見識が増す。

自分が世界にいちばん貢献できるものを、一人ひとりが持ち寄ることが鍵になる。

パキスタン地震のあと、私はアドナン・アスダルに会った。陽気な目、エネルギッシュな精神、そしてぱっと広がる、包容力ある笑顔の天才請負業者。彼は、赤のチェックのスカーフを首に巻き、トレーナーにジーンズで、ムザファラバードの急ごしらえのオフィスに立っていた。自ら設立した数社をカラチで所有していた彼は、そこで新しいホテルの建設を監督中に地震のことを聞き、人生の一年を貢献に提供することにした。

彼は、パキスタンのNGO〈市民財団〉と連携し、すべてを失った人たちのための五〇〇〇軒の家の建設を監督した。事業のために、パキスタン人のボランティアの一団と、パキスタンのために何か役に立ちたいと——遠くはニューヨークからも——やってきた若者たちを連れてきていた。

私は若者の一人に、なぜ一日一六時間も寒いなか、何の報酬もなく、出かける楽しみもなく働くのかと訊いてみた。彼はカラチの中産階級の出身だと言った。つまり〝金持ちの家の甘やかされた子供〟ということだ。ケントの全寮制の学校に通って生活を楽しみ、彼自身に言わせれば、大して何もしていなかったという。いまはほんとうの意味で豊かな人になった気がするでしょう？　と私は訊いた。

若者は私を見て答えた。「ようやく、自分が一人前だという気がしています」

私が会ったとき、アドナンは、冬を越すための仮設住宅一〇〇〇軒の建設を監督していた。アドナンの成功は、その心意気だけではなく、彼がこの国有数のプロジェクトマネジャーだということから来ていた。セスやアドナンのような人たちの経験から、私は、シニア・フェロー・プログラムをおこなう余地があるのではないかと考えた。最も優れた能力と知恵を備えた中堅や退職後の職業人で、自らのスキルを必要とする世界で大きな目的を果たしたいと考える人のためのプログラム。

私たちはだれでも、金持ちでも貧しくても、貢献できる大切なものを持っている。アキュメン・ファンドの最高総務責任者・法務顧問のアン・マクドゥガルは、プライスウォーターハウス・クーパーズで一七年、総合次席法務顧問をはじめとする、さまざまな要職を歴任したあと、アキュメン・ファンドに加わった。一二歳になる彼女の娘、明るい青い目のかわいいシャーロットは自分も貢献したいと考えて、ニューヨークの工芸フェアでベイクセール〔資金集めのために手作り菓子などを売る〕をし、また地元の陶芸家に、その日の利益の何パーセントかを提供するよう呼び掛けた。陶芸家たちの支援で、一日で三五〇ドル以上も集まった。彼女は自分に何かができるのを知り、こうして働いた経験を自分の言葉で伝え、多くの大人に刺激を与えた。

アキュメン・ファンド投資家総会で壇上に立った私は、世界にインパクトを与えることにともに貢献してくれた何百人もの人たちのことを考えていた。額の多寡にかかわらず――数百万ドルの寄付から、私の受け取った、七歳の女の子からの一ドル札二〇枚が詰まった封筒まで――、そうした人たちの尽力のおかげで、アキュメン・ファンドは二〇〇八年には、貧困層のために働く企業四〇社に対して、四〇〇〇万ドル以上の投資を承認することができた。起業家が経営するこうした企業を通して、二万三〇〇〇の雇用の創出を支援し、水――したがって健康――といった基本的なサービスを、世界各地で数千万に上る最低所得層に提供する支援ができた。今日、インドの農村地域の三五万人以上が、生まれて初めて、きれいな水を買っている。毎年三〇〇〇万人が、命を救う、抗マラリア蚊帳を手にする。一五万人の農民が、ドリップ灌漑によって、家族の収入を倍増、あるいは三倍増させた。そしてこれはほんの始まりにすぎない。起業家的なイニシアティブが重要な社会変化の道筋をつけていく、私たち自身の旅の始まりだ。

アキュメン・ファンドは、こうした企業に投資するため、一億ドルを集めている最中だ。インドとパキスタン、ケニアとニューヨークにチームがいる。世界各地の若い人たちが、何でもしたいことができるのに、この仕事がいちばんおもしろく、やりがいがあり、意味もあると思って来てくれた。アキュメン・ファンドの最高投資責任者のブライアン・トレルスタッドは、現代のジミー・スチュワートというべきキャラクターの持ち主だ。マッキンゼー時代の彼の上司は、自分が雇ったなかで最高に優秀な一人だという。ブライアンは夏期研修生だったとき、最初のアキュメン・ファンドのビジネスプランに貢献してくれた。以来ずっとイノベーションのリーダーでありつづけ、いまは重要な計測システムを作っている。これが非営利セクターで幅広く活動の効果測定に使われるようになってほしい。ヤスミナ・ザイドマンは、ロールモデルとして多くのビジネススクール学生のヒロインだ。

この次世代が世界を変えると私は信じている。貢献したいと願い、そうする用意もできている若者に、どこに行っても出会う。世界各地の大学生や生まれたての経営学修士たちから、世界に貢献する、意義のある仕事をするには、どんなスキルが必要か、と訊かれる。まずビジネスを機能させる諸領域——マーケティング、デザイン、流通、ファイナンス——のスキル、さらに医学、法律、教育、エンジニアリングのスキルを身につけること。貧困層のためになる解決の構築に貢献できる、確かなスキルを持った人間がもっともっと必要だ。貢献できる働き場所には、ＮＧＯや進歩的な企業、行政もある。

アキュメン・ファンドは、単に忍耐強い資本の投資だけが仕事ではないと考えるようになってきた。使命の中心は投資でも、金だけでは十分ではないと繰り返し学んできた。世界各地から来た若い人たちは、変化を起こすことに人生を注ぎ込んでいる。すべての人間がいっそうの自由、機会、そして目的のある人生を追求できるようにする、サービスやツールやスキルがあり、私たち一人ひとりがそれを手にできるとみな信じている。

ヴェンカタスワミ医師が八七歳で世を去る前に会ったとき、朝の四時半か五時に一緒に歩きながら、私は、神についてどう思うか尋ねた。ヴェンカタスワミ医師は一瞬沈黙し、それから答えた。「私にとって、神は、すべての生きとし生けるものが互いに結び付いているところに存在します——聖なるものを感じるときは、それがわかります。世界が苦しみを癒すには、貧困に解決をもたらす強い決意と、自分を孤立した個人ではなく、互いに相手を必要とし相手に頼る存在だと考える意識とを結びつける必要があります」

アラヴィンド病院から一マイルほどのところに、ミーナクシ寺院がある。一五世紀に建てられた世界最大のヒンドゥー教寺院で、一〇〇万人を収容できる。何千もの神像が彫られ、描かれ、部屋には神像、古い柱、御影石や大理石の巨大なガネーシャ神やシバ神が並び、寺院は畏怖すべき存在感を持っている。私は九八五本の柱のある堂が好きだった。一〇〇〇本の柱は完璧すぎるという。人間は自分の不完全さとともに生きなければならない。

朝早く、ミーナクシ寺院に連れて行ってくれたのは、ヴェンカタスワミ医師の美しい姪パヴィだった。堂々とした部屋を歩いて行きながら、パヴィは幼いころ、ヴェンカタスワミ医師がよく、自分やいとこたちをあちこちの寺院に連れて行ったと言った。

「ビジョンを築き上げることが必要なんだよ」とヴェンカタスワミ医師はパヴィに言ったという。「お寺を築き上げるようにね。このビジョンに取り組むこと。何世代もかかるし、一人のリーダーではだめだ。長続きするもの、人々のためのものでなくてはならない」

ヴェンカタスワミ医師とジョン・ガードナーはすでに世を去ったが、二人とも、死後もずっとつづく遺産を残した。変化を求める二人のビジョンは、自分自身のエゴにではなく、何百万人ものエネルギーを引き出して世界に貢献することにもとづいていた。それによって偉大な二人は、目的、意義、幸福を深く抱いていた。次の世代やさらにその次の世代を見るとき、私たちより前に来てこうした知恵を授けてくれた世代を振り返ることは、私たちみなにとって大切だと思う。

人々のためのビジョンを築き、いかなるリーダーも一人ではそれを実現できないと自覚すること。これが、だれでも参加できる未来を築くための私たちの課題だ。そうなったとき、人類に恩恵をもたらす発明家、学者、教師、アーティスト、起業家を思い描いてほしい。私たち一人ひとりにとって最初のステップは、自分の道徳的想像力、つまりほかの人の立場に身を置く能力を伸ばすこと。とてもシンプルに聞こえるが、おそらく最もむずかしいことだろう。他者は自分とは違うのだとか、貧乏に満足しているのだとか、宗教の違いが大きすぎて対話できないとか、また信仰や民族や階級のせいで危険な存在なのだというふりをするほうが、ずっと簡単だ。

心と頭のすべてを使って耳を傾ける能力を伸ばし、見返りに感謝を求めずに提供し、だれと会うときでも、偏見を追認することなく、一期一会と考える。私たちの仕事は、世界中の貧困層が私たちの兄弟姉妹であることをみなに思い出させるものでなくてはならない。

ただ、共感《エンパシー》は出発点でしかない。焦点と信念、するべきことを知る強さ、そして最後までやり抜く勇気が一体になっていなくてはならない。今日の世界には、人道主義者以上の人間が要る。人々の声を聞く方法を知り、分かち合えるほんとうの確かなスキルを持っている人間。きわめてクールな分析と、きわめてソフトな心が融合して初めて、いい仕事ができる。

楽観的になる理由はある。ここ二〇年の世界の進歩を見てほしい。まして祖母が生まれたころとくらべたら。ここ四半世紀だけで、三億人以上が貧困から脱出した。インターネットによって世界はどれほど民主的になったことか。圧制者が抑圧している人たちを自由な世界の引力から隔てておくのはずっとむずかしくなった。政府を通さず、市民同士が直接コミュニケーションをする能力。政治や経済の領域で、世界中の女性たちがなしとげた、すばらしい進歩。金銭的利益ではなく、変化を基準に成果を測る企業とかかわりたいと思っている世界中の若者たち。どこにいても人間は自分を引き上げることができると信じる理由がある。しかし、それには道具を提供してもらうことが必要だ。人が自分で歩いて入れるように、ただドアを開けさえすればいい。

今日、私たちは共同体の地図を再定義し、共通の人間的価値のために責任を分かち合うことを受け入れつつある。人間はみな平等に作られたという観念を、地球上の一人ひとりに実現する機会が訪れたのだ。それには、考えはじめたばかりのグローバルな枠組みや商品が必要だ。ウォーレン・バフェットやビル・ゲイツのような成功した起業家と肩を並べるほどの貢献はできなくても、私たちはだれでも、ほんとうの地球市民として考える――そして行動する――ことによって、自分なりの貢献ができる。地球上の私たち全員にとって、世界は一つしかない。そして、ともに思い描く世界で、未来を創り出すのは私たちにほかならない。

謝辞

ルワンダ大虐殺のあと、そこで何が起きたのかを理解するために、私は自分自身への手紙としてこの本を書きはじめた。一〇年かかって、一種のラブレターになった。書いたのは私だが、私など及びもつかないほど賢く思慮深い人たちの支援と知恵が盛り込まれている。なんらかの形でこの本にかかわってくださった一人ひとりに感謝したい。

　ルワンダの女性たちには限りない感謝の気持ちを抱いている。何時間も何時間も、一緒に話し、話を聞かせてくれて、ほとんど理解を越える状況を私が理解する手助けをしようとしてくれた。それも寛容と愛をもって。ドゥテリンベレの女性たち、新しい代表取締役ダティバ・ムケシマナ、アン＝マリー・ムカルガムブワは、ドゥテリンベレの歴史と将来の計画について何日も話し合ってくれた。彼女の誠実さと貢献したいという願いが伝わってきた。ルワンダ女性の強さについての私の信念は改めて確かめられた。数年にわたって訪ねた借り手の女性たちにも感謝したい。みな、あらゆる困難にもかかわらず、よりよい生活を求めて闘っている。ジャンヌ＝ダルク・ウワニュイリギラは、一族一〇六人のうち一〇三人を亡くしたが赦し、数年にわたって再訪した五回の旅行のどのときも、ガイドであり友達だった。ユニセフ関係者、特に、訪問時のルワンダ担当責任者スティーブン・ルイスは、私の滞在を支援し、第二の故郷があると感じさせてくれた。ほんとうに、ルワンダでは、大きなことから小さなことまで、親切にしていただいて感謝している。

アリソン・デフォージとヒューマンライツ・ウォッチによる著書 *Leave None to Tell the Story* は、ほんとうに多くを教えてくれた。ジェノサイドというルワンダの悲劇の歴史の記録としても、ここに敬意を表したい。アンソニー・ロメロとフォード財団には、ジェノサイドのあとルワンダを再訪するよう励ましをいただき、国際教育インスティテュートからの助成金を通じて初期の旅行を支援していただいたことに大変感謝している。それがなければ本書はありえなかった。

本書の執筆にかかる前にすでに、特にルワンダについては、数え切れない草稿があった。本書が完成するまで、ルワンダ女性たちの美しい表現を借りれば、「寄り添ってくれた」妹のベスと母は、かけがえのない存在だった。いつまでも感謝している。

名編集者のリー・ヘイバーは、コメントと質問で視野を広げてくれ、私が自分の言葉を見つける手助けをしてくれた。彼の明晰な思考、正確な表現、深い配慮に感謝したい。

いつも真の同志でありすばらしいパートナーであるパトリシア・マルケイヒーは、その寛容さ、知性、活力で、本書が形になる手助けをしてくれた。また、これ以上考えられないほどのエージェントにも紹介してくれた。決して忘れられない誠実、根性、強い連帯感を提供してくれたマーリー・ラソフにも感謝している。またマイケル・ラディレスクの献身的な仕事にも感謝している。

ローデイルのすばらしい女性たちには、心からの支援のすべてに感謝している。特に、寛容で、思いやりにあふれたすばらしいシャノン・ウェルチ、ベス・デイビー、ベス・ターソン、トリナ・ペリノー。

サニー・ベイツ、アントニア・ボーリング、キャリー・ブラウン、キャサリン・ファルトン、レスリー・ギンベル、ジェシー・ヘンペル、サジ＝ニコル・ジョニ、オットー・カー、ジェラルディン・レイボーン、エミリー・レバイン、ジョン・ハウス、ブルース・ナスバウム、ビルゲ・バサニ、イレイン・ペイジェルス、チー・パールマン、シンディ・スティバース、ダン・トゥール、キース・ヤマシタ、エモリー・ヴァン＝クリーブは、多くの草稿を読み、紹介をして、執筆を進める手助けをしてくれた。セス・ゴーディンは、強さを与えてくれた。明るい光をもって――そして無理と思えるときにもいつも、シンプルにするようにと教えてくれた。その寛容に多くを負っている。ドミニク・ブラウニングは、ばらばらの話を一つの物語にする手助けをしてくれ、多くのことを教えつづけてくれた。深く感謝している。

アキュメン・ファンドのチーム全体に対して、最も深い感謝を捧げる。毎日いつも、規律と品位と喜びと情熱を持って仕事をしてくれた。一人ひとりと一緒に働けることは、私の人生で最も大きな名誉の一つで、支援に心から感謝している。特に、マリコ・タダに、その見識、配慮、そしてさまざまなレベルでしてくれたすべてのことに感謝したい。ジェイムズ・ウーには、倦むことを知らない忍耐強さ、果てしないコピー、そして予定のやりくりを手伝ってくれたことに感謝する。モリー・アレクサンダー、キャサリン・ケイシー、ナデージ・ジョセフ、アン・マクドゥガル、ブライアン・トレルスタッド、ヤスミナ・ザイドマンは、草稿を読み、フィードバックをしてくれた。キャサリン・ボイズの大きなエネルギーと支援に感謝している。アウン・ラハマン、ヴァルン・サハニ、ンテニヤ・ミュールと各国のチームは、それぞれの国で私が自分の国にいるような感覚と洞察を得られるよう支援してくれた。本書はさまざまな形で、みなさんとみなさんが励ました人たちから生まれ、そのためにある。

アキュメン・ファンドのすばらしい現・元理事にも深く感謝している。理事長のマルゴ・アレクサンダーは、私をその翼の下に入れ、編集者に紹介し、初期の草稿を読み、そしてつねに信じてくれた。アンジェラ・ブラックウェル、デビッド・ブラッド、ハンター・ボール、アンドレア・ソロス＝コロンベル、スチュアート・デビッドソン、ロバータ・カッツ、ビル・メイヤー、ケイト・マザー、ボブ・ニーハウス、アリ・シッディキ、ジョセフ・スティグリッツ、テ・ヨーにも感謝したい。弟のマイケル・ノヴォグラッツに、これほど長いあいだ、心をこめて送ってくれた、揺らぐことのない支援に感謝したい。

言うまでもなく、本書で取り上げなかったところも含めて、アキュメン・ファンドの投資先に深い感謝を捧げる。すべてが変化を求める強力なモデルであり、ともに仕事をしたことを誇りに思っている。特にAtoZ、ドリシュティ、IDEインド、ジャミイ・ボラ、カシュフ、サイバン、タ《T》ールディ《R》ープ農村開《D》発プ《P》ログラム、ウ《W》ォーターヘ《H》ルス・イ《I》ンターナショナルには、温かく受け入れていただき、率直に心を開いていただいたことに感謝している。ともに手を携えて世界を変えていこう。

アキュメン・ファンドの設立パートナーにも感謝している。アレクサンダー・ファミリー財団、エイペックス財団、ハンター・ボールとパム・ボール、シスコシステムズ財団、ジェリー・ヒルシュ、ジル・アイスコル、チャールズ・カッツとロバータ・カッツ、ケロッグ財団、ローラ・ローダーとゲーリー・ローダー、ジェニファー・マッカン、ケイト・マザー、ノヴォグラッツ財団、ファラロープ財団、シグリッド・ロージング信託、ロックフェラー財団、サプリング財団、リンゼー・シーとブライアン・シー、アンドレア・ソロス＝コロンベル、エリック・コロンベル、TOSA財団、ジョージ・ウェルドとパティ・ウェルド、ウィリアム・ライトⅡ。

役員にも感謝している。アブラージ・キャピタル、ピーター・ブリガーとデボン・ブリガー、d・o・b財団、GAIN、リーマン・ブラザース、ジム・ライトナー、ポリー・ガス、ランディ・フォー・アフリカ財団、エイマン財団、ラジ・ラジャラトナム、エイシャ・ラジャラトナム、エイミー・ロビンス、ニクラス・ゼンシュトロームとキャサリン・ゼンシュトローム、ビル・アンド・メリンダ・ゲイツ財団。長くつづく機関を、だれも一人では作ることはできない。ほんとうに多くのことで支援をいただいた。いつも発想と共同体意識を与えてくれたスタンフォード大学ビジネススクールとアスペン・インスティテュートにも感謝している。

世界を愛することを教えてくれた家族には最大の感謝をささげたい。両親のバーバラとボブ。弟妹のロバート、マイケル、エリザベス、ジョン、エイミー、マシューと義理の弟妹のスーキー、コートニー、ティナ。そして最後にクリスに、私をひっぱり、支え、果てしない草稿を読み、いつもよりよいものにしてくれた。その忍耐力、やさしさ、愛に感謝している。私の拠りどころだ。

叔父のエドは昨年他界した。あの青いセーターと、それが意味しつづけていることについて、いつまでも叔父に感謝を捧げたい。

二〇〇九年

ジャクリーン・ノヴォグラッツ

訳者あとがき

本書で著者は、自らの軌跡を率直に語る。〝世界を変える〟ことを夢見ていた子供時代に始まって、一九八六年に二〇代で初めてアフリカに赴き、それ以来、どのような経験（〝冒険〟といったほうがいいものもある）をしてきたか、そしてアキュメン・ファンドの現在の仕事に至るまで。印象的な"出会い"の瞬間もいくつもある。

著者は現場の人だ。新しい世界に進んで飛び込んで、人と出会い、壁にぶつかって学び、前に進んでいく。だめなものはだめだとはっきり言い、あきらめず、柔軟な発想を持って、いつも全力を尽くす著者の姿勢は驚くほどパワフルで、勇気づけられる。

失敗や挫折があったことも、疑問や迷い、動揺や怒りを感じたことも、著者は包み隠さず語ってくれる。そういうところからいっそう多く、深く学んできた著者の経験を共有できることは、とても大きな励ましになる。

なかでもルワンダは多くの意味で著者の原点だ。最初の挫折と最初の成果を経験した国で、大虐殺が起きた。著者は、自分のすべきことを考えるとき、いつもそこに立ち帰って考えていく。特に、一九九四年の大虐殺でさまざまな立場に分かれた、かつての同僚ルワンダ女性たちの言葉はとても重い。著者と同じ目標をめざして一緒に働き、困難も喜びも分かち合った女性たちなのだから。理解できる日は来ないかもしれないと思いながら、理解するための努力だけは決してやめるまいと考える著者にとても共感する。

実は途上国での経験だけではない。アメリカで待っていた新しい挑戦もまた、著者の世界を広げている。こうした経験のすべてがアキュメン・ファンドにつながって、活動を継続する原動力になっているのが伝わってくる。


著者が二〇〇一年に設立した〈アキュメン・ファンド〉は、フィランソロピーとビジネスが融合した、新しい支援のあり方といっていい。〝忍耐強い資本〟を集め、途上国で貧困層の生活の向上をめざして商品やサービスを提供するソーシャルビジネスに投資する。この支援のあり方もまた、著者の思いを映し出すものだと思う。

著者は従来の援助が、支援しようとしているはずの相手のことをよく知らずにおこなわれた結果、大きな無駄を生み、役にも立たないばかりか、かえって人々の自立を妨げてきたのを見て、ほんとうに変化につながる支援のあり方を何としても見つけ出そうとした。

アキュメン・ファンドがスタートを切るとき、すんなりと支援相手が見つかったわけではない。貧困層のために働こうとするプロジェクトを一つひとつ見つけ出して、ほんとうに持続的にビジネスとして自立し、地域に貢献できるのか、吟味していくのだから、手間がかかるのは当然だ。中心は何よりも地元のイニシアティブにある。著者は必ず現場に足を運んで、何が求められているのか、支援はほんとうに役に立っているのか、話に耳を傾け、自分の目で見る。

英『エコノミスト』誌は、本書を紹介した二〇〇九年五月号の記事"The Patient Capitalist"で、まさにこのことが著者の強みだと言っている。

「こうした生の体験をしてきたことこそ、ノヴォグラッツ氏に成功の見込みがあると考えられる所以である。多くの開発専門家と違って、彼女は貧困について想像でイメージを膨らませることはなく、また貧困層を保護の対象として見ることもない」

『エコノミスト』誌はまた、開発をめぐる議論でも資金の調達でも、また途上国の起業家の力を引き出すという点でも、アキュメン・ファンドが、機関の規模を超えて大きな変化を促す〝触媒〟として働いていることを評価している。

アキュメン・ファンドはいままでにインド、パキスタン、ケニア、タンザニアで、医療保健、住宅、水、エネルギー、農業の分野で、二六の企業や非営利団体を支援してきた。どれも人との出会いから生まれ、人の輪のなかで育っていく支援だというのが本書からわかる。アキュメン・ファンドのサイトに行くと、本書の登場人物の充実した表情に出会える。

貧困は深刻化している。世界銀行によれば、貧困層は、二〇〇五年時点で世界で一四億人に達し、二〇〇五年から二〇〇七年にかけての食糧高騰で、さらに一億人が貧困に陥った。世界食糧計画によれば、飢餓人口も、やはり食糧高騰の結果、二〇〇七年と二〇〇八年で一億人以上増えて、初めて十億人を超えた。原因は現在の経済システムにほかならない。

利益の最大化だけを追求する経済システムは、世界をかつてない深刻な危機に陥れた。経済的にも社会的にも、また環境への負荷からも、その破綻はだれの目にも明らかになり、それに代わるシステムが強く求められている。
すでに世界のあちこちで、〝世界を変え〟ようとするプロジェクトが動きはじめていることは、本書からもよくわかる。著者とアキュメン・ファンドには、時代の要請に応える、大きな貢献をしてほしい。必ずできると思う。そして私たち自身も何ができるのかを考え、たとえ小さなことでも行動に移したいと思う。

二〇〇九年一二月
北村陽子

［著者］

ジャクリーン・ノヴォグラッツ
Jacqueline Novogratz

アフリカ・アジア等の開発途上国において、現地住民による貧困克服の取り組みに投資する非営利組織アキュメン・ファンドのCEO。米国バージニア州生まれ。チェースマンハッタン銀行で国際金融に携わったのち、非営利組織に参画し、ケニア、コートジボワール、ルワンダ等で活動。ルワンダではマイクロファイナンスを通じた事業開発支援に成功するが、1994年の大虐殺で同国は荒廃。以後、ロックフェラー財団勤務を経て2001年にアキュメン・ファンドを創設。先進国からの「援助」ではなく、先進国側の人間による事業開発でもなく、途上国現地の住民が運営する大きな可能性を秘めた事業に投資することで巨大なインパクトを生み出すことをめざす。タンザニアにおける抗マラリア蚊帳の普及、アフリカ各地での灌漑ポンプの普及、インドにおける医療の普及、パキスタンにおける住宅建設事業など広範囲の活動に投資し、多くの人々の貧困脱却を支援している。

［訳者］

北村 陽子
Yoko Kitamura

東京都生まれ。上智大学外国語学部フランス語学科卒。訳書に、スティーブン・ペレティエ『陰謀国家アメリカの石油戦争』(ビジネス社)、キャロル・オフ『チョコレートの真実』、エドワード・ベルブルーノ『私を月に連れてって』、カーン・ロス『独立外交官』、シンシア・スミス『世界を変えるデザイン』(以上、英治出版)。

[英治出版からのお知らせ]
本書に関するご意見・ご感想を E-mail (editor@eijipress.co.jp) で受け付けています。
たくさんのメールをお待ちしています。

ブルー・セーター
引き裂かれた世界をつなぐ起業家たちの物語

発行日	2010年 2月15日 第1版 第1刷
	2010年 5月10日 第1版 第3刷
著者	ジャクリーン・ノヴォグラッツ
訳者	北村陽子（きたむら・ようこ）
発行人	原田英治
発行	英治出版株式会社
	〒150-0022 東京都渋谷区恵比寿南 1-9-12 ピトレスクビル 4F
	電話 03-5773-0193 FAX 03-5773-0194
	http://www.eijipress.co.jp/
プロデューサー	高野達成
スタッフ	原田涼子 鬼頭穣 岩田大志 藤竹賢一郎
	山下智也 杉崎真名 百瀬沙穂 渡邉美紀 垣内麻由美
印刷・製本	シナノ書籍印刷
装丁	英治出版デザイン室

ISBN978-4-86276-061-6 C0030 Printed in Japan

誰が世界を変えるのか　*Getting to Maybe*

ソーシャルイノベーションはここから始まる

フランシス・ウェストリー他著　東出顕子訳

すべては一人の一歩から始まる！　犯罪を激減させた“ボストンの奇跡”、HIVとの草の根の闘い、いじめを防ぐ共感教育……それぞれの夢の軌跡から、地域を、ビジネスを、世界を変える方法が見えてくる。インスピレーションと希望に満ちた一冊。

定価：本体1,900円＋税　ISBN978-4-86276-036-4

クレイジーパワー　*The Power of Unreasonable People*

社会起業家――新たな市場を切り拓く人々

ジョン・エルキントン他著　関根智美訳

紛争、テロ、貧困、飢餓、伝染病、気候変動……さまざまな問題の中にこそ市場機会がある。社会問題を事業で解決する「社会起業家」の特徴やビジネスモデルを体系的に解説した画期的な一冊。

定価：本体1,800円＋税　ISBN978-4-86276-041-8

グラミンフォンという奇跡　*You Can Hear Me Now*

「つながり」から始まるグローバル経済の大転換

ニコラス・P・サリバン著　東方雅美他訳

アジア・アフリカの途上国に広がる「携帯電話革命」！　通信によって生活が変わり、ビジネスが生まれ、経済が興り、民主化が進む。貧困層として見捨てられてきた30億人が立ち上がる。世界の劇的な変化をいきいきと描いた、衝撃と感動の一冊。

定価：本体1,900円＋税　ISBN978-4-86276-013-5

チョコレートの真実　*Bitter Chocolate*

キャロル・オフ著　北村陽子訳

カカオ農園で働く子供たちは、チョコレートを知らない。――カカオ生産現場の児童労働や、企業・政府の腐敗。今なお続く「哀しみの歴史」を気鋭の女性ジャーナリストが危険をおかして取材した、「真実」の重みが胸を打つノンフィクション。

定価：本体1,800円＋税　ISBN978-4-86276-015-9

未来をつくる資本主義　*Capitalism at the Crossroads*

世界の難問をビジネスは解決できるか

スチュアート・L・ハート著　石原薫訳

環境、エネルギー、貧困……世界の不都合はビジネスが解決する！　真の「持続可能なグローバル資本主義」とは、貧困国を成長させ、地球の生体系を守るビジネスを創造し、かつ利益を上げる資本主義だ。人類規模の課題を論じた話題作。

定価：本体2,200円＋税　ISBN978-4-86276-021-0

世界を変えるデザイン　*Design for the Other 90%*

ものづくりには夢がある

シンシア・スミス編　槌屋詩野監訳　北村陽子訳

世界の90%の人々の生活を変えるには?　夢を追うデザイナーや建築家、エンジニアや起業家たちのアイデアと良心から生まれたデザイン・イノベーション実例集。本当の「ニーズ」に目を向けた、デザインとものづくりの新たなかたちが見えてくる。

定価：本体2,000円＋税　ISBN978-4-86276-058-6

アフリカ　動きだす9億人市場　*Africa Rising*

ヴィジャイ・マハジャン著　松本裕訳

いま急成長している巨大市場アフリカ。数々の社会的問題の裏には巨大なビジネスチャンスがあり、中国やインドをはじめ各国の企業や投資家、起業家が続々とこの大陸に向かっている。豊富な事例からグローバル経済の明日が見えてくる。

定価：本体2,200円＋税　ISBN978-4-86276-053-1

国をつくるという仕事

西水美恵子著

夢は、貧困のない世界をつくること。世界銀行副総裁を務めた著者が、23年間の闘いの軌跡を通して政治とリーダーのあるべき姿を語った話題作。『選択』好評連載「思い出の国、忘れえぬ人々」の単行本化。（解説・田坂広志）

定価：本体1,800円＋税　ISBN978-4-86276-054-8

ネクスト・マーケット　*The Fortune at the Bottom of the Pyramid*

「貧困層」を「顧客」に変える次世代ビジネス戦略

C・K・プラハラード著　スカイライト コンサルティング訳

世界で最も急速に成長する市場とは?　所得階層の底辺（ボトム・オブ・ザ・ピラミッド＝BOP）の市場の巨大な可能性を、豊富なケーススタディと骨太の理論で描き出した世界的ベストセラー。貧困問題はビジネスを通じて解決できる!

定価：本体2,800円＋税　ISBN978-4-901234-71-9

いつか、すべての子供たちに　*One Day, All Children...*

「ティーチ・フォー・アメリカ」とそこで私が学んだこと

ウェンディ・コップ著　東方雅美訳

大学卒業後の若者が2年間、全国各地の学校で「教師」になったら、世の中はどう変わるだろう?　米国大学生の「理想の就職先」第10位に選ばれるまでになったティーチ・フォー・アメリカの軌跡を創業者がいきいきと描く。（解説・渡邊奈々）

定価：本体1,600円＋税　ISBN978-4-86276-050-0